CB122327

O CONSTITUCIONALISMO BRASILEIRO

EVOLUÇÃO DOUTRINÁRIA

JOSÉ AFONSO DA SILVA

O CONSTITUCIONALISMO BRASILEIRO
EVOLUÇÃO DOUTRINÁRIA

2025

EDITORA JusPODIVM | MALHEIROS EDITORES

www.editorajuspodivm.com.br

EDITORA *Jus*PODIVM | MALHEIROS EDITORES
www.editorajuspodivm.com.br

Rua Canuto Saraiva, 131 – Mooca – CEP: 03113-010 – São Paulo – São Paulo
Tel: (11) 3582.5757

Contatos: https://www.editorajuspodivm.com.br/central-de-relacionamento
malheiroseditores@terra.com.br

Diagramação: Equipe *Jus*PODIVM

Capa: Ana Caquetti

S586c Silva, José Afonso da
O Constitucionalismo Brasileiro: Evolução Doutrinária / José Afonso da Silva – São Paulo: Editora JusPodivm, 2025.

304 p.

ISBN: 978-85-442-5536-0

1. Direito Constitucional. I. Silva, José Afonso da. II. Título.

CDD 341.2

Bibliotecária Responsável
Ana Carolina Ribeiro Mois – CRB7 – RJ 007348/0

1.ª ed., *2.ª tir.:* fev./2025.

INFORMAÇÕES AO LEITOR

Ao publicar a obra "O Constitucionalismo Brasileiro (Evolução das Instituições)", pela Malheiros Editores, em 2010, anunciei que pretendia escrever uma trilogia sobre o tema. Com base neste objetivo, há anos venho trabalhando neste livro que agora tem em mãos: "O Constitucionalismo Brasileiro (Evolução Doutrinária)".

Esta obra corresponde ao segundo volume de minha idealizada trilogia e conta com material extraído das oito constituições que o nosso constitucionalismo produziu. Seu texto retrata dificuldades inerentes à natureza do tema e exalta autores importantes, cujas obras constituem repositórios dessa doutrina, evolução que pretendemos demonstrar.

Qual o critério para selecionar esses autores? Eu parti da ideia real de que a produção jurídica é arrebatada das salas de aula, das lições dos professores, das teses que escrevem para participar dos vários tipos de concursos que as faculdades de Direito promovem e dos livros de doutrina que os professores publicam como juristas. Esses livros precisam ser lidos e compulsados pelo autor de uma obra como esta, a fim de comentá-los em sua composição, mostrando seu valor e suas deficiências, o que precisa ser feito com critério científico, com isenção.

Para manifestar isenção, não é preciso igualar obras de valores jurídicos desiguais. Pode-se até perguntar se li todas as obras de cada autor comentado. Li aquelas destacadas no comentário. Compulsei outras para analisar se era o caso de apreciar ou apenas fazer mera referência. Em geral, foi apresentada uma lista dos livros. Porém, de outros textos, fiz referência genérica.

Se os livros saem das salas de aula, minha estratégia foi a procura de autores nas faculdades de Direito. Podemos começar pelas mais antigas: São Paulo, Olinda/Recife etc. e descobrir grandes autores. Faculdades oficiais, de preferência, sem exclusão de faculdades particulares. Em princípio, catedráticos e titulares foram minha opção. No entanto, eu não poderia descartar muitos professores que não preenchem esses requisitos e que produziram, e produzem, excelentes obras. Além de não poder também ignorar grandes juristas não acadêmicos responsáveis pela significativa contribuição para a doutrina constitucional brasileira, como Pontes de Miranda e Ruy Barbosa, considerados Os Construtores.

Ao escrever este livro, fui em busca da trajetória de cada um. Nem sempre tive acesso aos dados pessoais em sua íntegra. Porém, mesmo ciente das falhas, de eventuais omissões, seja de conteúdo ou de autores que poderiam ter suas obras aqui apreciadas, e não o foram, eu precisava encerrar minha escrita no momento em que estivesse na certeza de ter atingido, mais uma vez, o meu propósito. Comprometo-me a corrigir desajustes ou suprir eventuais falhas ou omissões na próxima edição deste trabalho.

JAS

SUMÁRIO

PRIMEIRAS PALAVRAS
Formação da doutrina constitucional brasileira

A doutrina constitucional brasileira se formara nas salas de aulas das Faculdades de Direito, especialmente na exigência de apresentação de teses e monografias para os concursos acadêmicos e de compêndios de cursos, que os docentes, no início, eram obrigados a preparar. Por isso, nossa exposição será feita a partir dessa fonte doutrinária. Como no séc. XIX, até a década de 1880, só tivemos duas Academias de Direito: São Paulo e Olinda/Recife, vamos tratar o tema com referência a elas. O Decreto 7.247, de 19.4.1879, declarou, no entanto, completamente livre o ensino superior, em todo o Império, prevendo as *Faculdades Livres de Direito*; logo surgiu uma no Rio de Janeiro (1882), e a ela seguiram-se outras. Com a República, os Estados foram criando suas faculdades ou encampando faculdades livres, de sorte que, no fim da década de sessenta do séc. XX, todos os Estados possuíam Faculdades de Direito oficiais. Além disso, as Faculdades de Direito livres e privadas foram surgindo, especialmente as Faculdades de Direito católicas, a partir da década de cinquenta, destacando-se as Faculdades de Direito da Pontifícia Universidade Católica de São Paulo, Rio de Janeiro, Minas Gerais, Pernambuco e Rio Grande do Sul. Mais recentemente, no entanto, proliferam-se as Faculdades de Direito privadas, contando o Brasil, hoje, com mais de mil e duzentas delas. Nas Faculdades de Direito das Universidades Católicas e mesmo em algumas privadas, assinalam-se bons mestres, de sorte que a eles faremos referência, desde que tenham produzido alguma obra de Direito Constitucional.

Temos, no entanto, alguns exemplos importantes de constitucionalistas não acadêmicos, como é o caso de Pimenta Bueno, Ruy Barbosa, João Barbalho, Carlos Maximiliano e Pontes de Miranda, aos quais dedicaremos atenção no item I na primeira parte deste volume.

PRIMEIRA PARTE

CONSTRUTORES DA DOUTRINA CONSTITUCIONAL BRASILEIRA

I
OS NÃO ACADÊMICOS

INTRODUÇÃO

Pontes de Miranda tinha figadal ojeriza aos concursos públicos de provas e títulos para o provimento das cátedras universitárias, por isso criticava acremente sua previsão já na Constituição de 1934 (art. 158) e nas posteriores que ele comentou, mas, ao fazê-lo ressaltou, entre parênteses, uma coisa certa em parte: "Os grandes juristas brasileiros, por exemplo, não foram professores: Teixeira de Freitas, Pimenta Bueno, Lafayette Rodrigues Pereira, Rui Barbosa, J. X. Carvalho de Mendonça. As maiores obras jurídicas do Brasil não saíram das Faculdades de Direito".[1] Quanto ao último, a informação não é totalmente verdadeira, porque ele foi Professor na Faculdade de Direito de São Paulo. Mas a informação se esquece de que grandes juristas brasileiros foram Professores nas Faculdades de Direito em que ingressaram por concurso público de títulos e provas, como Waldemar Ferreira, Vicente Rao, Francisco Campos, Afonso Arinos de Melo Franco, Sampaio Dória, Miguel Reale, Paul Bonavides, entre muitos outros, e todos produziram obras da mais alta qualificação jurídica, obras que saíram, pois, das Faculdades de Direito.

---

1 Cf. *Comentários à Constituição dos E. U. do Brasil*, v. II, p. 416.

CAPÍTULO I

Frei Caneca e o constitucionalismo brasileiro

O conceito de *Constituição-Documento* entrou nas cogitações do constitucionalismo brasileiro dez anos antes da instalação dos cursos jurídicos, que se deu em 11.8.1827. De fato, a Revolução Pernambucana de 1817, foi, no entender de Gláucio da Veiga, o primeiro movimento revolucionário a tentar promulgar uma Lei Magna, a famosa Lei Orgânica, de autoria de Antônio Carlos Ribeiro de Andrada, o mesmo que preparou o projeto de Constituição na Constituinte de 1823. Há controvérsia quanto à participação de Frei Caneca na elaboração da Lei Orgânica de 1817. Sabe-se que muitas de suas ideias influenciaram o movimento, como a distinção entre *Independência* e *Constituição*, entre povo independente e povo constituído, pois a independência não significa estar o *povo constituído*. Para ser constituído, impunha-se que o povo soberano elaborasse o seu *pacto social* por meio de uma assembleia constituinte. No entanto, o Governo Provisório emanado da Revolução de 1817 não seguiu essa doutrina, porque optou pela outorga da Lei Orgânica: "O Governo Provisório da República de Pernambuco, revestido da Soberania pelo povo, ... Decreta e tem Decretado..." Fez o que D. Pedro I viria a fazer no futuro, outorgando a Constituição de 1824, que tanta repulsa mereceu de Frei Caneca. Aquele Governo Provisório, também como viria a fazer D. Pedro, remeteu o projeto de Lei Orgânica para juramento das Câmaras Municipais. Tais procedimentos mereceram crítica severa de Muniz Tavares, para quem o primeiro dever dos governos livres consiste na reunião dos escolhidos do povo em Corpo Constituinte e Legislativo.[1] A Lei Orgânica, contudo, não teve vigência, porque o movimento foi superado em pouco tempo: pouco mais de dois meses, com perseguições e horrores que concluíram com a execução de seus líderes.

---

1 Cf. Gláucio da Veiga, *História das Ideias da Faculdade de Direito do Recife*, 1º vol., Recife, Universidade Federal de Pernambuco/Editora Universitária, 1980, pp. 277s.

Frei Caneca não se envolveu nessa Revolução, tanto que não sofreu represália alguma. Mas viria a envolver-se no movimento revolucionário de 1824 em reação à atitude de D. Pedro I, dissolvendo a Assembleia Constituinte e outorgando a Constituição do Império. O movimento reuniu seis Províncias do Norte e Nordeste, numa república federativa que se chamou *Confederação do Equador,* proclamada no dia 2.7.1824, por Manuel de Carvalho. Mas a figura central do movimento foi o Frei Joaquim do Amador Divino, cognominado Frei Caneca, porque, quando criança, vendia canecas.

D. Pedro I, como visto, submeteu o projeto de Constituição ao Povo reunido em Câmaras Municipais. Nem todas aprovaram o projeto, mas pode-se dizer que a maioria o fez. Algumas o fizeram com restrições, como a de Itu, cidade do interior de São Paulo. A Câmara Municipal de Recife, capital de Pernambuco, entendeu que aprovar o Projeto de Constituição era um magno assunto que cabia a todos resolver, não só a ela. Por isso, convocou as autoridades, empregados públicos de todas as classes, proprietários e pessoas notáveis (o Povo da época) para comparecerem à casa da Câmara, no dia que marcou, "para livremente darem o seu voto sobre a execução do decreto, que mandava jurar o projeto de Constituição política, que oferecera o Imperador". Com a presença dos que compareceram foi a questão discutida, "e afinal venceu-se que se não devia receber nem jurar o projeto; primeiro por ser iliberal, contrário à liberdade, independência e direitos do Brasil, e apresentado por quem não tem poder para o dar; e segundo por envolver o seu juramento perjúrio ao juramento cívico, em que se prometeu reconhecer e obedecer à Assembleia Constituinte e Legislativa". A decisão se fundamentou no voto de Frei Caneca, imbuído das ideias contratualistas, de que destacamos os dois tópicos seguintes em que se descobre a sua doutrina constitucional:

"Uma Constituição não é outra coisa, que a ata do pacto social, que fazem entre si os homens, quando se ajuntam e associam para viver em reunião ou sociedade. Esta ata, portanto, deve conter a matéria, sobre que se pactuou, apresentando as relações, em que ficam os que governam, e os governados, pois que sem governo não pode existir sociedade. Estas relações, a que se dão os nomes de direitos e deveres, devem ser tais, que defendam e sustentem a vida dos cidadãos, a sua liberdade, a sua propriedade, e dirijam todos os negócios sociais à conservação, bem-estar e vida cômoda dos sócios, segundo as circunstâncias de seu caráter, seus costumes, usos e qualidade do seu território etc. Projeto de Constituição é o rascunho desta ata, que ainda se há de tirar a limpo, ou apontamentos das matérias que se hão de ser ventiladas no pacto; ou, usando de uma metáfora, é o esboço na pintura, isto é, a primeira delineação, nem perfilada, nem acabada. Portanto, o projeto oferecido por S. M. [*Sua Majestade*] nada mais é do que o apontamento das matérias, sobre que S. M. vai contratar conosco". Depois, passa a examinar o conteúdo do Projeto, apreciação de que merece destacar o seguinte:

"Agora direi o mesmo por outro princípio, a saber, pela fonte de que emanou. É princípio conhecido pelas luzes do presente século, e até confessado por S. M., que a soberania, isto é, aquele poder, sobre o qual não há outro, reside na nação essencialmente; e deste princípio nasce como primária consequência, que a mesma nação é quem se constitui, isto é, que escolhe a forma do governo, quem distribui esta suma autoridade nas partes, que bem lhe parece, e com as relações; que julga mais adequadas ao seu aumento, segurança da sua liberdade política e sua felicidade; logo é sem questão, que a mesma nação, ou pessoa de sua comissão, é quem deve esboçar a sua Constituição, purificá-la das imperfeições e afinal constituí-la; portanto como S. M. I [*Sua Majestade Imperial*] não é nação, ou pessoa de sua comissão, não tem soberania, nem comissão da nação brasileira para arranjar esboços de Constituição e apresentá-los, não vem este projeto de fonte legítima, e por isso se deve rejeitar por exceção de incompetência. Muito principalmente quando vemos, que estava a representação nacional usando da sua soberania em constituir a nação, e S. M. pelo mais extraordinário despotismo e de uma maneira mais hostil dissolveu a soberana assembleia e se arrogou o direito de projetar constituições".[2]

Daí se vê que, para Frei Caneca, sujeito da constituição é a nação, sob influência da doutrina francesa da soberania nacional que vinha do Abade Sieyès.

Por causa dessa sua posição revolucionária, Frei Caneca foi executado por ordem de D. Pedro I.

---

2 Cf. o texto integral da decisão da Câmara Municipal de Recife, com a transcrição do voto-manifesto de Frei Caneca, em Paulo Bonavides e Roberto Amaral, *Textos Políticos da História do Brasil*, 3ª ed., v. I, Brasília, Senado Federal, 2002, pp. 776 a 784.

CAPÍTULO II
Pimenta Bueno

José Antônio Pimenta Bueno, Marquês de São Vicente, (1803-1878) pode ser incluído entre os positivistas concretos. Escreveu ele uma obra de Direito Constitucional das mais importantes do século XIX, podendo ombrear-se com qualquer obra produzida no estrangeiro. Seu método é o exegético. Ele o diz:

"O plano que vamos seguir parece-nos natural e simples. Nosso direito público positivo é a sábia constituição política, que rege o império: cada um de seus belos artigos é um complexo resumido dos mais luminosos princípios do direito público filosófico, ou racional. Procuraremos, pois, desenvolvê-los: não separaremos um do outro; aquele é a nossa lei pública, este é a fonte esclarecida de que ela foi derivada".[1]

Observa que o nosso Direito Público positivo é a *constituição do império* que rege nossa sociedade política, os poderes brasileiros, nossos direitos e obrigações públicas: é o paládio de nossas liberdades e destinos.[2] Como os franceses, desenvolve considerações sobre a *soberania nacional*, porque a "sábia lei fundamental que rege os destinos do Brasil, proscreveu, como devia, o dogma irracional dos Estados ou povos patrimoniais, do intitulado Direito Divino", e inscreveu a soberania como atributo nacional e como a propriedade que a nação tem de sua própria inteligência, força e poder coletivo e supremo, que é a soberania nacional que "repousa no seio da nação inteira, em sua universalidade, como não é possível instituir os poderes públicos de modo que sejam exercidos por ela em massa, como não haveria em tal caso governo, nem governados, revela-se natural e claramente a necessidade indeclinável de delegar a mandatários, ou representantes seus, o exercício de tais poderes".[3]

---

1 Cf. José Antônio Pimenta Bueno, *Direito Público Brasileiro e Análise da Constituição do Império*, Rio de Janeiro, Ministério da Justiça/Serviço de Documentação, 1958, "Introdução", p. 2.

2 Idem, ibidem, p. 8.

3 Idem, ibidem, pp. 25 e 26.

CAPÍTULO III
João Barbalho

Idealista também foi João Barbalho de Uchôa Cavalcanti (1846-1909), comentador da Constituição de 1891, no seu bacharelismo, levado à solidariedade com os sistemas criados, à defesa das fórmulas consagradas e da imutabilidade das estruturas.[1] Seu respeito à norma escrita, que seu formalismo de magistrado lhe incutira, não lhe permitiu enxergar a fenda, que mais e mais se alargava, entre a letra da Carta e a realidade regulada. Na verdade, nele se conjugam o idealismo e o formalismo positivista na medida em que foi apenas um exegeta da Constituição.

João Barbalho (João Barbalho Uchôa Cavalcanti) nasceu em Sirinhaém, Pernambuco, em 1846, filho do Senador do Império, Álvaro Barbalho Uchôa Cavalcanti. Formou-se pela Faculdade de Direito do Recife e exerceu, inicialmente, as funções de Promotor naquela capital e, depois, as de Diretor-Geral da Instrução Pública. Deputado provincial em 1874, foi, em 1890, eleito Deputado ao Congresso Constituinte que produziu a *Constituição dos Estados Unidos do Brasil*, de 1891. Senador, de 1892 a 1896, integrou, a partir de 1897, o Supremo Tribunal Federal, aposentando-se, ali, em 1904 e falecendo em 1909. A estes *Comentários à Constituição de 1891*, publicados em 1903, se juntam, em sua bibliografia: *Esboço de Organização Política e Administrativa do Estado de Pernambuco*, *Lições de Coisas*, *Elementos de Agricultura* e *Leituras Seletas e Textos Pedagógicos: Estudo sobre o Sistema de Ensino Primário* (*Organização Pedagógica das Escolas do Rio de Janeiro, São Paulo e Pernambuco, Coeducação dos Sexos nas Escolas Primárias*).

---

1 Cf. Walter Costa Porto, "Introdução" em João Barbalho, *Constituição Federal Brasileira: comentários*, de Ed. Fac-similar da ed. de 1902, Brasília, Senado Federal, Secretaria de Documentação e Informação, 1992.

CAPÍTULO IV
Ruy Barbosa

Ruy Barbosa de Oliveira (1849-1923) nasceu em Salvador, Bahia, no dia 5 de novembro de 1849, filho do médico João Barbosa de Oliveira e Maria Adélia Barbosa de Oliveira. Estudou humanidades no famoso Colégio Baiano do Prof. Abílio Borges, onde foi colega de Castro Alves, já poeta famoso. Em 1864, Ruy concluíra humanidades, como o primeiro do colégio. Contudo não pode seguir para Recife, para matricular-se na Faculdade de Direito, como pretendia, por não ter completado a idade exigida para o ingresso. Foi um idealista. "Inteligência prodigiosamente receptiva, absorveu tudo que a cultura da sua época lhe oferecia sobre a vida política e constitucional do mundo, principalmente do mundo anglo-saxônico – a Inglaterra e a América do Norte".[1] E aí se forma o seu idealismo no querer transportar para o Brasil os princípios constitucionais desse mundo tão distante do mundo brasileiro. "Ele, tão dominado pelos postulados do Estado liberal, e afeito ao jogo das abstrações jurídicas do parlamentarismo britânico ou do federalismo presidencialista yankee, vivia aquelas abstrações em função de uma finalidade prática, isto é, no sentido da ação (...) "Essa vivência do abstrato em função do agir, teria, de um lado, tornado dispensável uma perquirição de ordem puramente teorética e, de outro, criado condições de contraste e conflito perante a realidade social ambiente, sobre a qual se projetava a sua atividade criadora, não raro pedagógica".[2] Esse idealismo de Ruy projetou-se na

---

1 Cf. Francisco José de Oliveira Viana, *Instituições Políticas Brasileiras*, v. II, 3ª ed., Rio de Janeiro, Record, 1974, p. 36.

2 Cf. Miguel Reale, "Posição de Rui Barbosa no mundo da filosofia", Conferência proferida no I Congresso Brasileiro de Filosofia em São Paulo, em março de 1950, em *Horizontes do Direito e da História*, São Paulo, Saraiva, 1956, p. 245. Quando mais idoso, ou seja, tardiamente, é que Ruy Barbosa despertou-se para as questões sociais, quando, em campanha à Presidência da República em disputa com Epitácio Pessoa, proferiu sua famosa conferência, publicada sob o título *A Questão Social e Política no Brasil* (Rio de Janeiro, Edição da Organização Simões, 1951).

Constituição dos Estados Unidos do Brasil, de 1891, que é quase toda de sua autoria. Idealismo dinâmico que era guia e impulso de suas ações, por isso "sua grandeza está na vitória do seu idealismo", idealismo criador. Ruy não escreveu e publicou um livro, toda a sua criação jurídica é resultado de sua ação política. Assim, seu livro *A Constituição e os Atos Inconstitucionais,* 2ª edição, Rio de Janeiro, Atlântica, s.d., foi um trabalho forense. Os *Comentários à Constituição Federal Brasileira,* 6º volume, São Paulo, Saraiva, 1932, são também trabalhos provenientes de lutas políticas e forense, coligidos por Homero Pires. Assim também *República: Teoria e Prática (Textos Doutrinários sobre Direitos Humanos e Políticos Consagrados na Primeira Constituição da República*), Petrópolis/Brasília, Vozes/Câmara dos Deputados, 1978. *As Cartas de Inglaterra* é livro composto de artigos escritos quando Ruy estava exilado na Inglaterra, artigos publicados na imprensa e depois publicados em livro.

CAPÍTULO V
Pontes de Miranda

Francisco Cavalcanti Pontes de Miranda. Nasceu em Maceió, AL, a 23.4.1892, de parto prematuro, tinha apenas seis meses de gestação, os médicos garantiram que ele não sobreviveria. "Nem os meus pais acreditavam em minha sobrevivência. Naquela época, não havia incubadora, vivi entre algodõezinhos e cuidados excessivos de minha mãe", contou ele, certa vez. Faleceu no Rio de Janeiro a 22.12.1979. Formou-se Bacharel pela Faculdade de Direito de Recife PE, em 1911, seus primeiros livros – *À margem do direito* (1912) e *A moral do futuro* (1913) – mereceram o estímulo de Clóvis Beviláqua, Ruy Barbosa e José Veríssimo.

O nosso Francisco Cavalcanti Pontes de Miranda (1892-1979) é um positivista muito parecido com Duguit, um positivismo naturalista e sociológico, que admite a existência de direitos anteriores e superiores ao Estado, e não aceita a soberania estatal, coerente com a ideia de que o Estado é sujeito de direito das gentes.[1] Para ele, Direito é fato; é fenômeno não peculiar ao homem, como as leis naturais, de modo que as regras jurídicas exigem a objetividade, pois, para a ciência do direito o que importa é o *Sein*, o ser; não o *Sollen*,[2] o dever ser. O Direito *é* e só os que não vivem ao contato com a vida não consideram realidade a *regra* suscetível de pôr em prisão os indivíduos, deslocar bens de um para outro patrimônio, tirar os filhos a um dos genitores e entregar ao outro, ou tirá-los de ambos".[3]

---

1 Cf. Francisco Cavalcanti Pontes de Miranda, *Comentários à Constituição de 1967 com a Emenda n. 1 de 1969*, v. 1º, 2ª ed., São Paulo, RT, 1970, pp. 56 e 61.

2 Cf. Francisco Cavalcanti Pontes de Miranda, *Sistema de Ciência Positiva do Direito*, Rio de Janeiro, 1922, in Miguel Reale, Filosofia do Direito, 4ª ed., São Paulo, Saraiva, pp. 163 e 383.

3 Cf. *Comentários à Constituição de 1967 com a emenda n. 1, de 1969*, t. 1º, 2ª ed., São Paulo, RT, 1970, p. 30

Ao longo de suas obras, sempre se revela a sua concepção fática do direito. "O Direito é; mas a medida do seu *ser* é dada pela sua *realização*", pois a contemplação do texto, frio, estático, é que sugere a comparação com as fantasias literárias e os planos apriorísticos; "os sistemas jurídicos são realidades, tanto que têm efeitos, inclusive físicos", não são puras criações do espírito: recebemo-los de outras gerações, e não é fácil alterá-los, o direito é social; mas há nele bases biológicas, mesmo físicas, que não se podem ignorar; os ordenamentos jurídicos são reais como os fatos físicos, em sentido estrito. Opõe-se ao *idealismo*, que subordina toda a existência ao pensamento, e ao *ontologismo*, que sustenta a existência independente do pensamento e suscetível de conhecimento em si. O Direito é, repete, porque nunca entendeu que devesse distinguir realidades físicas em sentido estreito, realidades biológicas, e realidades de atividade psíquica individual ou de atividade sociológica; tudo é necessariamente *físico*.[4] Todo direito supõe um círculo social a que pertence; ele é deste círculo e não de outro.[5] Essas considerações são, porém, de teoria geral ou de filosofia do direito. A questão está em saber como é que a constituição se encaixa nessa teoria. Pontes de Miranda não o faz com clareza. Vagueia por temas paralelos, mas não se detém na especificação da posição da constituição. Não é difícil reconhecer que a constituição, como todo direito, pertence a um círculo social próprio: daí *Constituição brasileira*, aquela que pertence ao círculo social do Brasil; *Constituição francesa*, ao círculo social da França e assim por diante. Se todo direito é fato e se a constituição é direito, a conclusão lógica seria que ela também é fato. Não é, porém, essa a consequência a que o autor chega. Ao contrário, nele está claro que a constituição é o *Sollen*, o dever ser, não o *Sein*, o ser. Para chegar-se a isso, teve que fazer uma construção artificial; artificial e perigosa, como veremos quando formos verificar sua concepção do poder constituinte (n. 22 do Cap. IV deste mesmo título).

Pontes de Miranda. Consta que todos os dias, por volta das seis horas da tarde, o rapazote pulava o portão do colégio e corria rumo a um convento de frades, na bucólica vila Engenho do Mutange, nos arredores de Maceió (AL). De tão habituados com a companhia do garoto de 13 anos, os franciscanos providenciaram uma cama para que ele pudesse dormir em um dos quartos do retiro. Lá, Pontes de Miranda aprendeu latim, alemão e grego. Durante noites a fio, reunido com os religiosos,

---

4 Idem, ibidem, pp. 30, 33 e 34.

5 Idem, ibidem, p. 34. A teoria dos círculos sociais foi exposta por Pontes de Miranda em diversas obras (Cf. Miguel Reale, *Teoria do Direito e do Estado*, São Paulo, Livraria Martins Editora, 1940, pp. 52s.)

pôs-se a discutir teologia, não sem desafiar os interlocutores. O adolescente chegou a contestar a existência do Criador, para desespero dos frades. Os arroubos especulativos, entretanto, ficavam mais por conta do brilhantismo intelectual do que por uma suposta ausência de fé. Quando atingiu a maturidade, Pontes de Miranda tornou-se um fervoroso cristão, mas deixou claro que não fora derrotado nas conversas noturnas do convento. "Não foram os franciscanos que me convenceram que Deus existe, e sim própria vida", dizia ele.

Cresceu na fazenda dos avós cavalgando nos canaviais e mergulhando em límpidos rios. Filho e neto de professores de Matemática, revelou aptidão para os números antes de se apaixonar pelo Direito. Aos 12 anos, pensava estudar Matemática em Oxford, na Inglaterra, mas foi desestimulado por Tia Chiquinha, a quem mais tarde dedicaria uma de suas principais obras, *História e prática do habeas-corpus*. Aos 14 anos, mudou-se para o Recife para estudar na Faculdade de Direito, formando-se em 1911, aos 18 anos, época em que escreveu o primeiro livro, *À margem do Direito*. No ano seguinte, mudou-se para o Rio de Janeiro. Logo mandou um artigo sobre o canal do Panamá para o *Jornal do Comércio*. Alguns dias depois, mandaram-no chamar na portaria do jornal. Deram-lhe uma sala para advogar e o convidaram a escrever artigos jurídicos como colaborador. Foi também delegado de polícia na Ilha do Governador.

Vaidoso ao extremo, vestia-se sempre impecavelmente e, ao final de cada ano, doava as roupas a instituições religiosas, a pedido da esposa, Amnéris. Indagado se havia contradição entre sua crença nos princípios franciscanos e as vestes sofisticadas, respondia: "As roupas são partes das boas maneiras. O que importa é que não haja roupas no espírito que embacem a personalidade e a tornem arrogante. A igualdade humana quer que todos se vistam bem."

Em 1924, ingressou na magistratura como juiz de órfãos, chegando ao cargo de desembargador do Tribunal de Apelação do antigo Distrito Federal, de que foi Presidente. Foi eleito em 8 de março de 1979 para a cadeira número 7 da Academia Brasileira de Letras, sucedendo o também jurista Hermes Lima. Deixando a magistratura, exerceu diversas funções diplomáticas. Foi embaixador do Brasil na Colômbia em 1939 a 1940, quando tinha como objetivo precípuo observar a atuação nazista na Zona do Canal do Panamá, chefiando depois missão diplomática nos Estado Unidos da América do Norte. Delegado do Brasil à Conferência Internacional do Trabalho em Nova Iorque no ano de 1941. Mas já em

1924 Arthur Bernardes o havia nomeado Consultor Jurídico da Delegação Brasileira à Conferência Pan-americana no Chile.

Pontes de Miranda foi um dos maiores juristas brasileiros de todos os tempos e um dos grandes juristas mundiais. No dizer de Pinto Ferreira, "possuía uma personalidade com marcada genialidade".

"Ultrapassou sua geração, numa obra gigantesca, plena de ricas sugestões, imaginação criadora, antevisão do mundo social amanhecente, prevendo o futuro". Mente enciclopédica, pensador universalista, abrangente da filosofia, lógica, ciências sociais e econômicas, direito e literatura.[6]

Sua portentosa obra jurídica sedimenta-se em firme e coerente visão filosófica original, orientada por uma formação neopositivista e sempre criticista.[7]

"A posição filosófica de Pontes de Miranda é essencialmente a do empirismo, contrária ao kantismo e hegelianismo, mas se desdobrando em naturalismo e fisicalismo, com uma tendência antimetafísica e de conteúdo sociológico".[8]

Na verdade, ele representa, na correta interpretação de Miguel Reale, "vigorosa expressão do naturalismo jurídico", atitude que chega a apresentar o direito como fenômeno do mundo orgânico e até inorgânico, razão porque ele não admite distinção entre ciências naturais e ciências da cultura.[9]

Sua vasta produção jurídica abrange praticamente todos os ramos do direito, menos o Direito Penal e o Direito do Trabalho. Suas obras no Direito Constitucional são marcantes no constitucionalismo brasileiro, mas é no direito privado que o grande jurista se destaca com o seu monumental *Tratado de Direito Privado* em sessenta alentados tomos com uma média de 500 páginas cada um. É também relevante sua contribuição no direito processual civil, com comentários ao Código de Processo Civil de 1943 e, depois, do Código de Processo Civil de 1973, com 14 e 12 tomos respectivamente. Em resumo, deixou ele, com várias edições, oito tratados. O primeiro foi o *Tratado dos Testamentos*, com cinco vo-

---

6 Cf. Luiz Pinto Ferreira, *O Pensamento de Pontes de Miranda*, Caderno n. 183, Caruaru, Faculdade de Direito, 1987, pp. 11s.

7 Cf. Luiz Pinto Ferreira, *Pontes de Miranda, o Normativismo e o Antinormativismo na Filosofia do Direito*, Caderno n. 190, Recife, 1990, p. 3.

8 Idem, ibidem, p. 3.

9 Cf. *Filosofia do Direito*, 4ª. Ed., São Paulo, Saraiva, 1955, p. 163, e também do mesmo autor, *O Direito como Experiência*, São Paulo, Saraiva, 1968, p. 125.

lumes, em 1930, depois, em 1934, o *Tratado da Ação Rescisória contra Sentenças e outras Decisões*; *Tratado de Direito Internacional Privado* (2 volumes); em 1937, publicou uma das mais completas obras sobre direito cambiário, o *Tratado de Direito Cambiário* (4 volumes); depois surgiu o *Tratado de Direito de Família* (3 volumes), fruto de novos estudos sobre o seu *Direito de Família* de 1916; em 1953, veio o *Tratado de Direito Predial* (5 volumes); finalmente, o *Tratado de Direito Privado*, em sessenta volumes, que começou a aparecer em 1955 e que se concluiu em 1970. É a maior obra universal escrita por um só homem. São 30.047 páginas, 11.728 obras jurídicas consultadas e 193 não jurídicas. Os índices de cada volume são os mais rigorosos e perfeitos que jamais se viu. Em 1971, ainda lançou o *Tratado das Ações*, obra inacabada, em 7 volumes e que Pontes de Miranda dizia ser a sua obra mais importante. Foi, por muito tempo, o autor mais citado nos tribunais brasileiros e com grande reputação no exterior.

Aqui o que mais interessa são suas *obras no campo do Direito Constitucional*. Sua produção constitucional, como notamos antes, é marcante no constitucionalismo brasileiro; começou em 1932 e seguiu por mais de meio século numa linha coerente de pensamento, liberal e democrático, e combateu os desvios autoritários que tantas vezes desfiguraram as instituições brasileiras. A primeira foi uma obra de teoria constitucional, *Os Fundamentos Atuais do Direito Constitucional*, seguida de *Os Novos Direitos do Homem* (1933). Depois, vieram os comentários às constituições, no interregno dos quais publicou *Democracia, Liberdade, Igualdade (Os Três Caminhos)*, 1945. Pontes de Miranda comentou todas as nossas constituições a partir de 1934 até a de 1969.

Os Fundamentos Atuais do Direito Constitucional (1932).[10] Esse título, na perspectiva contemporânea, pode levar ao equívoco de pensar que se trata de uma obra sobre teoria da Constituição ou sobre teoria geral do Direito Constitucional. Não o é. É obra basicamente de teoria geral do Estado. A frase inicial do Prefácio é reveladora: "Para quem medita o problema do Estado contemporâneo, as dificuldades começam pela terminologia recente e um tato original". De fato, o livro é basicamente de teoria geral do Estado, com uns dois temas de teoria constitucional: o da rigidez das Constituições e o do controle jurisdicional de constitucionalidade. Acontece que, quando o livro foi escrito, não estava ainda caracterizada a distinção entre Direito Constitucional e Teoria Geral do Estado. Melhor, tratava-se das questões do Estado como noções propedêuticas

---

10 Cf. Pontes de Miranda, *Os Fundamentos Actuaes do Direito Constitucional*, Rio de Janeiro, Empresa de Publicações Technicas, 1932.

do estudo do Direito Constitucional. Então, sob esse aspecto, o título do livro foi adequado, porque a teoria geral do Estado aparecia assim como fundamentos do Direito Constitucional. Trata do poder executivo, do poder legislativo e da justiça, mas sob uma perspectiva ainda da teoria geral do Estado. Por isso também ele dedica um capítulo às organizações comunais, incluindo a organização municipal do Brasil que não repetiu em outras obras, salvo, claro, nos comentários constitucionais quanto aos dispositivos sobre Municípios.

Outra observação que comporta fazer é a de que boa parte do conteúdo do livro passou a integrar a "Introdução" aos *Comentários à Constituição* de 1934, repetida nos comentários às constituições posteriores. Como vamos tratar desses comentários, adiante, reservamos para dizer alguma coisa sobre essa temática.

Aqui, queremos ressaltar a influência de Rudolf Smend, aliás devidamente referenciado, no que tange à concepção da integração do Estado e dos processos integrativos como fundamentais na vida dos Estados.[11]

"Todas as estruturas dualistas de Estado fracassaram. Estado neutro é Estado que se nega, na sua função principal, que é a *integração social*. O Estado integral e integralizante, tal o que reclama a nossa época".[12] Pontes de Miranda fala com frequência em Estado integral.[13] Convém observar, contudo, que, embora o momento em que ele publicou o livro fosse o mesmo do nascimento do integralismo no Brasil, não se deve pensar daí que ele fosse um adepto ou mesmo um simpatizante da ação integralista de Plínio Salgado.

Os Novos Direitos do Homem (1933).[14] Trata-se de um pequeno livro de menos de cem páginas, ao problema do Estado para responder à pergunta: "Existe a crise do Estado?" Discute a questão da democracia, tudo como pressupostos à realização dos *novos direitos fundamentais*. É da mais alta significação a posição de Pontes de Miranda no que tange à concepção desses novos direitos fundamentais, numa época em que isso estava inteiramente ausente da cogitação dos juristas brasileiros. Começa ele a exposição desses novos direitos do seguinte modo:

---

11 Idem, ibidem, p. 186.

12 Idem, ibidem, p. 234. São palavras de Smend, como se vê da versão italiana: "Intrazione come processo fondamentale dela via dello Stato" (Cf.*Costituzione e Diritto Costituzionale*, Milano, Giuffrè, 1988, p. 75, trad. de F. Fiore e J. Luther).

13 Cf. ob. cit., pp. 233s.

14 Cf. Pontes de Miranda, *Os Novos Direitos do Homem*, Rio de Janeiro, Editorial Alba, 1933.

"Fora da violência, que não pode durar sempre, do subjetivismo irracional, de que as *ditaduras sem finalidade precisa* nos dão exemplo, um só ponto em que se apoiem, para que a integração política se possa dar: este meio é a constituição socialista; o ponto de acordo social, os novos *direitos fundamentais*, em que se trace o contorno jurídico do Estado, com que se marquem as margens e a altura até onde possam ir as águas que fluirão".[15] Esses novos direitos fundamentais, segundo Pontes de Miranda, eram, na sua proposta, *o direito à subsistência, o direito ao trabalho, o direito à educação, o direito à assistência, o direito à participação no conforto material e espiritual (direito ao ideal), com a obrigação do Estado.*[16] A parte desse livro referente a esses direitos foi reproduzida no livro *Democracia, Liberdade, Igualdade (Os Três Caminhos)*,[17] com alguma ampliação e melhor formulação. Quando formos examinar essa obra, diremos mais sobre esses direitos.

Comentários à Constituição da República dos E. U. do Brasil (2 tomos, Rio de Janeiro, Editora Guanabara, 1936) merecem destaque por ser, por assim dizer, a matriz de todos os outros comentários, tanto que a sua *Introdução*, onde se expõe a teoria do Direito, do Estado e da Constituição, se repete nos demais comentários, embora com melhor sistematização e alguns acréscimos. E também porque, nos comentários subsequentes aos artigos constitucionais, se encontram formulações idênticas, mormente em face da identidade de enunciados normativos, um desses acréscimos foi a introdução, já nos *Comentários à Constituição de 1937*, entre a classificação das normas jurídicas, *das regras bastante em si, regras não bastante em si e regras programáticas*.[18] No Prefácio, faz observações sobre a interpretação constitucional que não consiste apenas em criticar a Constituição, mas "inserir-se nela e fazê-la viver"; "com a antipatia não se interpreta – ataca-se; porque interpretar é pôr-se do lado do que se interpreta, numa intimidade maior do que permite qualquer anteposição, qualquer contraste, por mais constituinte, mais simpático, que seja, do intérprete e do texto. Portanto, a própria simpatia não basta. É preciso compenetrar-se do pensamento que esponta nos preceitos escritos e, penetrando-se neles, dar-lhes a expansão doutrinária e prática, que é o comentário jurídico".

---

15 Idem, ibidem, p. 37.

16 Idem, ibidem, pp. 46s.

17 Cf. Pontes de Miranda, *Democracia, Liberdade, Igualdade (Os Três Caminhos)*, São Paulo, Saraiva, 1979, pp. 489s.

18 Cf. *Comentário à Constituição Federal de 10 de Novembro de 1937*, Rio de Janeiro, Pongetti, 1938, p. 79

"Foi com tal convicção que empreendemos o presente trabalho, que é um primeiro estudo da Constituição Brasileira de 1934. Não a faríamos como é, mas ela é o que é, e o que nós faríamos não foi feito. Nascida, como é notório, em circunstâncias pouco favoráveis a uma estruturação que representasse algo de novo na vida do Brasil (...), reflete traços de três momentos, que poderíamos designar por datas: 1891, 1925-1926, 1930, 1934". Diz que não se trata de um comentário pessoal, mas de um desenvolvimento lógico e técnico da segunda Carta Republicana do Brasil. Entende ter feito obra nitidamente nacional e nunca ter sacrificado às teorias alheias o que mais perto estava do pensamento da Constituição, mas ela "não saiu só do Brasil, veio de outros sistemas, velhos e novos, e seria falsear-lhe os ditames querê-la do mundo e dos seus modelos, que – ao contrário do que sucedera à de 1891, mais americana – é algo de intermediário entre o norte-americano do Século XVIII e o europeu de após guerra". "Traduzem-se nos seus preceitos *[prossegue]* alguns benefícios: 1) o da noção de Constituição, lei superior às outras leis e pela qual têm de ser conferidas ('judicial control', apreciação pelo Senado Federal, que tem certa missão de 'guarda da Constituição', no art. 91, IV); 2) o da noção de Estado federal, cuja relatividade a técnica da Constituição de 1934 pôs à prova; 3) o da noção de liberdade individual, independente da intrusa e 'falsa liberdade' econômica; 4) o da noção de democracia; 5) a programaticidade social-democrática. Longe está de ser escorreita a Constituição de 1934 nos cinco pontos referidos; mas alguma coisa fez, e cumpre realizar o que nela se ordena".

Na Introdução já aparece toda a sua concepção do direito como o que é (*Sein*), e não como o que deve ser (*Sollen*), ligado a um círculo social, situado no Espaço e no Tempo, concreto, vigente, vivo, no sentido de ser ainda direito. O Estado é ordem normativa, mas antes é ele conceito de uma ordem normativa, superior a ele, "uma periferia envolvida pelo Direito das gentes".[19] Nessa Introdução já consta o seu conceito de Poder estatal como o poder de construir e reconstruir o Estado, poder que, para ele, é superior ao poder constituinte, de sorte que, na concepção de Pontes de Miranda, o poder constituinte originário é poder subordinado ao Poder estatal, como está bem mais explícito na Introdução aos *Comentários à Constituição de 1967, com a Emenda 1 de 1969*. "É esse um dos pontos mais relevantes da ciência contemporânea do direito: o Poder Constituinte

19 Cf. *Comentários à Constituição dos E. U. do Brasil*, pp. 18-21.

supõe o poder que decide sobre a existência do Estado, pois, sobre poder de auto-organizar-se".[20]

"O poder constituinte é apenas o mais alto grau do poder de legislar, que se contém no poder estatal". E em seguida, em síntese, dá sua concepção do poder constituinte, como dependente do Poder estatal:

"O poder constituinte tem apenas a função de formular regras jurídicas ou acolher regras jurídicas que sejam, concretamente, o necessário, se não o que é suficiente. O poder estatal é que concerne à *existência* do Estado. Nas democracias, o poder estatal popular e o poder constituinte põem-se em conexão, como *fonte* e *produto*".[21] E bem mais adiante: "O poder constituinte é sempre cancelável – retirável – pelo poder estatal. Por exemplo, ao povo, se o poder estatal é popular, é sempre aberta a porta para fechar, retirar legitimamente e restringir poderes à Assembleia Constituinte. Tal perenidade do poder estatal é que explica a deponibilidade dos poderes constituídos por parte de quem exerce (dinastia, povo) o poder estatal. Por onde se vê que as atribuições do poder constituinte e as dos poderes constituídos só existem *se* e *enquanto* o poder estatal as sustenta. Se foi o povo que as deu, o povo as pode tirar. Rei dá, rei tira".[22]

Suas concepções sobre o Direito das Gentes em relação ao Direito Interno se mantiveram até o último comentário constitucional que ele fez, qual seja o da Constituição de 1969. Manteve inclusive citações de textos ultrapassados, como a *Declaration of the Heights and Duties of Nations* e referências à Constituição de Weimar.[23]

Sua concepção de Constituição firmou-se nesses Comentários e se manteve praticamente intacto nos comentários às Constituições posteriores.

"No sentido positivo, Constituição é ato do poder estatal, através do poder constituinte, ato que tem de ser obedecido, enquanto *contínuo* o jacto da ordem jurídica".[24]

---

20 Cf. *Comentários à Constituição de 1967 com a Emenda n. 1 de 1969*, t. I, 2ª ed., São Paulo, RT, 1970, p. 175.

21 Idem, ibidem, pp. 177 e 178.

22 Idem, ibidem, p. 179.

23 Cf. *Comentários à Constituição dos E. U. do Brasil*, cit., v. I, pp. 89 e 92s, e *Comentários à Constituição de 1967 com a Emenda n. 1 de 1969*, v. I, cit., pp. 215 e 220s.

24 Cf. *Comentários à Constituição dos E. U. do Brasil*, cit., v. I, p. 86, e *Comentários à Constituição de 1967 com a Emenda n. 1 de 1969*, v. I., cit., p. 189.

"A Constituição de hoje não pode ser abstrata, vaga, simples formalismo substancial. Tem de ser viva, palpável, normativa, e normativa assim para interesses como para legislações que dentro dela devam viver".[25]

"As Constituições possuem objeto próprio. Mas isso não significa que seja sempre o mesmo; nem que existam matérias necessariamente incluídas nos textos constitucionais".[26] As questões sobre a rigidez, defesa e guarda da Constituição já foram estabelecidos nesses primeiros Comentários e assim mantidos até o último com evolução e aperfeiçoamentos.[27] Em certo momento de seus comentários constitucionais, ele introduziu a ideia de que as Constituição possuem duas partes, que se distinguem facilmente, e costumam estar em capítulos próprios; 1) a da *separação de poderes* e *sua formação* e 2) a da *declaração de direitos*. Aquela concerte à *forma*, e por ela é que se aquilata a democracia na constituição dos poderes. Essa, ao *fundo*, porque contém as regras jurídicas sobre a liberdade e a igualdade".[28] Pontes de Miranda não evoluiu sobre essa questão, porque nessa formulação não entram os direitos econômicos e sociais que já existiam quanto de seus Comentários à Constituição de 1934. Outra coisa que foi introduzida, mais tarde, em sua concepção de Constituição, foi a sua adoção dos conceitos absolutos e relativos de Constituição; dizemos "adoção" porque se trata de concepção que já se encontra em Carl Schimitt. Em Pontes de Miranda, a concepção está assim formulada:

"O conceito absoluto de Constituição é sempre o de Constituição em sentido material; o conceito relativo pode ser de Constituição no sentido material e de Constituição no sentido formal:

a) A inserção de regras jurídicas que não deveriam ser constitucionais na Constituição fá-las constitucionais, salvo se a Constituição mesma as exclui de tal assimilação;
b) A não-inserção de regras jurídicas que deveriam ser constitucionais fá-las ordinárias, porque se a Constituição alude a elas, para as dizer constitucionais, são parte da Constituição".[29]

---

25 Idem, ibidem, respectivamente, p. 89 e p. 215.

26 Idem, ibidem, respectivamente, p. 95 e p. 227.

27 Idem, ibidem, respectivamente, pp. 99-111 e pp. 233-260.

28 Isso consta de seu último comentário constitucional, *Comentários à Constituição de 1967 com a Emenda n. 1 de 1969*, cit., p. 185.

29 Cf. *Comentários à Constituição de 1967 com a Emenda n. 1 de 1969*, pp. 200 e 201.

Devem-se destacar os comentários da ordem econômica e social. Primeiro, porque aqui ele foi pioneiro, já que esse era um campo novo no constitucionalismo brasileiro, razão por que os doutrinadores, comentadores e anotadores das duas Constituições anteriores não tiveram que enfrentar a questão. Segundo, porque Pontes de Miranda o fez com grande competência e espírito progressista e aberto a esse novo constitucionalismo, o que ainda hoje se encontram constitucionalistas retrógrados a ele. Basta recordar as seguintes passagens:

"A *constitucionalização* da estruturação econômica submete Estado e forças econômicas a direito seu: primeiro, porque estas passaram a ser órgãos do Estado, passaram a ser estatais; segundo, porque ao Estado político (ele se tornou político-econômico) só se dará a atuação no sentido do interesse geral, *controlativa*; terceiro, porque se *judicializa*, até certo ponto, a luta pela instituição da magistratura do trabalho: o ordenamento jurídico dará o *processo*, que se substitua à defesa pelas próprias mãos, e ter-se-á a juridicidade da coordenação das classes, criada por um direito, que é também *delas*". E adiante:

"O Estado deve resolver o problema das relações entre o capital e o trabalho, no interesse geral e no sentido de pacífica colaboração dos grupos sociais. As classes, em vez de se inimizarem e a proletária adotar a resolução de extinguir as outras, têm de compreender que a proletária tem direito a maior dignidade social do que se lhe reconhece e que as outras precisam trabalhar para o bem geral".[30] É bem verdade que, no momento em que foram escritas essas palavras, soavam elas reacionárias à vista da luta ideológica que se travava no Brasil dos anos trinta.

"Temos, pois, a primeira conclusão: as *liberdades fundamentais precisam ser mantidas*. O Estado contemporâneo tem de consagrá-las. É o Estado *liberal*, sem ser *liberalista*. Mas só a socialização progressista pode salvar a liberdade".[31]

É verdade que estava ele ainda muito preso à concepção de programaticidade relativamente à ordem econômica e social. Daí afirmativas como a de que o início do art. 121 constituía programa, e não um preceito jurídico, ao estabelecer: "A lei promoverá o amparo da produção e estabelecerá as condições do trabalho, na cidade e nos campos, tendo em vista a proteção social do trabalhador e os interesses econômicos do país".[32]

---

30 Cf. *Comentários à Constituição dos E. U. do Brasil*, cit., v. II, p. 298.

31 Idem, ibidem p. 300.

32 Idem, ibidem p. 328, e também p. 375, relativamente ao art.138 que incumbia à União, Estados e Municípios, nos termos das leis respectivas assegurar os

Comentários à Constituição Federal de 10 de novembro de 1937. As informações que se colhem sobre Pontes de Miranda, no *Google* especialmente, realçam suas concepções liberais e democráticas. Isso, contudo, não se revela nesses Comentários da Carta de 1937. Neles mantém a mesma Introdução teórica que antecede os Comentários da Constituição de 1934. Na "Advertência" não há uma palavra alertando sobre o caráter ditatorial daquela Carta, apenas informa que é a quarta Constituição brasileira e a segunda outorgada. Boa parte do "Prefácio" é repetição do "Prefácio" aos Comentários da Constituição de 1934. Não condena a ditadura. De certo modo, até a justifica elogiando a sua Carta. Embora diga ser ela outorgada, insiste em dizê-la proveniente de legislador constituinte. Assim, este texto:

"O legislador constituinte de 1937, a par do que vai pelo mundo, teve a coragem de adotar o novo sistema de guarda da Constituição e de afastar do texto constitucional a proibição das leis retroativas. Pode-se dizer que a Carta de 1937 é a primeira Carta da Revolução brasileira. A sua função histórica transcende, talvez, à visão dos seus contemporâneos, não daqueles mesmos que a fizeram, mas por certo de muitos dos que, solidários com o movimento que se operou a 10 de novembro de 1937, observaram a segurança e a unanimidade de manifestação das classes armadas, a ordem com que se processou a passagem de um regime a outro, sem atentarem na mudança de conteúdo do Direito nacional". Elogia, com coragem, as limitações que a Carta impôs ao sistema de jurisdição constitucional, consubstanciadas no parágrafo único do art. 96, segundo o que "[n]o caso de ser declarada a inconstitucionalidade de uma lei que, a juízo do Presidente de República, seja necessária ao bem estar do povo, à promoção ou defesa de interesse nacional de alta monta, poderá o Presidente da República submetê-la novamente ao exame do Parlamento: se este a confirmar por dois terços de votos em cada uma das Câmaras, ficará sem efeito a decisão do Tribunal".

E mais este:

"Quanto à moralização da administração pública, a Constituição começou por eliminar o preceito da anterior Constituição, que foi o primeiro ato suicidário da Constituinte de 1933-1934: o art. 32, parágrafo único, da nova Carta quase só por si justificaria a passagem à atual ordem de coisas. Mas há outros preceitos em que se verifica o propósito saneador do legislador constituinte de 1937".[33] Curioso que, nos comentários ao

benefícios sociais ali enumerados.

33 Cf. pp. 25 e 26.

parágrafo único do art. 32, não faz nenhuma referência nesse sentido. Na verdade, o parágrafo elogiado não tem a importância que lhe foi atribuída. Diz ele o seguinte:

"Os serviços públicos concedidos não gozam de isenção tributária, salvo a que lhes for outorgada, no interesse comum, por lei especial". Se a declaração de não isenção poderia ser moralizadora, a verdade é que o texto, no fundo, permitiu isentar, nos termos da ressalva.

O pior é que ele entendeu que a declaração de direitos da Carta é satisfatória, como se pode inferir destes textos:

"Para quem vê com olhos de técnico o texto constitucional, é interessante observar que, no que respeita à declaração de direitos, foram conservados os princípios essenciais das Constituições de 1891 e de 1934, e isso demonstra que a solução brasileira de estruturação não saiu do quadro europeu-americano das liberdades individuais, se bem que não confunda liberdade individual e liberdade econômica".[34] A diferença fundamental, não notada pelo autor, é que a declaração de direitos da Carta de 1937 tinha a sua aplicação quase toda dependente da lei ordinária como é exemplo a previsão do direito de manifestação do pensamento (art. 122, n. 15), além da previsão da pena de morte prevista no n. 13 do art. 122, e mais as restrições constantes da segunda parte do art. 123. Isso sem contar que a Carta instaurara uma ditadura que não tolerava a vigência de direitos fundamentais da pessoa humana.

A insistência em falar-se em legislador constituinte a respeito do autor da Carta é que é comprometedora. Um parecer da Faculdade Nacional de Direito do Rio de Janeiro, publicado no Correio da Manhã, em 3.3.1945, pôs as coisas nos seus devidos termos:

"Não é o nome de *constituição* que confere a uma lei esse caráter bem definido e determinado na ciência jurídica. Pelo fato de ser lançada como lei constitucional pelo detentor de fato do poder, não cobra uma norma jurídica aquela qualidade, da qual defluem tão essenciais consequências. Para que uma Constituição o seja, requisito primordial é que a sua adoção emane de um *Poder Constituinte*, o qual não pode ser outro que o detentor originário da soberania".[35] Ela só se legitimaria, se houvesse sido convocado o plebiscito nacional previsto em seu art. 187 e seu

34 Cf. p. 26.

35 Cf. em Walter Costa Porto, *Constituições Brasileiras, v. IV, 1937*, Brasília, Senado Federal, 1999, p. 54.

pronunciamento fosse a favor dela, com o término do mandato do então Presidente da República nos termos do art. 175, §2º.[36]

Em face disso, parece não proceder a afirmativa de que os volumes II a IV projetados não saíram porque foram proibidos pela ditadura. Francamente, nada encontramos que corrobore a assertiva. Ao contrário, pois como visto, há até manifestação no sentido de justificar a Carta.

Comentários à Constituição de 1946[37]. São, ao que parece, os melhores comentários constitucionais de Pontes de Miranda, em quatro volumes, a que ele acrescentou um volume suplementar sob a emenda parlamentarista (Ato Adicional de 21.11.1961).[38] No entanto, manteve a mesma "Advertência" anterior, com a mesma expressão inicial "Os presentes comentários à Constituição brasileira, que, no momento, é mais complexa das Constituições americanas, visam expor..." O mesmo "Prefácio", que antecedia os Comentários à Carta de 1937, sem mudar absolutamente nada. Mas foi na Introdução desses comentários que ele incluiu novidades na teoria jurídico-constitucional, ainda que conservasse passagens da Introdução dos comentários anteriores sem cabimento. Lamentavelmente não levou em consideração a renovação do constitucionalismo que se operava na Europa depois da Segunda Guerra Mundial. Nota-se ainda nos comentários aos artigos a permanência de amplos textos de comentários das obras anteriores. Os comentários sobre o Ato adicional são de boa qualidade.

Seus comentários à ordem econômico e social foram simplificados aqui. Assim é que suas notas à rubrica do título da ordem econômica e social ocupavam mais de vinte páginas com bons elementos doutrinários justificativos da transformação do Estado puramente liberal para um Estado de democracia social, enquanto nos *Comentários à Constituição de 1946* não gastou sequer página e meia. Esses comentários mais sintéticos se deram em prejuízo de importantes considerações doutrinárias e até de técnica constitucional. Acentuou-se sua concepção de programaticidade, como se vê logo de entrada nos comentários ao art. 145: "A ordem econômica deve ser organizada conforme os princípios da justiça social, conciliando a liberdade de iniciativa com a valorização do trabalho hu-

36 Idem, ibidem, p. 55.

37 Pontes de Miranda, *Comentários à Constituição de 1946*, 4 volumes, Rio de Janeiro, Livraria Boffoni, 1947 (fim do volume), que foram elaborados em dez meses.

38 Cf. Pontes de Miranda, *Comentários à Constituição de 1946, Suplemento I*, Rio de Janeiro, Borsoi, 1962.

mano. – Parágrafo único. A todos é assegurado trabalho que possibilite existência digna. O trabalho é obrigação social".

"O texto [*diz ele*] constitui mera recomendação. Não há sanção para a infração dele. Os legisladores, que a ele não obedeçam, escapam a qualquer restrição legal. Mas o princípio, por si, é útil, principalmente na parte final do artigo em que se concretiza a programática constitucional".[39] Essa é uma doutrina, hoje, inteiramente superada e inaceitável, mas já naquela época havia espíritos demonstrando seu equívoco, porque não há, não podia e nem poderá haver disposições constitucionais com mera recomendação, mero programa, mera intenção; menos aceitável ainda é a afirmativa de que o legislador não estava a ela vinculado e poderia desobedecer sem consequência, porque também não é certo que não havia sanção. Havia, sim, a inconstitucionalidade, no mínimo. Não é raro que, nesses comentários, o discurso constitucional se torna uma abstração em face do conteúdo do artigo comentado, com o qual não se afina, como é exemplo o discurso referido ao art. 147 que trazia norma da mais alta importância relativamente à função social da propriedade: "O uso da propriedade será condicionado ao bem-estar social. A lei poderá, com observância do disposto no art. 141, § 16, promover a justa distribuição da propriedade, com igual oportunidade para todos". O discurso constitucional, de quase cinco páginas, em torno dele nada disse a respeito de seu significado, concluindo com duas proposições nos ns. 3 e 4: "O art. 147 condiciona o uso da propriedade ao bem-estar social; de modo que permite as leis interventivas, segundo o art. 146" e "A distribuição somente se pode fazer observados os artigos 141, § 16, e 146".

Esse reducionismo, aliado à concepção de programaticidade, deixa praticamente vazios os comentários aos artigos 166 e 167, 169, 170 e171. Para ele, a regra do art. 174 sobre o amparo à cultura como dever do Estado é programática, o que, na sua concepção, como vista, não passa de mera recomendação, sem nenhum valor jurídico. O curioso é que o art. 175 sobre a proteção do poder público às obras, monumentos e documentos de valor histórico e artístico, bem como os monumentos naturais, as paisagens e os locais dotados de particular beleza, que é da mesma natureza do conteúdo do art. 174, foi, por ele, exaltado.

"Não foram meditados, nem sequer louvados, como mereciam, os textos de 1934, 1937 e 1946. Para louvá-los é de mister conhecer-lhes o conteúdo, com toda a exatidão, saber-lhe a intensidade. O art. 175 é regra digna de reprodução em Constituições posteriores, que venha a ter

39 Cf. *Comentários à Constituição de 1946*, cit., v. IV, p. 8.

o Brasil, e da atenção acurada dos legisladores ordinários, principalmente dos legisladores do direito penal, que nele encontram preestabelecidas[40], por meio de devolução sugestiva, a regra de direito penal material. O que lhes falta justamente é a regra de direito, que venha completar e realizar a proteção prometida".

Nesses comentários (IV, pp. 135-169) ele reproduz os bons *Comentários à Constituição de 1934* (II, pp. 441-496) no referente aos capítulos dos funcionários públicos.

Comentários à Constituição de 1967.[41] Aqui a "Advertência" que precedia aos Comentários anteriores virou "Prefácio", mais sinteticamente, e o que era "Prefácio" antes virou "Prólogo", com alguma modificação, mantido, porém, em sua essência. A "Introdução" em que o autor dá as "Noções Fundamentais" do direito, do Estado e do Direito Constitucional, praticamente sem alteração, mantidos os mesmos tópicos, a mesma problemática, vindos dos *Comentários de 1934*, avançados, então, mas que foi sendo superado por novos fundamentos que vieram da profunda transformação do constitucionalismo depois da Segunda Guerra Mundial, à qual o autor não foi sensível, salvo no que tange à sua concepção da programaticidade. Nesse ponto, ele evoluiu: "as Constituições contemporâneas receberam a sugestão da necessidade, por todos sentida, de se inserir nos textos constitucionais alguma coisa que dissesse *para onde* se vai e *como* se vai. Longe estão, contudo, tais diplomas fundamentais dos Estados de hoje da adoção de fins precisos, o que exigiria mais imperatividade na caracterização dos fins do Estado do que a simples programaticidade de algumas regras, às vezes assaz obscuras e vagas, das suas hesitantes Constituições". Mas logo acrescenta um ponto importante:

"As regras jurídicas programáticas são suscetíveis de cogência, desde logo, se o contrário não se conclui da Constituição que as contém. Por isso mesmo, onde o princípio foi estabelecido suficientemente, se há de entender já inserto no sistema jurídico". [42]

Para quem considerava, ainda em 1946, as regras programáticas como simples recomendação, mera intenção, sem valor jurídico, como vimos, essa nova postura vale como uma revolução intelectual, que refletiu, beneficamente, nos comentários aos artigos da ordem econômica e

40 Idem, ibidem p. 118.

41 Cf. Pontes de Miranda, *Comentários à Constituição de 1967*, 6 volumes, São Paulo, Revista dos Tribunais, 1967/1968.

42 Cf. *Comentários à Constituição de 1967*, cit., p. 127.

social. Em face dos Comentários à Constituição de 1946, os comentários à rubrica do Título III da Constituição 1967 são doutrinariamente muito melhores e mais evoluídos. É verdade que aqui e ali ainda aprece certa confusão doutrinária a respeito do assunto, mais por conta de seu método de trabalho, consistente em ir adaptando às Constituições posteriores, comentários feitos nas anteriores. Veja-se, por exemplo, a referência ao §4º do art. 121 que aparece aqui: "Ora, o art. 121, § 4º, é programático...". Isso é resto dos comentários ao art. 121 da Constituição de 1934, que dispunha sobre o direito do trabalho. Os arts. 121 das Constituições de 1946, 1967 e 1969, tratam de outra coisa e não têm § 4º.

Nestes Comentários, Pontes de Miranda acentuou sua ideia de que o poder constituinte originário não é autônomo. Primeiro, porque está sujeito ao poder estatal, que, na sua teoria, não se confunde com poder político nem com poder constituinte. Segundo, porque tem que atender certos "princípios superiores", tal como doutrinou Otto Bachof, sem, no entanto, falar, como este, em normas constitucionais inconstitucionais.

"Não há princípios superiores à atividade do legislador constituinte [diz ele] que não sejam: a) os de direito das gentes, dependentes, para serem respeitados, das sanções respectivas; b) os pré-constitucionais, ou sejam de outra origem que o poder constituinte, ou do mesmo, o que dá a terceira espécie, que é c) a de princípios constitucionais prévios. No caso b), se o poder constituinte é popular e a regra jurídica pré-constitucional não o foi, não há poder estatal popular. No caso c), supõe-se a mesma procedência democrática, oligocrática ou monocrática do poder estatal e do poder constituinte, ou que, sendo democrático, oligocrático ou monocrático o poder estatal, que se haja estabelecido, com base nele, o corpo elaborador dos princípios tidos por superiores".[43]

Nesses Comentários também, ao contrário dos Comentários à Constituição de 1937, Pontes de Miranda fez observações críticas à formação da Constituição de 1967.[44] Mas nos Comentários à Constituição de 1969, sob o título de *Comentários à Constituição de 1967 com a Emenda n. 1 de 1969*, ele já não fez crítica específica sobre o modo como essa dita Emenda n. 1 de 1969 foi estabelecida. Repetiu o texto anterior apenas com a inserção da expressão "a Emenda Constitucional n. 1, de 17 de outubro de 1969", assim: "A despeito de se tratar de Congresso Nacional ferido, repetidas vezes, e moribundo, houve *reação*, e teve-se a Constituição de 1967, com a Emenda Constitucional n. 1, de 17 de outubro de 1969, que –

43 Idem, ibidem, p. 217.

44 Idem, ibidem, pp. 217 e 218.

a despeito de seus erros – é Constituição, e precisa ser *aplicada*".[45] Vale dizer, avalizou a obra outorgada pela ditadura militar, pois o texto, se se aplicava à Constituição de 1967 na sua forma original, cem por cento não tinha prestança relativamente à Constituição de 1969, formada por via da dita Emenda n. 1, de 1969, imposta autoritariamente após a decretação do fechamento do Congresso Nacional. Ou seja, no texto fica parecendo que o Congresso Nacional teve participação em sua elaboração, quando isso é falsear a história. Diante dessas observações não é necessário fazer mais considerações sobre os *Comentários à Constituição de 1969*, seu conteúdo não é muito diverso dos *Comentários à Constituição de 1967*.

Democracia, Liberdade, Igualdade (Os Três Caminhos).[46] Este é um livro importante que se tem tido como de ciência política, mas que, ao nosso ver, pode ser enquadrado entre os livros de *teoria geral da Constituição* embasada na ciência política e na história, porque as questões constitucionais gerais estão na base de seu conteúdo. Às vezes, o historicismo é prejudicial. Não raro o autor se embrenha na história para mostrar que determinado instituto jurídico ou político não ocorreu no correr dos tempos, numa forma de historicismo negativo que, por isso, não é construtivo; não raro vai ele até à pré-história, desnecessariamente por certo. Mas nada disso prejudica a importância do livro, até porque ele dá importante tratamento histórico ao desenvolvimento da democracia, da liberdade e da igualdade.

A obra foi escrita de 1940 a 1944. Na segunda edição, de 1979, o autor não alterou nada, sob o argumento de que "os povos do Mundo continuavam parados ou andavam pelas duas dimensões, ou somente por uma, o que criava e continua criando graves problemas".[47] É pena porque houve profundas alterações no constitucionalismo, inclusive nos três caminhos. Basta lembrar que já estavam promulgadas as Constituições portuguesa (1976) e espanhola (1978) com enorme contribuição aos três caminhos: a democracia, a liberdade e a igualdade. Verdade que o Brasil e outros Estados americanos estavam ainda mergulhados na ditadura.

O importante nesse livro, a par do tratamento científico que o autor dá à matéria, está também em explicitar sua ideologia progressista, sempre reivindicativa da aplicação do princípio da igualdade que ele encontrava no desenvolvimento do socialismo, sem medo de basear-se

---

45 Cf. *Comentários à Constituição de 1967 com a Emenda n. 1 de 1969*, 2ª ed., t. I, São Paulo, Revista dos Tribunais, 1970, p. 227.

46 Cf. Pontes de Miranda, *Democracia, Liberdade, Igualdade (Os Três Caminhos)*, 2ª ed., São Paulo, Saraiva, 1979.

47 Cf. *Prefácio* à 2ª. Ed.

nas doutrinas de Marx-Engels, sem medo de mencionar o então sistema soviético como um caminho certo para a igualdade. Mostrou, então (1944), que democracia e planificação não são incompatíveis.[48] Ao contrário, para ele, "a verdade está em que somente podem planificar bem os Estados democráticos e os Estados comunistas".[49]

É importante ter em mente a concepção de Pontes de Miranda sobre os três caminhos: democracia, liberdade e igualdade, que ele, embora entenda serem distintos, não são, porém, estanques. Ao contrário, os três caminhos só existirão efetivamente se entrosados, porque são reciprocamente condicionantes, coimplicam-se mutuamente. Basta algumas referências para se ter clara essa concepção.

"É impossível qualquer espaço para o cerne (figs. 18-20) sem que os três círculos se superponham, isto é, sem que se ajustem, se combinem e se conciliem. Pelo menos em parte, liberdade, democracia e maior igualdade. *a)* Se não há liberdade – igualdade e democracia são precárias; o poder que não protege a liberdade facilmente faz desiguais os homens e transforma a democracia em oligarquia ou em monocracia; como, *ex hypothesi*, não há liberdade, tal oligocracia ou tal monocracia se faz autocracia. *b*) Se não há igualdade, a democracia, ainda em caso de isonomia, exerce-se no sentido de fazer desiguais os tratamentos, e os privilégios põem em perigo democracia e liberdade. *c*) Se não há democracia, a igualdade está à mercê do grupo governante (classe, casta, ricos-homens, naturais de alguma região), e à liberdade falta uma das mais eficazes garantias – a de que as limitações a ela, feitas em lei, são de origem popular".[50] E nas páginas finais do livro ele reafirma a concepção em outros termos:

"O problema político é problema de soluções concretas, porque os dados são concretos: *a*) o sentimento de poder e o valor da persuasão e da vontade de cada um: *b*) o sentimento de livre perceber, de livre intuir, de livre sentir, de livre pensar e agir de cada um, indispensável ao convencimento e à deliberação certa; *c*) o sentimento de ser igual, de colaborar e de ser solidário. Concretas as soluções, porque (1) só a democracia, conforme se verifica nos fatos, satisfaz àqueles impulsos e tendências, inextirpáveis, a participar das decisões que interessam à vida, e a ser responsável; (2) só a liberdade permite a descoberta, a expressão e a crítica das proposições verdadeiras e de todo plano de ação eficaz; e

48 Cf. *Democracia, Liberdade, Igualdade*, cit., pp. 223s.

49 Idem, ibidem, p. 223.

50 Idem, ibidem, p. 130.

(3) só a igualdade põe todos os serviços de cada um e cada um a serviço de todos, eliminando-se as consequências psíquicas das desigualdades e permitindo-se distribuição correspondente à produção".[51]

Não se tire daí que Pontes de Miranda ficou apenas na discussão abstrata desses caminhos. Ao contrário, ele desceu a fundo na discussão dos conceitos, classificações e formas da democracia (pp. 132-240), da liberdade (pp. 241-405) e da igualdade (pp. 407-552), dando-lhes tratamento crítico. Inseriu, entre os capítulos da igualdade, importantes considerações sobre os *novos direitos do homem*,[52] considerados em 1944. Nessa parte, se o autor tivesse se animado a aprofundar a questão na segunda edição (1979) por certo encontraria os novos direitos muito diferentes dos que ele considerou (*direito à subsistência, direito do trabalho, direito à educação, direito à assistência e o direito ao ideal*)[53]. Assim mesmo considerando a época em que foram tratados, foi um enorme avanço, até porque o autor, aqui, em nenhum momento imputou a esses direitos uma concepção programática. É preciso observar, além do mais, que dentro daqueles direitos por ele indicados, ele incluiu desdobramentos que enriqueceram o seu tratamento. Não vamos aqui entrar em pormenores, mas queremos ressaltar que a concepção desses novos direitos, em Pontes de Miranda, lhe confere um profundo sentimento democrático e progressista. Ele reconheceu que são os direitos sociais, em sentido amplo, que dão embasamento à igualdade.

"A desigualdade humana, obtida por meios artificiais – *e. g.*, invasões, usurpações do poder – conseguiu fazer-se inserir no indivíduo: há cultos e analfabetos; educados e não-educados; instruídos e não-instruídos; pessoas que pedem viajar, descansar, divertir-se, e pessoas que têm de viver entre o trabalho, a comida e o sono. A miséria, num mundo que dilapida. De modo que erram aqueles que pensam que as desigualdades se eliminam por decreto: às vezes, a igualdade tem de ser recriada. Nesse recriar a igualdade, há toda uma política de planos, de meios e de ação.

"Vale dizer-se: a sociedade tem de executar isso. São, pois, igualdades que exigem todo um programa para se fazer e se conservar a igualdade. A esse programa hão de corresponder direitos dos indivíduos a que se execute o programa, ou ficará ele à mercê dos planificadores e executores.

"Que direitos são esses? Por enquanto, sabendo que não estão implícitos na forma democrática, nem no rol dos princípios da liberdade, nem

---

51 Idem, ibidem, pp. 605 e 606.

52 Idem, ibidem, pp. 489s.

53 Idem, ibidem p. 491.

no princípio da igualdade formal, contentemo-nos em dizê-los 'novos direitos'."[54]

Por isso, alguém já disse que não se deve esquecer, em sua obra, a valorização dos direitos sociais, que enquadrou e ajustou às liberdades clássicas.

Finalmente, resta fazer uma última observação, lembrando o que me disse o inolvidável Min. Seabra Fagundes, certa vez, na entrada do Hotel Terminus, em São Paulo. Com sua voz quase inaudível, tal era a sua humildade, dizia-me que o Pontes de Miranda era ótimo no direito privado, mas nem tanto no direito público. Não obstante isso, não se pode desconhecer a sua importância no constitucionalismo brasileiro. Foi ele durante cerca de meio século o constitucionalista que pontificou (sem trocadilho) na doutrina constitucional brasileira, influindo decisivamente na jurisprudência dos nossos tribunais.

54 Idem, ibidem, p. 389.

CAPÍTULO VI
Carlos Maximiliano e outros

Carlos Maximiliano Pereira dos Santos.

Nasceu em 24.4.1873, em São Jerônimo, Província do Rio Grande do Sul. Fez o curso de Humanidades em Porto Alegre e formou-se em Ciências Jurídicas e Sociais pela Escola de Direito de Belo Horizonte, recebendo o grau de Bacharel em março de 1898. Escritor de elevado mérito, publicou as notáveis obras repletas de ensinamentos: *Comentários à Constituição Brasileira de 1891* (3v., 1918), *Hermenêutica e Aplicação do Direito* (1925), *Direito das Sucessões* (3v.,1937) e *Condomínio: terras, apartamentos e andares perante o Direito* (1944). Faleceu no Rio de Janeiro, em 02.01.1960.

***

Araújo Castro (Raimundo Araújo Castro).

Nasceu em São Bento, Maranhão, em 1880, faleceu no Rio de Janeiro em 1945. Não consta ter sido professor universitário. Formou-se em Ciências Jurídicas e Sociais pela Faculdade de Direito Livre do Rio de Janeiro, em 1907. Publicou os seguintes livros de direito constitucional: *Manual da Constituição Brasileira* (1918); *A Reforma Constitucional*; *A Nova Constituição Brasileira; Instrução Moral e Cívica; A Constituição de 1937.*

Manual da Constituição Brasileira.[1] Refere-se à Constituição de 1891. Trata-se de Manual simples e didático. Começa com uma notícia histórica das nossas instituições políticas. Depois noções fundamentais: nação, Estado, povo, Constituição, forma de Governo; formas de Estado.

1 Cf. Araújo Castro, *Manual da Constituição Brasileira*, Rio de Janeiro, Editores Leite Ribeiro e Maurillo, 1918.

O Estado federal, dizendo que os Estados-membros são autônomos, mas a União é soberana. Em seguida, divisão de poderes. Poder Legislativo, Poder Executivo, Poder Judiciário. Os Estados. Os Municípios. Distrito Federal. Território do Acre. Direitos e liberdades individuais, considerados direitos naturais; as diversas formas de liberdade e suas garantias, especialmente o *habeas corpus*. Propriedade, considerada por ele como direito inerente à personalidade humana; abre espaço para discutir as desapropriações, logo passa à propriedade literária, científica, artística e industrial. Depois "cidadania" (*rectius*, nacionalidade) e naturalização; em seguida, sim, o sufrágio. Logo, funcionalismo público; estado de sítio; e revisão constitucional. Esse conteúdo, aí esquematizado, foi exposto descritivamente, sem observações críticas, como se tudo fosse aplicado lisamente.

A Reforma Constitucional. A Nova Constituição.

A Constituição de 1937.[2] Também aqui Araújo Castro se limitou a traduzir o conteúdo formal do texto constitucional, sem qualquer atenção ao que, efetivamente, ocorria à sua margem – fora dela – e que era a Constituição efetiva, já que o texto daquela Carta não fora respeitado pelo ditador.

"Com efeito [*observa Inocêncio Mártires Coelho, no prefácio a esta edição*], enquanto, sob o clima liberal recém-nascido da Revolução de 1930, por exemplo, ele desenvolveu críticas e até arriscou profecias – que, afinal, infelizmente se confirmaram – sobre a debilidade da nova constituição para institucionalizar aquele movimento e consolidar os seus ideais, já no regime autoritário inaugurado em 1937, cautelosamente, limitou-se a traduzir as normas da sua organização, evitando, quanto possível, debater os inúmeros retrocessos causados pela nova carta política. Sob esse aspecto, pode-se dizer *A Constituição de 1937* é um texto tipicamente kelseniano – ainda que apenas do Kelsen dos primeiros anos, da fase da pureza ideológica e da exatidão científica – porque nas suas anotações à lei fundamental do *Estado Novo* Araújo Castro procurou se manter indiferente ao que se passava fora da constituição".

José de Castro Nunes.

Nasceu em 15.10.1882, na cidade de Campos, Estado do Rio de Janeiro. Iniciou seus estudos na cidade natal, prosseguindo no Colégio Santa Rosa em Niterói, no Instituto Politécnico, em Salto (Uruguai), onde

2 Cf. Araújo Castro, *A Constituição de 1937*, edição fac-similar, Brasília, Senado Federal, Conselho Editorial, 2003.

seu pai exercia o cargo de Cônsul do Brasil; frequentou a Escola Pública do Engenho Velho (Rio de Janeiro) e Externato Pedro II (1897-1901), de onde saiu para matricular-se na Faculdade de Ciências Jurídicas e Sociais do Rio de Janeiro, por onde se formou em 1906.

Publicou vários livros de ciência jurídica, destacando-se no Direito Constitucional: *Do Mandado de Segurança e de outros meios de defesa contra atos do Poder Público, Teoria e Prática do Poder Judiciário, Da Justiça do Trabalho no Mecanismo Jurisdicional do Regime; O Poder Executivo na Evolução Política do Brasil; As Constituições Estaduais do Brasil; Aspectos do Federalismo Contemporâneo.*

Faleceu no Rio de Janeiro, em 05.09.1959.

II
DOUTRINADORES ACADÊMICOS

TÍTULO I
Os Paulistas

CAPÍTULO I
Avelar Brotero

José Maria, depois Conselheiro Brotero,[1] foi o primeiro lente de Curso Jurídico a ser nomeado no Brasil, o que se deu por ato de D. Pedro I a 6.10.1826, portanto, antes mesmo de serem criados os Cursos Jurídicos de São Paulo por Lei de 11 de agosto de 1828. Foi Brotero designado, por decreto de 12.10.1827, para reger a primeira cadeira que abrangia *Direito Natural, Público, Análise da Constituição do Império, Direito das Gentes e Diplomacia* que continuava no segundo ano acrescida de *Direito Eclesiástico*. Assim também era em Olinda.

Informa Glauco da Veiga que Lourenço José Ribeiro fora nomeado para essa cadeira do segundo ano, mas o Governo mandara-o descer para o primeiro ano, a fim de inaugurar a abertura do Curso Jurídico.[2] Informa também que a cadeira de *Análise da Constituição* ficaria com ele que iniciaria suas aulas em 1829 com o segundo ano. O problema é que, em Olinda, havia profunda animosidade contra a Constituição que fora repudiada, repúdio que conduziu Frei Caneca à forca. Glauco da Veiga revela essas dificuldades, observando que "a disciplina crítica seria a 'Analise da Constituição do Império', a Carta Constitucional que conduziu Pernambuco a Confederação do Equador", e acrescenta que "Lourenço José Ribeiro teria chamado a si a tormentosa tarefa. De início, pedia no seu Relatório do ano letivo de 1829, autonomia para a 'Análise da Constituição do Império' que passaria à condição de catedrilha. 'Não é possível em um só ano letivo se analisar toda a Constituição, se leia

1 O texto que se vai ler sobre Avelar Brotero é uma versão com alguns ajustes da Introdução, *Notícia sobre Avelar Brotero "A Filosofia do Direito Constitucional"*, que escrevi para a edição de sua obra, *A Filosofia do Direito Constitucional*, São Paulo, Malheiros Editores, 2007, por nós preparada a partir do exemplar, de 1842, existente na biblioteca da Faculdade de Direito da Universidade de São Paulo.

2 Cf. *História das Ideias da Faculdade de Direito do Recife*, 1º vol., Recife, Universidade Federal de Pernambuco/Editora Universitária, 1980, p. 253.

ainda o Direito das Gentes e a Diplomacia' ia reclamando e protestando. Só a 'Análise', como sumariamente no jargão escolar começou a ser chamada a disciplina, absorveria o tempo do professor. Em quatro meses, desalentado Lourenço Ribeiro, 'cingindo-me ao essencial' chegou tão só ao art. 94. Eis porque – 'pior ainda será quando estiverem feitas todas as Leis Regulamentares de que se deve dar também uma breve notícia' – imperativa a autonomia da 'Análise', deve-se criar uma nova cadeira somente para esta trabalhosa matéria'. A 'Análise' não era trabalhosa, senão, espinhosa, também".[3]

Esses conflitos em torno da Constituição atrasaram, certamente, o começo do ensino do Direito Constitucional em Olinda, ainda que tenha sido em Pernambuco que se tentou elaborar uma teoria da *Constituição.*[4]

Em São Paulo não houve tais transtornos. A Constituição do Império foi recebida aqui pacificamente, até porque as mais importantes Câmaras Municipais do Estado a aprovaram. Brotero não era professor de Direito Constitucional (*Análise da Constituição do Império*), embora a primeira cadeira de que era titular fosse de *Direito Natural, Público, Análise da Constituição do Império, Direito das Gentes e Diplomacia*, o certo é que a mesma matéria continuava no segundo ano e, ao que parece, Brotero ministrava a primeira parte – *Direito Natural, Público*, no primeiro ano – enquanto a *Análise da Constituição do Império, Direito das Gentes e Diplomacia* se ensinavam no segundo ano, o que também foi feito por Brotero, com aprovação do Governo por aviso de 19.1.1829,[5] uma vez que o Padre Antônio Maria de Moura só foi nomeado para a cadeira em 17.7.1829, e só em 1830 explicou *Direito Público e Análise da Constituição.*[6] Mas não teve continuidade, porque, em 1831, foi Brotero outra vez o professor da disciplina.[7] Não é só dessas dificuldades, contudo, que vem a minha suposição de que foi Avelar Brotero quem proferiu a primeira aula de *Direito Constitucional* no Brasil, mas de seu livro *Princípios de Direito Natural*, que elaborou em cumprimento à obrigação que todo lente da Academia tinha de elaborar o compêndio de sua disciplina e que seria submetido à aprovação do Ministro do Império. No fim do primeiro ano letivo (1828), recebeu Brotero ordem do Imperador para enviar o compêndio ao Rio, para ser impresso. Foi o que ele fez, em dezembro de

---

3 Idem, ibidem, p. 254.

4 Toda essa história está contada em Gláuco da Veiga, ob. cit., pp. 277 e ss.

5 Cf. Almeida Nogueira, *A Academia de São Paulo, Tradições e Reminiscência*, vol. I, 3ª ed., São Paulo, Saraiva/Secretaria Estadual da Cultura, 1977, p. 89.

6 Idem, p. 168.

7 Idem, p. 230.

1828, remetendo-o ao Ministro do Império que era, então, José Clemente Pereira. O compêndio era a compilação de suas lições. Miguel Reale observa que "a obra foi redigida de afogadilho, sem a unidade sistemática que exige meditação e experiência".[8] O próprio Brotero o reconhece: "O Leitor deve saber que estas Lições eram prontas à noite para servir de manhã, e que estas notas eram parte, ou fundamento da explicação, que fiz na Aula, e a qual se não escreveu nas apostilas. Recebi do Governo Ordem para remeter este Compêndio quanto antes, e por isso muito à pressa mandei tirar uma cópia da minuta, que tinha servido para os atos".[9]

A competência para o exame do compêndio era do Ministro do Império. Mas Clemente Pereira se afinou diante da exigência de Lino Coutinho de que os compêndios devessem ser examinados pela Câmara dos Deputados, a quem deveria caber a designação das doutrinas e métodos de as ensinar. Submetido o livro de Brotero à Câmara, o mesmo Lino Coutinho o atacou violentamente. Almeida Nogueira dá minuciosa notícia desse debate na Câmara.[10] Não é o caso de reproduzi-lo aqui. Basta a seguinte mostra da verrina do Sr. Lino Coutinho:

"Foi oferecido aqui à Câmara um compêndio de direito natural, feito por um lente da escola de direito de São Paulo, compêndio esse que é vergonha das vergonhas pelas suas imbecilidades, e mesmo compêndio prejudicial pelas más doutrinas que nele se encerram, e que eu não sei como o Sr. Ex-ministro do Império, sem examinar este compêndio, sem coisa nenhuma, mandasse ou decretasse que se ensinasse à mocidade brasileira por tão infame compêndio". Em seguida, critica a definição de homem: "Faz rir". A definição é a seguinte: "O homem é um ente dotado de sensibilidade e inteligência, ou um animal dotado da faculdade de razão, ou de aptidão de razão".[11] Não se vê por que essa definição cause riso. Ela atende aos preceitos lógicos de todas as definições, de acordo com a fórmula tradicional enunciada em latim: *definitio fit per genus proximum et differencitiam specificam,* ou seja, a definição se faz pelo gênero próximo e a diferença específica. E o exemplo de definição que sempre se oferece é exatamente o de que *o homem é um animal* [gênero próximo] *racional* [diferença específica]. Ora, definir o homem como

8 Cf. "Avelar Brotero, ou a Ideologia sob as Arcadas", no seu *Horizonte do Direito e da História,* São Paulo, Saraiva, 1956, p. 198.

9 Cf. *Princípio de Direito Natural*, Rio de Janeiro, Typographia Imperial e Nacional, 1929, p. 285.

10 Cf. *A Academia de São Paulo, Tradições e Reminiscências*, v. I, 3ª ed., São Paulo, Saraiva/Secretaria da Cultura, Ciência e Tecnologia, 1977, pp. 62 ss.

11 Ob. cit., p. 107.

"um animal dotado da faculdade de razão" é o mesmo que dizer que é um animal racional. Mas a definição de Avelar Brotero, que causou riso a Lino Coutinho, atende ainda as ponderações de Locke, segundo o qual uma definição não é senão a exposição do significado de uma palavra por outras várias que não sejam sinônimas.[12] E sobre o homem, observa que não é só ideia de um ser racional que constitui seu conceito, mas também a de um corpo de tal ou qual forma. Assim, dizer que um homem é um ente dotado de sensibilidade e inteligência juntamente com a determinação da ideia de animal racional dá à definição elementos que contribuem para sua precisão. Portanto, o riso de Lino Coutinho vai por conta da sua necessidade de ridicularizar um texto que tinha muitas ideias avançadas para a época, contrárias ao reacionarismo daquele crítico.

Almeida Nogueira e Spencer Vampré só contribuíram para o desprestígio do Conselheiro Brotero. Apegaram-se às esquisitices, às "broteladas" e não cuidaram de verificar o valor do homem. É estranha a passagem de Almeida Nogueira, a respeito das críticas ao compêndio de Brotero: "Não nos foi possível, por falta de elementos, apreciar da justiça desse julgamento, pois têm sido vão até ao presente os esforços por nós empregados para conhecer o texto desse trabalho".[13] É estranho, porque a biblioteca da Faculdade de Direito tem, pelo menos, um exemplar em boas condições de conservação, que Miguel Reale compulsou e analisou (e eu também):

"E se quiserem a impressão final de quem analisou com carinho a obra do Conselheiro, diremos que, apesar de seu estilo anacrônico e monótono, de suas contradições manifestas, de sua falta de sistema e de organicidade, e de suas afirmações ingênuas e às vezes grotescas, há na improvisada obra do mestre, recém-chegado a São Paulo, um sopro vivo de modernidade, de arrojo e de entusiasmo, que não mereciam as críticas acerbas ditadas pela paixão que suas ideias suscitaram. Com todos os seus inegáveis defeitos, talvez o compêndio, condenado pelas autoridades públicas, tivesse sido mais benéfico, pelo fermento das ideias que provocava, do que as lições de Perreau, bem alinhadas e polidas na mediocridade e no bom senso".[14]

Estende-se Brotero sobre a *consciência* que é um conceito importante da fenomenologia moderna; dedica-se ao conceito de *imputação* que, bem analisado, está de acordo com a tese de Kelsen, para quem ela é um

---

12 Cf. John Locke, *Ensayo sobre el entendimiento humano*, T. II, 2ª ed., México, Gernika, 2000, p. 47, trad., de Ana I. Stellino.

13 Ob. cit., v. 3º, pp. 62 e 63.

14 Ob. cit., p. 224.

princípio análogo à causalidade, mas, desta, distinta, enquanto, para ele, não há violação sem imputação e aqui o compêndio não fala do fato, mas sim do julgamento, conforme nota do autor: "a imputação é necessária para se conhecer se houve ou não violação, isto é, não há violação sem imputação".[15] Quer dizer, não pela causa, mas pela imputação é que se conhece se houve ou não violação. Mas a discussão dos aspectos filosóficos nos levaria longe. O que importa aqui é destacar o conteúdo de direito constitucional que se apresenta nos *Princípios de Direito Natural*. Aquela modernidade de que fala Miguel Reale é que foi responsável pelo virulento ataque que Lino Coutinho fez ao livro. As "más doutrinas" imputadas ao livro "eram o liberalismo de Brotero e sua tolerância",[16] especialmente o Cap. IV consagrado aos *Direitos do Homem*. Aí ele destaca como Direitos do Homem: a liberdade, a igualdade, o direito de propriedade e o direito de segurança, numa concepção que ia além do que dispunha a Constituição do Império e mesmo a Declaração francesa de 1789, que não incluíam a igualdade como conteúdo geral dos Direitos do Homem, embora falassem em igualdade perante a lei (Constituição do Império, art. 179, XIII). O destaque, nessa Constituição, é à liberdade, à segurança individual e à propriedade. Já o Compêndio de Brotero afirma que "Os Direitos sagrados do Homem, e que formam a sua essência, são Liberdade, Igualdade, Propriedade, e Segurança".

O mais importante é a solidariedade que ele reconhece nesses quatro direitos, "sendo estes de natureza tal, que não existindo um não existem os outros; o homem sem liberdade não tem igualdade etc.; sem igualdade não tem liberdade etc.; sem propriedade não pode conservar-se, e aperfeiçoar-se (§106), e por isso sem este direito não pode ter os demais. E finalmente sem segurança também não pode existir".[17] Toma a liberdade como faculdade moral do homem, o que não destoa de Kant, ainda que ele tenha sido acusado de desconhecê-lo. É uma faculdade que foi concedida ao homem pela Natureza Naturante, o que vale dizer, concedida por Deus. E o Compêndio se propõe a demonstrar "que não pode existir nem virtude, nem felicidade, uma vez que não exista liberdade", o que também se encontra na razão prática de Kant; e é evidente, segundo o Compêndio, que a liberdade existe em todo e qualquer homem que tenha razão e vontade.[18] "Como poderá um homem, que não é dotado de liberdade e que tão somente é sujeito à vontade arbitrária de

15 Ob. cit., p. 31.

16 Cf. Glauco da Veiga, ob. cit., v. 2, pp. 72 e ss.

17 Cf. *Princípios de Direito Natural*, pp. 210 e 211.

18 Idem, p. 213.

um outro, contribuir com a sua parte para a ordem comum, e felicidade de todos (que resulta dos esforços combinados de todos os membros da espécie humana) produzindo, e espalhando entre si os conhecimentos, a sabedoria, a indústria, os talentos etc.?" E é com base nessas ideias que ele condena a escravidão, pois "toda alma grande e generosa olha para a escravidão como um dos maiores males; e com efeito parece um excesso de baixeza, e de corrupção, e até parece, que não pode existir na natureza um homem, que se acostume por um longo hábito a ser escravo, e que possa olhar para si próprio, e considerar-se como propriedade de outro homem, e conter sua indignação à vista de um tirano".[19] Passagens como essa é que enfureceram Lino Coutinho, pois falar-se contra a escravidão naquele início de Império correspondia a uma afronta à aristocracia rural brasileira.

Claro que a liberdade não é ilimitada, reconhece o Compêndio. Depois, Brotero passa à liberdade de pensar, à liberdade de consciência, liberdade de religião, de culto, mas condena o fanatismo e a intolerância religiosa. No fim, resume que o direito de liberdade deve ter as seguintes quatro grandes divisões: 1ª Liberdade pessoal; 2ª Liberdade de ação; 3ª Liberdade de consciência; 4ª Liberdade de comunicar seus pensamentos.

Já na folha de rosto do livro destaca ele uma visão da *igualdade* que teria que ser intolerável ao reacionarismo de todos os tempos, quanto mais daqueles tempos do Império:

"Os homens são iguais pelas Leis da Natureza, têm preeminência pelas suas virtudes, e têm jurisdição pelas convenções. Feliz o Príncipe, que bem souber, qual é o ser, e qual tem sido a marcha do Gênero Humano". Pois, acrescentou ele, a natureza fez todos os homens iguais, é este um princípio, é uma verdade, que não necessita de demonstração, mas só de esclarecimento, pois que ela, bem como as outras, sofre interpretação; e em todas há sempre um mau gênio, que não lhes dá a verdadeira acepção. Não que entenda que essa igualdade seja nivelamento; não, ele admite que as faculdades do homem não são iguais no desenvolvimento, pois desigualdades provêm dos órgãos sensórios, sujeitos a variedades, ou seja, "os homens são iguais de direito, porém não de fato, os homens são iguais perante as leis da natureza, porém, não são iguais entre si; todos têm o seu princípio na Natureza Naturante [ou seja, em Deus], todos são sujeitos à grande lei física da natureza" [etc.].[20]

19 Idem, pp. 215 e ss.

20 Idem, pp. 230, 231 e 234.

A sua concepção de *direito de propriedade* também não poderia agradar aos conservadores, já que subordinava esse direito ao trabalho. "Todo o homem tem um direito inviolável ao gozo dos frutos de seu trabalho, e da sua indústria honesta.... O homem pelas suas faculdades físicas nasceu para o trabalho, e pelas faculdades morais nasceu para a indústria honesta; o homem é livre senhor, e possuidor destas mesmas faculdades, e por isso ele deve ser senhor, e possuidor do resultado delas".[21] Depois, mostra que a terra foi propriedade do gênero humano, porém propriedade em comum, mas daí passa ele a mostrar como se chegou à apropriação da terra e passa a examinar as relações civis da propriedade.[22]

E só depois de discorrer sobre os contratos e as sociedades é que ele vai cuidar do *direito de segurança*. Essas inserções assistemáticas são comuns no Compêndio, além das largas notas de rodapé.

O *direito de segurança* tem como fundamento a obrigação que a Eterna Justiça conferiu ao homem de conservar-se e aperfeiçoar-se. "Este direito, que é universalmente reconhecido como necessário, nos provém diretamente e imediatamente da obrigação da nossa própria conservação, e não da injustiça ou do crime do Agressor"; é "o direito de assegurarmos, por todos os meios possíveis, o nosso bem-estar, prevenindo e repelindo, até o extremo, qualquer atentado contra o nosso *to-suum*",[23] e se divide em direito de defesa e direito de reivindicação.

O livro é razoavelmente desordenado, com longas citações, assim é que ele entra com uma introdução estranha ao capítulo 5º, onde vai tratar dos contratos, seguida de uma advertência pitoresca, com o subtítulo – *Mais vale tarde que nunca* – para dar as razões "das imensas notas postas neste Compêndio", geralmente em francês, como a nota 1 à página 339, de página inteira até a pág. 353.

Avelar Brotero publicou outros livros: *Questões sobre Presas Marítimas* (2ª ed., 1836), *Tumulto do Povo em Évora,* drama em três atos (São Paulo, 1845), *Princípios de Direito Público Universal Análise de Alguns Parágrafos de Watel* (São Paulo, 1837, folheto 80 páginas).

Merece especial destaque o volume: *Filosofia de Direito Constitucional* (São Paulo, 1842, 126 páginas).[24] Miguel Reale acredita que este

21 Idem, pp. 238 e 239.

22 Idem, pp. 249-285.

23 Idem, pp. 330 e ss. A expressão "to-suum" corresponde a tudo que forma a nossa existência. (id. p. 332), como o *Dasein* de Heidegger.

24 Cf. Augusto Victorino Alves Sacramento Blaque, *Dicionário Bibliográfico,* IV vol., 1878, no verbete *José Maria de Avelar Brotero.*

seja a reprodução daquele folheto de 80 páginas, publicado em 1837.[25] Pode ser, mas talvez reformulado e ampliado. Vale a pena ler e examinar este texto sobre a filosofia do direito constitucional que apresenta surpresa agradável para o constitucionalismo brasileiro, ainda que ele não seja sobre direito constitucional positivo, pois não se refere à Constituição do Império.[26] O volume que existe na Faculdade de Direito de São Paulo é de 1842. É composto de lições, pelo que se pode supor tratar-se de preleções ministradas por Brotero quando se ocupou da cadeira de Direito Público e Análise da Constituição naqueles momentos a que já fiz referência acima. Começa fazendo distinção entre o Direito Público e Direito das Gentes, observando que "o direito público universal é uma abstração do direito constitucional orgânico dos povos [*ou seja, direito constitucional positivo*], tornando-se filosofia do mesmo direito, comum a todas as constituições, a todas as organizações sociais, sejam quais forem as formas de governo, sejam quais forem as distribuições de direito e obrigações". Ele serve de base de qualquer direito constitucional orgânico particular. Trata em seguida da política, do direito das gentes. Entra nas questões da soberania, com a observação revolucionária, então, quando predominava a ideia de soberania nacional como fonte do poder, ele entende que da definição de soberania nacional "se conclui por uma dedução necessária, que a mesma soberania só pode residir, e de fato só reside em o povo" (p. 8) e logo repele os "inimigos da soberania popular" (p. 9). Repele, como falsa, a doutrina divina do poder (p. 10). Isso tudo está muito além do tempo de Brotero, porque, então, vigorava a doutrina da soberania nacional[27] (conservadora) e ainda resquício da doutrina da origem divina do poder. É bem verdade que, para ele, a soberania popular é sempre a soberania das maiorias, e que, na democracia, a política fica sujeita "à anarquia das paixões" (p. 16). No entanto, encontram-se nele passagens com boa compreensão da democracia, como esta:

"Quando os dois poderes [*legislativo e executivo*] estão totalmente separados, e independentes, e há intervenção direta da soberania popular na ação dos mesmos poderes então existe a democracia" (p. 22). Prestigia a soberania popular que, "tendo na eleição o meio de reprovar e castigar, ou aprovar e premiar as opiniões, virtudes e merecimentos dos agentes

---

25 Cf. *Horizontes do Direito e da História*, p. 205, nota 17.

26 Cf. José Maria de Avelar Brotero, *A Filosofia do Direito Constitucional*, São Paulo, Malheiros, 2007, "Introdução" de José Afonso da Silva.

27 Cf. Pimenta Bueno, *Direito Pública Brasileiro e Análise da Constituição do Império*, que é bem posterior, se apega à soberania nacional e nada diz sobre a soberania popular (pp. 25 ss, da edição do Senado Federal de 1978).

dos poderes, tem em si a aprovação da política do estado, e uma influência direta sobre as ações dos mesmos agentes, e é nesse sentido supra que tomamos a palavra direta" (p. 23). Repele as monarquias absolutas, admite a monarquia constitucional e não recusa a república, defende o bicameralismo (p. 25). Discute um pouco a formação das leis, veto, sanção (pp. 27 e 28). Tem boas observações sobre o direito de graça. Desenvolve boas considerações sobre o poder executivo, ainda que um pouco preso ao direito positivo do Império, tanto que observa que os ministros de Estado não fazem parte do poder executivo, o que só é válido para o sistema imperial, então vigente, e para o presidencialismo. Tanto é certo que sua teoria vem do sistema imperial que ele entende que o "chefe do poder executivo tem um poder soberano, é inviolável, é irresponsável porque tem uma delegação, e uma representação soberana" (p. 37). Tem também considerações sobre os Municípios (pp. 39 a 44), o que era uma novidade naquele início do século dezenove, dizendo que nas democracias as nomeações municipais (organização dos poderes locais) devem pertencer à urna eleitoral da povoação, e os atos legislativos municipais devem sofrer a aprovação do poder legislativo, e os atos administrativos devem estar sujeitos à inspeção, e aprovação do poder executivo (p. 44), arrematando que seria repugnante ao direito público universal "como aconteceria se se desse aos municípios de uma monarquia privilégios democráticos, e aos de uma democracia privilégios monárquicos" (p. 44). Ele insiste sempre em falar de democracia, o que, na época, era raro, assim é que em Pimenta Bueno, o melhor constitucionalista do império, nunca se encontra menção à democracia, nem mesmo quando ele trata das eleições, ao passo que Brotero abre esse tema com a declaração de que, *nas democracias*, em geral, todos os cidadãos devem gozar do voto ativo e passivo, o que não quer dizer que a lei fundamental (a expressão é dele) não marque requisitos individuais. "Quando se diz que nas democracias todos os cidadãos devem votar, e terem a possibilidade de ser eleitos, quer-se dizer que não há castas privilegiadas, e que todos são iguais perante a lei. Os ouvintes *[expressão dele, o que denota tratar-se de lições proferidas em aula]* já sabem o que se entende por iguais perante a lei, e vem a ser esse direito natural, pelo qual qualquer homem tem a faculdade de pôr em ação todos os meios lícitos a seu alcance para conseguir um fim, e realizar ou conseguir um requisito, ou requisitos necessários para ser igual a seus concidadãos" (pp. 46 e 47).

Ao entrar nas formas de governo, declara logo que a melhor é "a monarquia democrática" (pp. 57 ss). Não foi claro, mas parece que o poder moderador não lhe agradava, não se pronunciou com precisão porque "um escritor de direito público universal [*deve*] estabelecer princípios, que são contra ideias recebidas, interesses estabelecidos, artigos mesmo de leis escritas; é, portanto, necessário que os nossos ouvintes tenham sempre em vista que não há regras sem exceção, e que o direito público universal não é o direito público de um estado determinado" (p. 68). Não deixa de falar no federalismo, ainda que chame de confederação os governos federativos, dizendo que não pertencem ao direito público, mas ao direito das gentes, a despeito de dizer, imediatamente, que todas as confederações são constitucionais e representativas, o que constitui inequívoca confusão conceitual, a despeito de que, também, ilustra sua lição com os Estados Unidos e a Alemanha.

Esse pequeno volume merece ser lido, embora muito dependente das lições de Vattel, como o próprio autor reconhece.[28]

---

28 Por isso, preparamos uma edição do velho texto de Avelar Brotero, cuja introdução por nós elaborada serviu de base do texto acima apresentado, cf. Conselheiro José Maria de Avelar Brotero, *A Filosofia do Direito Constitucional,* São Paulo, Malheiros, 2007, Introdução de José Afonso da Silva.

CAPÍTULO II

Os Pioneiros

Esclarecimento.

Arrolaremos neste capítulo professores de direito constitucional da Faculdade de Direito de São Paulo, do século XIX, de escassa produção constitucional. Serão apresentados na ordem do exercício do seu magistério, a começar, portanto, pelo Padre Dr. Antônio Maria de Moura.

Padre Dr. Antônio Maria de Moura

Nasceu em Sabará, na Província de Minas Gerais. Formou-se pela Universidade de Coimbra. Nomeado, por decreto de 17.7.1828, lente da primeira cadeira do segundo ano do curso de Ciências Jurídicas e Sociais da Faculdade de Direito de Olinda, não tomou posse. Por decreto de 17.7.1829, foi nomeado lente catedrático e tomou posse da primeira cadeira do segundo ano do Curso Jurídico de São Paulo, *Direito Natural Público, Análise da Constituição do Império, Direito das Gentes e Diplomacia*, em continuação das matérias, ensinadas no primeiro ano, pelo Dr. Avelar Brotero. Por decreto de 7.8.1931, foi-lhe designada a segunda cadeira do quinto ano, *Teoria e Prática do Processo*. Pediu exoneração da cátedra em 1833, mas voltou em 1834. Representou a Província de Minas Gerais na Assembleia Geral de 1830 a 1837. Faleceu em 12.3.1842. Nada se sabe a respeito de suas lições de *Análise da Constituição do Império*. Ao que tudo indica, não chegou a ensinar a disciplina, ficando nos limites do direito natural. Portanto, embora lente de direito constitucional, nada deixou que o credencie como constitucionalista.

Faleceu em 12.3.1842.

O *Conselheiro Arcipreste*

Dr. João Jacinto Gonçalves de Andrade, Conselheiro Arcipreste, era padre, chegou a cônego da catedral; lecionou *Direito Constitucional,*

Público, das Gentes e Diplomacia em 1880, mas sua cátedra inicial era de *Direito Natural*. Mais tarde permutou com Martim Francisco para *Direito Eclesiástico*.

Obteve o grau de doutor em 1865 com a dissertação sob o título "Os governos despóticos podem ser justificados pelos princípios do Direito Público". Como era costume então, os concursos na Faculdade de Direito de São Paulo compreendiam a apresentação de teses, em geral três teses pertinentes a cada uma das disciplinas de que se compunha o currículo do curso, e uma dissertação sobre um tema de escolha do candidato. O Conselheiro Arcipreste o fez. Suas teses em Direito Público foram: *1ª Soberania e governo exprimem ideias distintas*; *2ª Convém que no Estado exista o direito de agraciar*; *3ª É uma das atribuições de livre e pessoal apreciação do Poder Público*, parecendo assim que essa terceira tese se reporte à segunda. As teses sobre a Constituição foram: 1ª *Com alguma das exceções do §1º do art. 92, o menor de 25 anos pode ser membro da Assembleia Provincial* [observe-se que o art. 92 não tem parágrafos, mas apenas incisos, portanto a referência ao §1º deve ser entendida ao inc. I que declarava: *São excluídos de votar nas Assembleias Paroquiais: Os menores de vinte e cinco anos*, nos *quais se não compreendem os casados, oficiais militares, que forem maiores de vinte e um anos, os bacharéis formados, e clérigos de Ordem Sacra*"]; 2ª *Harmoniza-se com os princípios da ciência a divisão quádrupla do art. 10* [ou seja, Poder Legislativo, Poder Moderador, Poder Executivo e Poder Judiciário]; 3ª *É facultativa a disposição do art. 61* [É uma tese tão evidente, já que sua natureza facultativa decorre da expressão verbal empregada: *poderá requerer*...]. As teses apresentadas tinham que ser sustentadas perante uma banca de opositores, de sorte que a sua leitura pura e simplesmente revela muito pouco. A dissertação apresentada pelo Conselheiro Arcipreste se constituía de apenas seis páginas impressas. Ele começa definindo os governos despóticos como "aqueles em que o chefe supremo do estado se acha revestido de um poder comparado ao que tem o senhor sobre seus escravos". Cita quatro ou cinco doutrinadores. Em seguida passa aos princípios do Direito Público, tais como: "É princípio ou máxima fundamental de direito público que assim como o homem não pode viver fora da sociedade, também nenhuma sociedade pode subsistir sem um poder, sem uma autoridade que a dirija" [...] "Se este princípio é incontroverso, não o é menos est'outro – que a autoridade pública, para cumprir e desempenhar sua missão, deve ser revestida da força necessária para manter a ordem, e conter cada membro da sociedade dentro da esfera em que lhe é permitido exercer sua atividade", pois é da essência do poder social exercer dominação absoluta sobre todas as forças individuais; é uma consequência da superioridade virtual do interesse geral sobre os interesses privados, mas a justiça é a regra suprema de todos atos de dominação. "É também princípio incontestável do direito público que o homem, filiando-se em uma sociedade-Estado, não abdica por isso sua personalidade individual; pelo contrário, continua a ser uma pessoa livre e independente, como d'antes, exceto naquilo que é relativo ao interesse comum. Se o Estado é uma personalidade, o cidadão, o indivíduo o é também: por consequência é injustificável um governo, no qual a personalidade coletiva absorve a personalidade individual". Demais, "é princípio igualmente não sujeito a contestação, que o governo é meio, e não fim, a respeito dos governados". A conclusão, previsível, a que o Conselheiro Arcipreste chega, ao final de sua dissertação, é a de que "os governos despóticos não podem ser justificados pelos princípios do Direito Público". Nada mais sabemos da produção constitucional do Conselheiro.

Dr. José Maria Corrêa de Sá e Benevides

Era genro de Avelar Brotero. Fez estudos secundários no Colégio Pedro II (Rio de Janeiro). Formou-se em Direito pela Faculdade de Direito de São Paulo em 1854. Foi Juiz municipal na Província do Rio de Janeiro. Em 1857 montou escritório de advocacia em São Paulo. Conquistou o grau de doutor em 1858. Tornou-se Lente substituto por concurso em 8.7.1865 e Catedrático, em 31.7.1877, de *Direito Natural, Público, e das Gentes*, na vaga de Ernesto Ferreira França. Foi presidente da província de Minas Gerais. Era católico ultramontano e monarquista do direito divino, não admitindo transigência alguma com o positivismo de Augusto Comte e outros.

Dentre suas obras, estão: *Filosofia Elementar do Direito Público Interno, Temporal e Universal* (1867), *Análise da Constituição do Império do Brasil* (1890).

Seu monarquismo era tal que, apesar da Proclamação da República em 1889, ainda publicou sua *Análise da Constituição Política do Império do Brasil*, em 1890. Começa conceituando, corretamente, a Constituição Política como a lei suprema e fundamental que estabelece as bases da ordem social e política; assim é porque trata dos direitos do homem e dos direitos do cidadão como limites dos poderes políticos (p. 7); declara que a lei fundamental do Império, originariamente, uma carta constitucional, no que ele tinha razão, porque outorgada; "mas tornou-se depois verdadeira constituição pelo assentimento da Nação, executando a carta constitucional, e pelo Ato Adicional à Carta Constitucional, decretado pela Assembleia Nacional Constituinte" (p. 9). Concebe os direitos individuais como sendo os direitos absolutos do homem, da igualdade, liberdade, propriedade e segurança (p. 16). Sustentou que a Constituição do Império reconhecia o caráter divino da soberania no seu preâmbulo (p. 87), só porque aí se diz que D. Pedro Primeiro, *por graça de Deus*..., sem considerar o disposto nos arts. 11 e 12, segundo os quais os representantes da nação brasileira são o Imperador e a Assembleia Geral e que todos esses Poderes no Império do Brasil são delegações da nação. Repudia, por conseguinte, a soberania popular que entende contrária ao direito natural (p. 84). Por isso também repudiava o liberalismo, porque punha a soberania no povo e fazia depender a legitimidade da autoridade só no consentimento popular (p. 84). No entanto, exprime-se, corretamente, contra a ditadura, porque acredita que "a ditadura não é legítima em caso algum, porque o ditador imposto por uma revolução ou nomeado pelo povo está eivado do espírito social, há de abusar dos poderes absolutos que lhe foram confiados e que irritam a dignidade humana, servirá de instrumento a oligarquias dissimuladas, desenvolverá o espírito do servilismo e de adulação e aniquilará o espírito público" (p. 155). Para ele, "a monarquia mista e temperada é a melhor forma de governo, porque concilia a ordem e o progresso, a autoridade e a liberdade" (p. 171). Ferrenho monarquista, encontrava sempre meio de depreciar as repúblicas, por isso vaticinou pouca vida para a República Francesa de 1875, no que se equivocou (p. 170). Sua referência à dignidade humana merece destaque, porque não era um princípio a que, na época, se dava importância.

Quando ele publicou sua *Análise da Constituição*, já tinha sido expedido o Decreto n. 510, de 22.6.1890, que publicou, como Constituição provisória, o Projeto de Constituição elaborado pela chamada Comissão dos Cinco e revisto por Ruy Barbosa. Lamenta que esse decreto não invoque a Divindade nem a Soberania da Nação, acusa-o de ser "um ato de prepotência da república ditatorial" e o "governo provisório é um governo de fato", "não recebeu legítima delegação da Nação" [Isso não é totalmente verdadeiro, se se considerar que a Proclamação da República foi uma revolução, e foi, ainda que incruenta]. "A força bruta, a violência criminosa, não são fontes legítimas da autoridade pública" (p. 11). Examina o preâmbulo da Constituição do Império, especialmente se detém na invocação ao nome da Santíssima Trindade e mostra as diversas Constituições do seu tempo que assim o faziam, mas não o fez o Decreto 510/1890, que não invocou a proteção de Deus, rompendo assim as tradições pátrias e dos povos cristãos (p. 15). Essa sua *Análise da Constituição* é, porém, muito deficiente e incompleta, porque não saiu do conteúdo dos seus primeiros dispositivos. Não ultrapassou o art. 5º, ainda que aqui e ali invoque outros artigos da Constituição com observações rápidas. Católico ultramontano e monarquista do direito divino, deteve-se especialmente nos dispositivos pertinentes: o 1º, o 3º e o 5º. O livro consta de 288 páginas. A análise do art. 1º tomou cerca de setenta páginas, a do art. 3º veio de mistura com o art. 2º com noventa e a do art. 5º com cerca de cem. Essas análises estão muito prejudicadas pela ideologia do autor, por isso são demasiadamente enxundiosas com referências religiosas e de texto de constituições estrangeiras, o que torna o texto de leitura menos atraente.

CAPÍTULO III
Herculano de Freitas

Professor Dr. Uladislau Herculano de Freitas nasceu em Arroio Grande, na então Província do Rio Grande do Sul, aos 25.11.1865, filho de Rogério José de Freitas. Formou-se pela Faculdade de Direito de São Paulo em 8.3.1889, tendo feito o quarto ano na Faculdade de Direito do Recife. Advogado, Jornalista, Tribuno, fez longa carreira política, ao lado de Francisco Glycério, seu sogro.

Proclamada a República, exerceu o cargo de chefe de polícia do Paraná e elaborou as bases da Constituição Política daquele Estado. Nomeado Lente substituto em 30.12.1890, recebeu o grau de doutor nem 10.1.1891.

Em 1896, foi eleito deputado estadual e, em 1894, deputado federal por São Paulo. Renunciou ao mandato em 1985 e foi eleito senador estadual em 1896. Em 10.2.1902 foi nomeado, *sem concurso*, lente catedrático de *Direito Criminal*, mas, como visto acima, permutou para *Direito Público e Constitucional* com Dr. José Mariano Corrêa de Camargo Aranha que, em consequência, se tornou catedrático de *Direito Criminal*. Na cátedra de Direito Constitucional, Herculano de Freitas permaneceu por longo tempo, mas esteve constantemente afastado das atividades docentes, no exercício de funções políticas. Não era assíduo às aulas. Presa constante da política e da imprensa, durante o ano letivo, costumava dar apenas meia dúzia de aulas, observa seu ex-aluno Aureliano Leite, ainda que, no ano de 1907, Herculano tenha assombrado mestres e alunos, expondo todo o vasto programa de Direito Constitucional Público.[1] Foi Ministro da Justiça de 11.8.1913 a 15.11.1914, na Presidência Hermes da Fonseca, pelo que os alunos "civilistas" (partidários da candidatura de Ruy Barbosa contra Hermes da Fonseca) não o perdoavam, ainda que o

---

1 Cf. "Mestre Herculano de Freitas", em *Planteia* de Herculano de Freitas, São Paulo, 1965, p. 42. Volume editado pela família de Herculano de Freitas, em comemoração a seu centenário de nascimento, que reúne diversos pronunciamentos a seu respeito, ressaltando as diferentes facetas do homenageado.

próprio *Centro Acadêmico XI de Agosto* não tenha apoiado o movimento civilista.[2] Em 4.1.1915 foi eleito diretor da Faculdade de Direito de São Paulo para o biênio 1915-1917. Em 14.12.1918 foi nomeado Secretário da Justiça e da Segurança Pública do Estado de São Paulo, na Presidência Altino Arantes e, assim, inaugurou a Penitenciária de São Paulo, estabelecimento então modelar, tendo-se como um dos mais adiantados do mundo, em cujos portais mandou esculpir de sua lavra a frase: "Aqui, o trabalho, a disciplina, e a bondade, resgatam a falta cometida e reconduzem o homem à comunhão social". Pena que não tenha sido assim, pois, em 2002, aquele presídio foi demolido por ter-se tornado o pior do mundo e especialmente um espaço de degradação do homem. Na sua gestão, lançou a pedra fundamental do Palácio da Justiça. Em 1922 foi eleito senador estadual, e, logo depois deputado federal por São Paulo, tendo sido o relator da reforma constitucional levada a efeito sob a Presidência Arthur Bernardes. Foi posto em disponibilidade no cargo de professor catedrático, por decreto de 20.8.1925 e, nesse mesmo ano, por decreto de 7.12.1925, foi nomeado Ministro do Supremo Tribunal Federal. Faleceu, no Rio de Janeiro, em 14.5.1926.

"De Herculano de Freitas diziam que prodigalizava massa cinzenta em simples generalizações, em golpes de habilidade, em fogos de artifício, através de aulas e discursos improvisados, de rápidos pareceres nas Câmaras, e na boemia intelectual das palestras noturnas nas salas enfumaradas das redações.

"A sua inteligência privilegiada, entretanto, se comprazia por pura malícia em provocar esse erro de julgamento, porquanto sempre se mantinha para o grande público sob esse ângulo de luz. Era o Mephisto dos repentes, das soluções inesperadas, das coartadas estupendas. Há frases suas que por isso ficaram célebres e são deliciosas".[3] Dão-se alguns exemplos:

"Quando Secretário da Justiça, um conhecido orador de comícios solicitou cem praças para lhe assegurarem a palavra. Herculano de Freitas indeferiu o pedido, alegando que 'o Governo garantia a liberdade do

---

2 "O Centro Acadêmico XI de Agosto – foco de civismo que sempre mantém acesa a chama do patriotismo – desta feita falhou, e falhou lamentavelmente. Preferiu, pela sua diretoria, permanecer inerte, contemplando a luta que se travava, sem pender para nenhum lado" (Cf. Armando Marcondes Machado Júnior, *Centro Acadêmico XI de Agosto, Faculdade de Direito de São Paulo*, 1º vol., São Paulo, Pannartz, 1993, p. 275).

3 Cf. Alexandre Marcondes Filho, "Herculano de Freitas 1965-1926", em *Poliantéia de Herculano de Freitas*, cit. p. 18.

pensamento, mas não fornecia auditórios'." "Em uma de suas aulas de Direito Constitucional, ouviu tranquilamente o apaixonado elogio de um estudante ao sistema monárquico. Ao cabo, limitou-se a este fustigante comentário: 'Lamento que ideias tão retrógradas floresçam em cérebros tão moços'."[4]

Dedicou-se ele especialmente à política, que exerceu com dignidade e proficiência. Sua intensa atividade política não lhe deu vagar para suas lições na Faculdade, às quais, segundo dizem, não era assíduo, mesmo quando sua militância política se desenvolvia na Capital paulista. As mesmas razões não o permitiram produzir obra jurídica sistemática. Seu neto, Clóvis Glycério G. de Freitas, o reconhece nestas palavras:

"Assim, pois, Herculano de Freitas recebeu todas as consagrações a que um homem que dedicou sua vida à Ciência, às Letras e à Justiça podia aspirar. Tamanha atividade privou-o, contudo, de uma única consagração, talvez a que mais ardentemente ambicionava: a de Autor. Sempre acreditou que a velhice proporcionar-lhe-ia a calma indispensável para escrever a obra que lhe trouxesse a láurea de escritor. A morte repentina, porém, não permitiu essa alegria". Ao que me consta, publicou ele apenas dois estudos de Direito Constitucional: "Princípios Gerais de Direito Público" (*Revista do Supremo Tribuna*l Federal, vol. LV, agosto de 1923, pp. 544ss.), que constitui a aula inaugural do seu curso de 1923, e "A intervenção federal nos Estados. Exegese constitucional" (*Revista Forense*, vol. XLI, julho a dezembro de 1923, pp. 524).

Seus filhos e netos mandaram publicar suas lições, ministradas num ano em que ele, por ser também diretor da Casa, teve condições de esgotar o programa, menos a parte referente à declaração dos direitos, falha justificada no prefácio com a informação de que essa parte fora dada por seu substituto. O livro: *Direito Constitucional, edição feita no ano do centenário do nascimento do autor*, ou seja, em 1965, de Herculano de Freitas, constitui a reprodução das apostilas das lições ministradas em 1923. Começa pela definição, conceito e classificação do Direito. Manifesta uma "nova ideia de justiça" em que prevê, em 1923, importantes transformações nas concepções do Estado e do Direito, já que as modificações decorrentes da guerra e das revoluções sociais "ensinam que se caminha para um regime de mais ação do Estado, de menos faculdades individuais, e, portanto, para uma nova dilatação do Direito Público com sacrifício do Direito Privado. A concepção individualista cede terreno à doutrina socialista. Tudo parece indicar que a humanidade caminha

4 Idem, ibidem, pp. 18 e 19.

para um governo em proveito das massas, por intermédio do Estado, e, portanto, para uma transformação até de fenômenos econômicos em regras jurídicas, sob uma nova compreensão da ideia de Justiça – não já a 'constans et perpetua voluntas jus suum cuique tribuendi', mas sim a 'vontade constante de dar a cada um o que lhe for indispensável para viver e progredir', fundando assim o Direito no princípio da solidariedade social".

São concepções avançadas para a época, no Brasil, porque noutros mundos essa experiência já vinha sendo feita (México e Alemanha de Weimar, sem falar na União Soviética).

Passa, depois, ao conceito de Direito Constitucional, separa bem o Direito Constitucional Científico ou Racional (na verdade, Direito Constitucional Geral) e o Direito Constitucional Positivo. Dedica-se ao estudo do Estado e seus elementos, o que era necessário, no curso de Direito Constitucional, então, porque não havia na Faculdade a disciplina de Teoria Geral do Estado que só veio a ser criada em 1940. Segue com o estudo teórico da Constituição, com o conceito que, em boa parte, se encontra nos constitucionalistas atuais: "é a lei fundamental que organiza o Estado no seu governo, limita a sua ação, proclama os direitos fundamentais dos indivíduos e assegura as correspondentes garantias". A expressão "direitos fundamentais" é dele, o que revela espírito aberto às transformações dos direitos, embora o seguinte depoimento de Cândido Motta Filho sobre ele não o demonstre.

"Foi Herculano de Freitas, com sua larga experiência, um professor que sabia por, em suas lições, com a segurança de seu saber, o gosto da vida e compreender, de imediato, os estremecimentos que já abalavam, de vez em vez, em seu tempo, as bases do nosso edifício constitucional. Como bom republicano, que sinceramente acreditava no aperfeiçoamento dos homens e de suas criações, proclamava, como um benefício, a evolução normal e progressiva das instituições e das leis. Porém, ninguém mais do que ele compreendia a substância conservadora do direito e ninguém mais enamorado do que ele, das tradições de nossa vida política. E, por ser assim, um temperamento acolhedor, humano e compreensivo é que podia, em 1919, fixar como tema principal de sua oração de paraninfo a ameaça que surgia no horizonte para a vida do direito".[5]

Faleceu no Rio de Janeiro, em 14.5.1926.

---

5 Cf. Cândido Motta Filho, "Oração de Posse na Cátedra de Direito Constitucional", *Revista da Faculdade de Direito*, vol. 48, 1953, p. 7.

CAPÍTULO IV
Sampaio Dória

Antônio de Sampaio Doria nasceu em Monte Bello, província de Alagoas, aos 25.3.1883, filho do major Cândido Soares de Mello Doria e de D. Christina Leite Sampaio Doria. Era irmão mais novo do fundador do *Centro Acadêmico XI de Agosto*, Pedro Dória, que foi seu professor das primeiras letras, ainda em Alagoas. Transferida a família para São Paulo, aqui fez seus estudos secundários no Colégio Silvio de Almeida. Matriculou-se na Faculdade de Direito de São Paulo em 1904, dedicando-se ao magistério particular. Foi, por muitos anos, professor no Ginásio Macedo Soares. Bacharelou-se em 10.12.1908.

Sua vocação para o magistério aflorou bem cedo, pois, com apenas dezoito anos de idade, fundou uma escola primária no bairro de Cerqueira César, na capital paulista. Formado, abriu escritório de advocacia, continuando no magistério, vindo a ser vice-diretor do externato do Ginásio Macedo Soares. Obteve, em brilhantíssimo concurso, a cadeira de psicologia na Escola Normal de São Paulo. Diretor geral da Instrução Pública do Estado de São Paulo, na presidência Washington Luís, fez a reforma da instrução pública, mas pouco tempo depois demitiu-se. Dirigiu, algum tempo, como diretor-superintendente, o Banco de São Paulo. Inscreveu-se, em 1919, no concurso para professor substituto de *Direito Público Constitucional, Direito Internacional Público e Privado*, da Faculdade de Direito de São Paulo, mas o indicado foi Braz de Souza Arruda, porém, em virtude de sua habilitação, foi nomeado livre-docente daquelas disciplinas. Inscreveu-se também no concurso para provimento do cargo de professor substituto da 5ª Seção (*Economia Política, Ciência das Finanças e Direito Administrativo*), com a tese *A Questão Social*. Mas esse concurso não se realizou, de sorte que, aberta a vaga de professor catedrático de *Direito Público e Constitucional*, por ter sido posto em disponibilidade o Prof. Herculano de Freitas (nomeado para o Supremo Tribunal Federal), inscreveu-se no concurso para o seu provimento, concorrendo com Hermes Lima que já era livre-docente da Faculdade de Direito da Bahia. Sampaio Dória foi classificado em primeiro lugar e, assim, provido na cátedra em 8.2.1927, enquanto Hermes Lima obtivera a livre-docência.[1] Para esse concurso apresentou duas dissertações *Princípios Constitucionais* e *Habeas Corpus*, ambas publicadas, depois, num único volume sob o título de *Princípios Constitucionais*, compreendendo quatro partes: I – Os Princípios; II – *Habeas Corpus*; III – O Estado de Sítio; IV – Suspende-se, no sítio o *Habeas Corpus* para os atos praticados em virtude dele pelo Poder Executivo? Os princípios constitucionais foram examinados à vista do que dispunha o art. 63 da Constituição de 1891: "*Cada Estado reger-se-á pela Constituição e pelas leis que adotar, respeitados os princípios constitucionais da União*", regra que perdura na Constituição vigente, art. 25: *"Os Estados organizam-se e regem-se pelas Constituições e leis que adotarem, observados os princípios desta Constituição"* [*não apenas os princípios da União*]. Em o *Habeas Corpus* encontram-se o seu histórico e a formação da chamada doutrina brasileira do *habeas corpus* que vale a pena consultar. Em os princípios constitucionais encontra-se algo ainda aproveitável e é importante observar que Sampaio Dória, então, resolve sem controvérsia a questão de saber se os direitos fundamentais devem ou não ser concebidos como princípios. Direitos fundamentais, nos termos da Constituição de 1891, eram apenas os individuais, que ele concebe como *princípios liberais*. Sobre o conceito de princípios constitucionais da União, diz ele que "são normas genéricas, imprescindíveis, características, ou apenas encartadas na organização política, que nos rege.

"Princípios há mais altos, que sumariam outros princípios, e, que, para nós, constituem as vigas mestras da estrutura constitucional. Assim: o regime republicano, a separação de poderes, a forma federativa, o governo presidencial, e sistema representativo.

"Estes cinco princípios são quase todo o arcabouço da Constituição que a República arquitetou.

"Deles se desdobram não poucos princípios, cuja obediência é tão obrigatória, como as premissas que os contêm", e então ele arrola, para cada um deles, os princípios dependentes. Mas, além dos cinco princípios e seus corolários, há ainda outros essenciais à União. Assim conclui que tínhamos, sob a égide da Constituição de 1891: cinco princípios supremos; dezoito princípios deduzidos e cinco princípios não característicos

---

1 Notas biográficas colhidas em Ernesto Leme, "Antônio Sampaio Dória", *Revista da Faculdade de Direito*, v. 60, 1965, pp. 68-83.

da República. A esses, porém, seguiam os princípios que exprimem competências privativas da União, e "os princípios liberais os que asseguram, contra excessos dos poderes organizados, os direitos fundamentais do homem", dos quais ele arrolou quinze que constituem os direitos individuais da época e algumas garantias individuais, incluindo o *habeas corpus*, contando ao todo, cinquenta e oito princípios constitucionais.[2]

Miguel Reale, que foi seu aluno, escreveu sobre ele as seguintes justas palavras:

"Lente de Direito Constitucional, no 1º ano, era Sampaio Dória, que guardara, na sua postura de mestre universitário, algo de seu longo aprendizado como professor do curso médio, seduzido pela conversão das oitavas dos *Lusíadas* em diagramas lógicos, nos exames vestibulares que presidia. Era liberal, mas de um liberalismo intransigente, que tinha as demais doutrinas na conta de descaminhos e apostasias. Não que não desse aulas com competência e probidade, mas tudo parecia já resolvido e sem dúvidas, nas pegadas infalíveis de João Barbalho e Rui Barbosa.

"Respeitávamos, todos, as suas convicções liberais, mas um grupo mais independente fez questão de ter aulas adicionais com o livre-docente Hermes Lima, de formação socialista, que disputara a cátedra com Sampaio Dória. Hermes Lima, cujo destino várias vezes se cruzou com o meu, viera da Bahia, antigo companheiro de Anísio Teixeira, inconformado com as ideias e instituições vigentes no País. O momento era de perplexidade, sobretudo no seio da mocidade, que obscuramente sentia o fim próximo da República Velha, e o jovem mestre baiano gozava da preferência dos estudantes mais sensíveis àquelas mudanças".[3]

Não fui aluno do Prof. Sampaio Dória, mas esse liberalismo radical de que fala Miguel Reale ressumbra fortemente de suas obras, assim também o seu apego à análise lógica com diagrama e tudo, mas não era ele um analista mecânico, porque procurava fazê-lo a partir do pensamento que o texto analisado exprimia, tal como se pode verificar em sua *Gramática Como se Aprende a Língua*, em cuja décima edição estudei em preparo para o meu vestibular em português que foi ainda presidido por ele.

---

2 Cf. *Princípios Constitucionais*, São Paulo, S. Paulo-Editora, 1926, pp. 132-135.

3 Cf. *Memórias*, vol. I, *Destinos Cruzados*, p. 44. Pena é que o aluno Miguel Reale não tenha seguido as ideias do mestre baiano, tomando rumo diametralmente oposto, ao abraçar, ainda quando aluno da Faculdade, o integralismo de Plínio Salgado.

Liberal, foi um dos fundadores da Liga Nacionalista, participando ativamente da campanha em favor do voto secreto. Elaborou, com Mário Masagão, um anteprojeto de Constituição Estadual oferecido à Assembleia Constituinte do Estado de São Paulo, a que coube a feitura da Constituição do Estado de 9.7.1935.

Sampaio Dória ministrou a cadeira de Direito Constitucional até a promulgação da Carta Constitucional de 1937, instituindo o Estado Novo, que ele recusou a ensinar, conforme relata Ernesto Leme:

"Esta Faculdade constituiu-se, durante o Estado Novo, em baluarte de resistência à nova Ordem estabelecida. Professores e alunos deram-se as mãos, lutando na mesma trincheira. E, entre os mestres desta Casa, a posição mais difícil era a do ocupante da cadeira de Direito Constitucional. Deu-se, todavia, logo após, a aposentadoria do professor Theophilo Benedicto de Souza Carvalho, catedrático de Direito Internacional Privado, e para essa disciplina Sampaio Dória se transferiu. Porque um liberal de sua estirpe não poderia expor aos seus alunos os princípios de uma Carta fascista.

"A ditadura, que se instalara no país, tinha sempre os olhos voltados para esta Faculdade. Esta foi a trincheira que nunca se rendeu. E, nos termos do art. 177 da Carta Constitucional restaurado pela lei constitucional n. 2, de 16 de maio de 1938, foram aposentados compulsoriamente, por conveniência do regime, aos 13 de janeiro de 1939, os professores Antônio de Sampaio Dória, Vicente Ráo e Waldemar Martins Ferreira".[4]

Suas lições de Direito Constitucional, professadas de 1927 a 1937 foram publicadas sob o título *Os Direitos do Homem* (1942). A segunda edição (1946) saiu com o título trocado para *Curso de Direito Constitucional*, com um prefácio de esclarecimento nos termos seguintes:

"Reconhecendo, embora, que, nos ares da ditadura, o título com que saiu à praça a primeira edição deste livro, era um brado liberal pelos Direitos do Homem, Waldemar Ferreira, meu colega de turma e de cátedra, me sugere, para esta 2ª edição, o título que anuncie por inteiro a substância da obra: "Curso de Direito Constitucional".

"Realmente, este livro, como ficou explicado no prefácio da 1ª edição, é o sumário do curso de direito público constitucional, que, durante alguns anos, professei na Faculdade de Direito, onde nós ambos ensinamos aos moços. Passado, porém, desde 29 de outubro de 1945, (e queira Deus que para sempre), o absolutismo do poder entre nós, por que não restituir ao livro o título que melhor espelhe os assuntos expostos?"

4 Idem, p. 71.

A 3ª edição saiu um volume em dois tomos, com outro título: *Direito Constitucional, Curso e Comentários à Constituição* (São Paulo, Companhia Editora Nacional, 1953), em que ele repetia o curso teórico tal como vinha desde a primeira edição, mas acrescentava a cada tema desenvolvido o dispositivo pertinente da Constituição de 1946, acompanhado de um comentário sintético. Na 4ª edição ele retirou essa parte dos comentários, e com eles ampliados produziu três volumes, de sorte que, daí por diante, a obra se apresenta como *Direito Constitucional*, correspondente ao curso, num volume em dois tomos, e *Direito Constitucional, Comentários à Constituição de 1946*, em três volumes. Os dois tomos do volume I, com cerca de mil páginas, sempre se apresentaram mais como teoria geral do Estado do que como direito constitucional. Isso o autor só revelou na 5ª edição da obra, cujo título *Direito Constitucional* vem acrescido de um subtítulo entre parênteses *(Teoria Geral do Estado)*. No prefácio ele o justifica:

"A cadeira, onde foi professado se denominava Direito Público Constitucional,

"A parte de Direito Público é o denominado Direito Constitucional em tese, ou Teoria Geral do Estado.

"A parte do Direito Constitucional positivo só comentários à Constituição do país.

"Daí a divisão do Direito Constitucional, como cátedra única em dois livros: base e aplicações, Direito Constitucional em tese, ou Teoria Geral do Estado, e Comentários à Constituição".

A parte de *Teoria Geral do Estado* é desenvolvida nos dois tomos do volume I e a parte do *Direito Constitucional, Comentários à Constituição de 1946*, se apresenta em três volumes. Na época em que ele ministrou seu curso não havia ainda a cadeira de Teoria Geral do Estado, então era razoável que o professor, como matéria propedêutica, desse noções dessa disciplina, mas a verdade é que o curso todo se caracteriza mais como Teoria Geral do Estado do que como Direito Constitucional. O argumento de que a denominação *Direito Público Constitucional* envolve as duas disciplinas não parece procedente. Assim seria se a denominação fosse *Direito Público e Constitucional*, separados os dois campos do direito. Por outro lado, o tal Direito Constitucional em tese não parece querer referir-se à Teoria Geral do Estado, mas ao *Direito Constitucional Geral* ou *Teoria Geral do Direito Constitucional*, "disciplina que delineia uma série de princípios, de conceitos e de instituições que se acham em vários direitos positivos ou em grupos deles para classificá-los e sistematizá-

-los numa visão unitária",[5] ainda que as duas disciplinas tenham pontos de contato bastante estreitos. Demais a metodologia por ele usada deu destaque a temas fundamentais do constitucionalismo, ainda que tratados abstratamente na maior parte das vezes ou, quando não, mais em relação ao constitucionalismo norte-americano do que ao brasileiro, salvo, claro, na parte dos comentários.

Não importa. O que é relevante é que se pode dizer que, praticamente, foi ele quem efetivamente inaugurou o ensino do direito constitucional na Faculdade de Direito de São Paulo, deixando uma obra meritória, ainda que apegada a um liberalismo puro e às lições de Ruy Barbosa. Defendia as instituições constitucionais dos Estados Unidos, por isso defendia a reeleição presidencial: "O que se visa, nos governos dos povos livres, é o consentimento do povo na investidura do poder, e a responsabilidade do governo perante o povo. Porque, então, evitar a reeleição de um presidente, com a larga experiência de governo?"[6]

Sua concepção de democracia é puramente formal e política. "Para ser democracia, basta que consintam os governados na investidura do poder, e respondam os dirigentes pelo exercício dele".[7] Daí sua definição: "*democracia é o consentimento dos cidadãos ativos na investidura do poder, e a responsabilidade dos governantes nas urnas, perante os governados, pelo desempenho do mandato que estes lhes tenha outorgados*". Coerente com essa concepção, dá destaque aos direitos políticos, à opinião pública e aos partidos políticos, e o faz largamente e com competência, embora com predominância do raciocínio da ciência política e menos do direito constitucional. Repudia o corporativismo, como repele toda forma de ditadura. Mas nem uma palavra sobre a democracia social, nem mesmo nas edições sob a Constituição de 1946 que já contemplava normas sociais. E não poderia ser diferente, porque seu apego ao constitucionalismo norte-americano não lhe propiciava visão senão para o constitucionalismo liberal, e sua concepção de constituição não possibilitava outra coisa: "Nas constituições, somente cabem: 1º) normas sobre a organização do estado; 2º) normas sobre a competência dos órgãos do poder público; e 3º) normas que, circunscrevendo a soberania ao que deve, assegurem direitos, cujo exercício posso provocar violações por

5 Cf. Afonso Arinos de Melo Franco, *Curso de direito constitucional brasileiro*, I/36.

6 Cf. *Direito Constitucional*, 3ª ed., tomo 2, São Paulo, Companhia Editora Nacional, 1953. p. 122.

7 Idem, tomo 1, p. 200.

ilegalidade, ou abuso de poder".[8] Por isso, sua concepção da igualdade se reduz o princípio da isonomia formal, mera *ausência de posições privilegiadas*. O que ambienta a democracia [*afirma*], é a igualdade geral perante a lei. Falhas nesse princípio, tais sejam, maculam a democracia, mas podem não a excluir".[9] Não importa que, apesar da igualdade jurídica, existam profundas desigualdades, porque assim nos fez a natureza.[10]

Não obstante isso, foi o primeiro a abrir espaço (e um bom espaço) aos direitos fundamentais que ele concebia como "o direito inerente à personalidade humana, é a ausência de constrangimento para toda atividade sem a qual não se conserve, nem se aperfeiçoe o homem. Os direitos fundamentais, os homens os têm, só por serem homens, como o de vida, o de locomoção, o de associação, o de pensamento, o de possuir. Nenhum título legal é condição para a existência destes direitos".[11] Como se nota, os direitos fundamentais, para ele, resumiam-se nos direitos individuais. Distingue adequadamente direitos e garantias, como antes já fizera Ruy Barbosa.[12] Dá destaque à liberdade como um direito fundamental que prima a todos,[13] porque "[a] liberdade é terreno sagrado, com que a sociedade logra melhor sua coesão e seu desenvolvimento".[14] Depois, dedica diversos capítulos ao estudo das diferentes formas de liberdade.[15] O modo como ele, inicialmente, fundamenta a propriedade privada, é aceitável, se não fizesse outras considerações que dissolvem a concepção inicial.

"A propriedade, se outra origem legítima não tivesse, surgiria naturalmente deste simples fato: o de que pertence ao trabalhador o que ele produz com o suor de seu rosto. Como o rendimento de seu trabalho excede, quase sempre, a seu consumo ordinário, é direito seu amealhar as sobras que tenha, para consumi-las depois, ou aplicá-las como lhe convier".[16] Não é, porém, assim que as coisas se dão. Ele o percebe, tanto que reconhece que "ninguém é produtor exclusivo dos bens que produza. Sem a cooperação social, ninguém lograria produzir em larga escala", pois "[não] há negar que, sem o fator social, o fator individual não basta-

8 Idem, ibidem, p. 259. É curioso, apesar dessa concepção de constituição, o seu curso está recheado de argumentos sociológicos e de ciência política.

9 Idem, tomo 1, pp. 176 e 177.

10 Idem, ibidem, p. 191.

11 Cf., ob. cit., p. 252.

12 Cf. ob. cit., pp. 257 e 365-386, incluindo as ações constitucionais.

13 Idem, ibidem, p. 259.

14 Idem, ibidem, p. 261.

15 Idem, ibidem, pp. 249-364.

16 Idem, ibidem, pp. 310 e 311.

ria ao surto em grande parte da propriedade individual"; pergunta o que recebe em paga a sociedade por sua cooperação? E responde que a única retribuição que se harmoniza com a finalidade do Estado, é a contribuição econômica, sob a forma de impostos; ir adiante, como a copropriedade social com o indivíduo que produza, seria desnaturar os fins do Estado.[17] O máximo que seu liberalismo admitia era a desapropriação por necessidade ou utilidade pública, mediante indenização prévia. Sua obra, como ele mesmo informa, provém de lições que ministrou na cadeira de *direito público constitucional*, quando, em verdade, não havia constituição vigorando no País, salvo o pouco tempo de vigência da Constituição de 1934. Então, seu texto basicamente de teoria geral do Estado, no aspecto, mais ligado ao direito constitucional, se baseava na Constituição de 1891 e no constitucionalismo norte-americano, de feição liberal, mas as edições posteriores, como 3ª, que estou utilizando, já foram publicadas quando vigorava a Constituição de 1946. Assim mesmo, embora ilustre suas lições sobre a propriedade com o art. 141, §16, dessa Constituição, refuga a desapropriação por interesse social, procurando para ela um sentido que não se conforma com seus objetivos.[18] Sua concepção liberal capitalista se manifesta, quando examina a questão social e a propósito escreve:

"As riquezas aplicadas nas máquinas, nas instalações, na matéria prima, representam trabalho passado, de todo estranho ao trabalho atual dos operários. Sem os instrumentos de produção, o trabalho atual dos operários seria minguado ou impossível. O rendimento da produção se deve, principalmente, às máquinas, cada vez mais aperfeiçoadas, e à organização inteligente do trabalho coletivo",[19] ainda que reconheça que a liberdade de contratar o trabalho se reduza a uma sujeição sem remédio do fraco ao forte, que explora; o "seu remédio" é mais uma nota de uma visão desfavorável a uma democracia social e a única concessão que ele faz é a de considerar legítima a interferência do Estado, quando disciplina os contratos de trabalho,[20] até porque o regime capitalista mereceu dele constantes encômios, a ponto de equiparar economia dirigida a comunismo:

"Comunismo e economia dirigida, no aspecto puramente econômico, só diferem quantitativamente. O comunismo é mais desabusado. Faz tudo a bruto. A economia dirigida é maneirosa. Anuncia que vai socorrer o produtor, e, a pretexto de socorrer, suga-lhe, pouco a pouco, a seiva da

---

17 Cf. ob. cit., pp. 311 e 312.

18 Cf. ob. cit., p. 316.

19 Cf. ob. cit., p. 321.

20 Idem, ibidem, p. 321.

produção".[21] Por tudo isso, descaracteriza o conceito de *justiça social*, quando passa a comentar o art. 145 da Constituição de 1946, assim como desprestigia as três ideias que nele se amalgamam: 1ª) conciliação da livre iniciativa com o valor do trabalho [*para ele, mero conselho*]; 2ª) garantia a todos de que possibilite existência digna [*que ele considera simples promessa*]; e 3ª) ser o trabalho obrigação social [*para ele mera regra moral*].[22] Não foi capaz de perceber a importância desse tipo de regras no contexto de uma constituição. No entanto, serve-se daquela primeira disposição para mostrar que a Constituição de 1946 não era socialista, já que manda conciliar a liberdade de iniciativa com a valorização do trabalho humano.[23] Não obstante, acusa-a de tendência socializante, pois entende como socializante da propriedade a regra do seu art. 147 segundo o qual *o uso da propriedade será condicionado ao bem-estar social*,[24] a que ele empresta interpretação descaracterizadora, desprestigiante, como o fez, em geral, nos comentários aos dispositivos da ordem econômica e social da Constituição de 1946.

Sua concepção de povo não é democrática, por entendê-lo "mais egoísta que patriota". Por isso, pronuncia-se contra qualquer forma de democracia direta, ainda que sustente que seus institutos possam coexistir com a democracia representativa, e até arrole diversos argumentos em seu favor. Um argumento, para ele, é suficiente para condenar a participação direta do povo no processo do poder, ainda que só pelos institutos da iniciativa popular, referendo e veto popular, qual seja "o caso de uma formidável maioria proletária que, lisonjeada pelos demagogos, fosse, por uma propaganda tenaz, como a bolchevista, ou fascista, levada à adoção do comunismo da direita ou da esquerda, que lhe acenam com a terra prometida da redenção, da fartura e da intolerância".[25]

Apesar de qualquer restrição ideológica que se possa fazer a Sampaio Dória, não se pode negar que era um democrata que repudiava qualquer forma de ditadura. A democracia política, que ele sustentava, é uma forma de democracia importante, na medida em que, sem ela, não se conquistarão os direitos sociais que dão essência à democracia social. Ele foi o melhor constitucionalista da Faculdade até sua época e

21 Idem, ibidem, p. 324.

22 Idem, ibidem, p. 326.

23 Idem, ibidem, p. 329.

24 Idem, ibidem, p. 332.

25 Essas observações estão no seu livro, mas ele as repetiu num artigo publicado, sobre o tema, na *Revista da Faculdade de Direito*, vol. XXXIII, fasc. I, jan.-abril de 1937, pp. 583ss.

superior a seu sucessor. Por causa de seu ideal democrático, renunciou à cadeira de Direito Público Constitucional diante da Carta de 1937 que, por ser carta ditatorial, ele não quis ensiná-la. Conquistada por Ataliba Nogueira, em 1940, foi desdobrada em Teoria Geral do Estado e Direito Constitucional, ocupando-o aquela, continuando vaga a última, até agosto de 1951, quando dela tomou posse Cândido Motta Filho, a respeito do qual discorrerei em seguida.

CAPÍTULO V
Cândido Motta Filho

Cândido Motta Filho[1] foi meu professor de *direito constitucional*,[2] de março ao fim de agosto de 1954, quando se afastou da cátedra, para assumir o cargo de Ministro da Educação e Cultura do Governo Café Filho. Uma vida cultural rica. Nasceu ele a 16 de setembro de 1897, na cidade de São Paulo, filho de Cândido Nanzianzeno Nogueira da Motta e de D. Clara do Amaral Motta. Seu pai foi advogado e professor catedrático de *Direito Penal* na Faculdade de Direito de São Paulo, deputado, senador e secretário de Estado dos Negócios da Agricultura do Estado de São Paulo.

Fez seus estudos primários na Escola Modelo Caetano de Campos e no Grupo Escolar do Arouche e o secundário no Colégio Santo Inácio, no Rio de Janeiro, e Ginásio Nogueira da Gama, em São Paulo. Ingressou na Faculdade de Direito de São Paulo, em 1915, e, em 1919, após um curso brilhante, colou grau de bacharel em Ciências Jurídicas e Sociais, dedicando-se à advocacia, ao jornalismo, à política e ao magistério. Sua vida de jornalista teve início no *Correio Paulistano*, como encarregado da coluna judiciária e da página literária. Colaborou em diversos outros órgãos da imprensa: *Comércio de São Paulo*; *São Paulo Jornal*, de que foi diretor (1929-1930); redator-chefe da *Folha da Manhã*, crítico literário dos *Diários Associados* e do *Correio Paulistano*; dirigiu, com outros escritores, as revistas *Klaxon* e *Política*. Na política, foi eleito juiz de paz no bairro paulistano de Santa Cecília; fez parte do diretório do Partido Republicano, ao qual esteve ligado a vida toda, antes de ser nomeado para o Supremo Tribunal Federal; de feição conservadora, fundou com

---

1 Reproduzo aqui o texto que escrevi sobre o Prof. Cândido Motta Filho em meu livro *A Faculdade e Meu Itinerário Constitucional,* São Paulo, Malheiros, 2007, pp. 229-241.

2 Permito-me reproduzir aqui o que escrevi sobre o Prof. Cândido Motta Filho no meu livro *A Faculdade e meu Itinerário Constitucional*, São Paulo, Malheiros, 2008, pp. 229s.

Alcântara Machado, Abelardo César e Alarico Caiuby, a *Ação Nacional* do PRP, com um programa inspirado no pensamento de Alberto Torres, de inclinação autoritária; foi oficial de gabinete do secretário da agricultura no Governo Altino Arantes, em São Paulo, e, em 1933, oficial de gabinete do Prefeito da capital paulista. Participou da Revolução Constitucionalista, de 1932, como membro do gabinete do Governador Pedro de Toledo, juntamente com Cassiano Ricardo e Menotti Del Picchia. Em 1934, com Antônio de Alcântara Machado d'Oliveira, integrou o Escritório Técnico, destinado a assessorar a bancada paulista na Constituinte de 1933-1934. Foi diretor do famoso DIP-Departamento de Imprensa e Propaganda do Estado Novo, instrumento, pois, da ditadura. Depois, com a reconstitucionalização do País, foi Chefe de Gabinete do Ministro do Trabalho, Honório Monteiro, e, a seguir, ele próprio foi Ministro do Trabalho do Governo Dutra. Em 1954, com o suicídio de Getúlio Vargas, em 24 de agosto de 1954, e a ascensão de seu Vice, Café Filho, à Presidência da República, Cândido Motta Filho foi nomeado para o cargo de Ministro da Educação e Cultura, para tanto afastando-se da Cátedra de Direito Constitucional. Finalmente, foi presidente Nacional do Partido Republicano, sucedendo a Artur Bernardes. Como advogado, exerceu diversos cargos: advogado do Patronato Agrícola do Estado de São Paulo, advogado da Prefeitura Municipal de São Paulo. No magistério, foi professor no Ginásio Artur Motta e no Ginásio Ipiranga; professor de história no Curso Pré-Jurídico da Faculdade de Direito de São Paulo (função que foi, como se lembra, de Júlio Frank), de antropologia filosófica no curso promovido pela Universidade fundada por Antônio Picarolo; livre-docente de direito penal na Faculdade de Direito de São Paulo e, finalmente, Catedrático de *Direito Constitucional* da mesma Faculdade, cátedra conquistada por concurso com a monografia *O Conteúdo Político das Constituições*.

Cândido Motta Filho foi, sobretudo, jornalista e crítico literário. Bem o disse Josué Montello: "Nele a vocação fundamental era a das letras, ora como leitor, ora como escritor. As outras vocações viriam como expansão de sua personalidade e de seu saber, mas sem jamais se dissociarem do gosto da expressão de sabor literário nas ocasiões adequadas".[3] Dele disse Afonso Arinos de Mello Franco: "existência exemplar, a do ilustre brasileiro de São Paulo, sempre presente, e muitas vezes na primeira linha, aos mais diversos e complexos episódios da gestação do Brasil moderno. Nas letras, Cândido Motta Filho foi atuante no movimento modernista de 1922, para evoluir, com outros companheiros daquela rebelião libertária,

3 Cf. "Cândido Motta Filho, Homem Cordial", como prefácio do livro de Cândido Motta Filho, *Dias Lidos e Vividos: Memórias II*, 1977.

até à Academia Brasileira. Na política, continuador da tradição paterna dentro dos quadros do partido que fundou a República, chegou a Ministro de Estado. No Direito alcançou as láureas mais altas que essa ciência oferece, na cátedra da Faculdade do Largo de São Francisco e no hemiciclo do Supremo Tribunal Federal – Mas todos esses títulos correspondem e consagram apenas as qualidades humanas do escritor paulista, a riqueza da sua afetividade, a sua austeridade sem alardes, a sua doce filosofia, ao mesmo tempo cristã e horaciana".[4]

Não era uma vocação acendrada de jurista. O Direito não lhe parecia o caminho adequado, ainda que tenha exercido a advocacia, mas advocacia institucional, mais suave, menos comprometida com a luta pelo Direito. Ele próprio o reconhecia:

"Fiz o curso na Faculdade de Direito de São Paulo, certo de que nunca me vincularia à atividade profissional. Iria para os jornais, para a literatura, para a política, convencido, com a minha petulância, de que todos os caminhos levam a Roma." E acrescenta: "Por muitos anos, contrariando a minha expectativa, exerci a profissão, por largo tempo, na Procuradoria Municipal de São Paulo. E tive minhas aproximações com a nova ideia da justiça, como advogado do Patronato Agrícola do Estado, encarregado de defender os direitos nos conflitos entre colonos e fazendeiros".[5]

Nesse livro, *Dias Lidos e Vividos*, que ele chama de *Memórias 2*, porque o *Contagem regressiva* foi o de *Memórias 1*, faz literatura quando fala do Direito, assim também quando fala dos políticos e da política. Fala pouco de si, mas quando fala, abre-se sem reservas. Conta que foi batizado às pressas, ameaçado de morrer pagão, mas sobreviveu, e quando deu acordo de si, estava formado em Direito e ingressando na imprensa paulista, "garatujando críticas atrevidas sobre escritores consagrados". Diz que, na Faculdade de Direito, recebeu sucessivas surpresas; pensava, como professor, honrar o nome de seu pai, mas, desde o seu concurso até às reuniões da Congregação, teve melancólicas surpresas com professores e alunos. Declara que sempre teve vontade de ensinar aprendendo. Informa que concorreu à livre-docência de *Direito Penal* na Faculdade de Direito, pois tinha grande curiosidade de saber por que o direito é direito, depois, em 1940, obteve a livre-docência de *Teoria Geral do Estado*, com a monografia *O Poder Executivo e as Ditaduras Constitucionais*,

---

4 Cf. Carta a José Olympio, em Cândido Motta Filho, *Contagem Regressiva: Memórias I*, p. XIII.

5 Cf. *Dias Lidos e Vividos*, cit., p. 4.

em concurso de cátedra em disputa com Ataliba Nogueira, que concorreu com a tese *O Estado é Meio e não Fim* que venceu. Foi um páreo duro certamente, não pelas qualidades das teses, mas por suas deficiências, sem que se saiba qual é pior. Mas, para ele, "a cátedra era mais um posto de escuta ou de observação, na relação entre alunos e professores". Confessa que, ao entrar, pela primeira vez na sala, para subir à cátedra, mais do que um movimento geral de atenção, percebeu um movimento geral de curiosidade; reconhece que o interesse é o fundamento do ensino e para isso deve o professor colocar-se no mesmo plano da classe, sem assumir atitude dogmática, nem mostrar que está ensinando aquilo que não repercute no discípulo.

Esta passagem do seu livro, a meu ver, reflete bem o que seus alunos sentiam em suas aulas: "Terminada a minha preleção, chegou aos meus ouvidos o que dissera um estudante: 'O professor é muito mais um literato do que um jurista'". E ele, então, justifica que a culpa não era propriamente dele, mas do ensino magistral com o professor dissertando para uma classe, em sua grande maioria alheia à dissertação. E era assim, realmente, na classe do Prof. Cândido Motta Filho. Ficávamos muito mais atentos aos cacoetes do Mestre, que corria as pontas dos dedos nos cabelos, da frente para traz, alternadamente, a cada segundo, e introduzia a cada frase a muleta "de maneiras que...", assim no plural, a ponto de os alunos apostarem para ver quantas vezes o Mestre pronunciava a frase.

Por mais que se tenha admiração por Cândido Motta Filho, por tudo que ele representou no cenário cultural, na crítica literária do País e na magistratura do Supremo Tribunal Federal, não há como negar que não era ele um constitucionalista. Era um literato, um crítico de literatura, ao que consta, competente, o que bem mostram seus textos dedicados a esse assunto: *Introdução ao Estudo do Pensamento Nacional (O Romantismo)*, título exagerado, porque não se trata efetivamente de estudo sobre o pensamento nacional, mas sobre o Romantismo, de sorte que o subtítulo entre parêntese é que revela o conteúdo da obra; suas memórias são páginas literárias agradáveis de se ler.

O *direito constitucional* não era, definitivamente, o seu forte. E ele próprio conta fatos que bem o demonstram. Assim esta passagem de suas *Memórias 2*:

"Quando fiz concurso para a Faculdade de Direito de São Paulo, na cadeira de Direito Constitucional, Costa Manso participou da banca examinadora. Seus olhos vivos refletiam a impressão que lhe causavam as perguntas dos examinadores e a resposta do candidato.

"Não sei o juízo que fazia a meu respeito. Talvez fosse o do Professor Sampaio Dória, que me via como um jornalista pretendendo ser professor de Direito. Mas, ao abraçar-me, com um sorriso que disfarçava certa malícia, disse-me: 'O direito, como o demônio, não é tão feio quanto se pinta'."[6]

Por isso, é absolutamente verdadeiro o que disse minha colega de turma e de Congregação, Ada Pellegrini Grinover: "Não se sabe como a turma, praticamente sem aulas de constitucional, pudera gerar um Manoel Gonçalves Ferreira Filho, um Dalmo Dallari e um José Afonso da Silva".[7]

As duas obras que publicou envolvendo temas constitucionais o provam. A primeira foi a monografia, com que obteve a livre-docência de *Teoria Geral do Estado* da Faculdade de Direito, sob o título *O Poder Executivo e as Ditaduras Constitucionais*, na qual existe pouca contribuição pessoal do Autor, pois, praticamente todos os parágrafos são textos de outrem, limitando-se ele a introduzir os doutrinadores referenciados. Não obstante isso, é bem clara a orientação da obra. As referências doutrinárias em que se baseia são orientadas no sentido da justificação do regime excepcional vigente no País desde 1937,[8] o que não era de estranhar, pois, afinal de contas, Cândido Motta Filho foi diretor do famoso DEIP-Departamento Estadual de Imprensa e Propaganda, ligado ao DIP-Departamento de Imprensa e Propaganda (federal), órgão de censura a serviço da ditadura; por essa razão, aliás, os alunos da Faculdade de Direito fizeram greve contra a sua nomeação pelo Interventor Fernando Costa, em março de 1944, sem concurso, para a cadeira de Direito Constitucional. A greve se encerrou com sua desistência do contrato, publicamente, em 11 de agosto de 1944.

No capítulo sobre a crise constitucional não há uma palavra sobre a questão constitucional brasileira, tudo gira em torno das relações entre o Poder Executivo e o Parlamento, sobretudo nos países europeus. A crise como que se devia à atuação do Legislativo. Ressalta as passagens de Mirkine Guetzévitch que exaltam o primado político do Executivo que "deve servir para estabelecer as verdadeiras bases do direito público republicano e dar soluções técnicas aos grandes problemas da democracia moderna".[9]

6 Idem, ibidem, pp. 9 e 10.

7 Cf. *A Garota de São Paulo*, p. 161.

8 Aliás, a Carta de 1937 fora sempre elogiada por ele. Em um artigo "A Evolução do Controle de Constitucionalidade das Leis no Brasil" (*Revista Forense*, abril/1941), ele destaca como "grande sabedoria" o poder pessoal que ela conferia ao Presidente da República.

9 Cf. *O Poder Executivo e as Ditaduras Constitucionais*, p. 15.

Em contraposição, destaca textos que desprestigiam o Parlamento e até a democracia, como este de Emile Giraud: "A democracia não é o regime onde o povo governa por si ou o Parlamento governa no sentido próprio do termo. Um tal regime não pode significar senão confusão, estagnação, esterilidade. A democracia exige que o Executivo só governe e governe em toda a acepção do termo."[10] Até quando cita *O Federalista*, o faz para salientar as passagens em que exalta um Executivo forte "dotado de energias viris".[11] Inicia ele o Capítulo III sobre "O problema constitucional das ditaduras" com a seguinte passagem:

"Pelo exame rápido que fizemos das transformações constitucionais, verificamos as dificuldades surgidas para a organização jurídica do poder público. De um lado uma tendência para o reforçamento do Poder Executivo, de outro tentativas para a construção de uma ordem nova. Neste período de inquietação e de transitoriedade, assistimos, com mais frequência, ao emprego, por parte do Executivo, de medidas excepcionais."[12] Apoia-se em Carl Schmitt, para quem "[a] ditadura é um movimento de legítima defesa, que se apresenta como ação e como reação, visando reformar e também, conservar. Às vezes, ela age pelo poder constituído, visando salvá-lo das ameaças que as circunstâncias criaram e às vezes, age, pelo poder constituinte, preparando a nova ordem política".[13] Assim a ditadura aparece como um elemento benfazejo, que o Autor aceita sem restrições, tanto que daí retirou a sua conclusão, traduzida na seguinte passagem:

"Como se vê, o assunto, além de palpitante, oferece margem para cuidadoso exame. Mas, se com a possível objetividade, examinar-se a vida constitucional dos povos, verifica-se que, dentro dos quadros jurídicos, a ditadura efetivamente se manifesta:

"a) como conservadora da ordem constitucional;

"b) como transformadora da ordem constitucional.

"No primeiro caso, temos o estado de sítio ou o estado de emergência, ou ainda, o estado de alarme, o estado de guerra, os plenos poderes. No segundo caso, temos a ditadura como poder constituinte."[14]

"Ditadura como poder constituinte" é aquela que outorga a Constituição, como a que vigorava então no Brasil. O Capítulo IV se destina

10 Cf. ob. cit., p. 19.

11 Idem, ibidem, pp. 28 e ss.

12 Idem, ibidem, p. 49.

13 Idem, ibidem, p. 56.

14 Idem, ibidem, p. 57.

a justificar a ditadura, sob o título de "A razão de ser da ditadura legal". Logo, recorre ao magistério de Schmitt, que, segundo afirma, diz que "o chefe do Executivo é o guarda da Constituição". Discorre sobre o estado de necessidade, refuta a validade da expressão "direito de necessidade", que parte da doutrina usava.[15] Mas a razão que ele apresenta é a histórica, não a de mérito. Passa ele, finalmente, no Capítulo V, ao exame das "medidas de exceção no Brasil". Observa, a propósito da crise constituinte de 1823, que "[a] vocação liberal criou, de início, conflitos com a realidade". Lembra as agitações políticas dos primeiros tempos republicanos e, especialmente, a grande quantidade de estados de sítio que existiu na República Velha (1889-1930). Refere-se a todos os textos que autorizavam o Poder Executivo a estabelecer medidas excepcionais (Dec. 19.398/1930; Emendas 1, 2 e 3 ao art. 78 da Constituição de 1934; o Dec. 702/1936, equiparando ao estado de guerra a comoção intestina em todo o território nacional, e outros). Recordou que, em 10 de novembro de 1937, o Governo, dissolvendo o Congresso e invalidando a Constituição de 1934, outorga ao País uma nova Carta Constitucional, entre outros motivos porque, pelas instituições anteriores, não dispunha o Estado de *meios normais* de preservação e defesa do País, da segurança e bem-estar do povo. O Capítulo VI, sobre "A Delegação de Poderes", é mais descritivo do que doutrinário, mais em defesa da delegação, pois ela se realiza na maioria dos Estados: "ou para a defesa determinada de uma das suas funções; ou para a própria defesa do Estado".[16] O último capítulo estuda o *poder constituinte*, mas se engana quem pense que se trata de um poder constituinte que tem no povo sua fonte originária, porque, em verdade, o que o Autor fundamenta é o chamado constituinte da ditadura, como deixara firmado na conclusão do Capítulo III. Por isso ele começa o Capítulo VII observando que "na maioria dos movimentos revolucionários de caráter liberal, quando estes se tornam vitoriosos, há um Governo Provisório que, governando discricionariamente, aguarda, dentro de um breve espaço de tempo, a organização da assembleia Constituinte".

"Outras vezes, o próprio Governo Constituído se transforma em poder constituinte, como aconteceu em 10 de novembro de 1937, quando o Presidente da República decretou a nova Constituição do País." Não se pode deixar de dizer que há nessa concepção duas deformações: uma do conceito de revolução, confundindo-o com ditadura proveniente de golpe de Estado; outra, em consequência, é uma deformação do conceito de po-

15 Idem, ibidem, p. 67, invoca sua monografia *Do Estado de Necessidade*, tese com que conquistou a livre-docência de *Direito Penal* na Faculdade de Direito.

16 Idem, ibidem, p. 107.

der constituinte, confundindo-o com o arbítrio da outorga constitucional. Tudo isso é reforçado, nas páginas seguintes, com os destaques dados, sem qualquer condenação ou mesmo simples restrição, aos regimes nazistas e fascistas da Alemanha de Hitler, Itália de Mussolini, Turquia de Kemal Pachá, a Espanha de Franco e Portugal de Salazar. Para todos, basta a seguinte passagem do Autor, que revela até certa simpatia:

"O governo tem, na ordem fascista, uma direção política, anima a função dos órgãos constitucionais e suas relações recíprocas, cuida da vida internacional do Estado, sua segurança interna e externa, da alta administração, das prerrogativas reais, das atividades pré-normativas e normativas e, desse modo, expressa os fins essenciais do Estado."[17] Ao concluir, não deixa de observar que as medidas excepcionais, os decretos-leis, os plenos poderes, o estado de guerra, o estado de sítio, embora aplicados como meios salvadores, são de extrema gravidade, principalmente pelas consequências que acarretam e pela influência que exercem na vida política e no próprio prestígio das instituições jurídicas.[18] No entanto, entende que a "ditadura constitucional" deve ser justificada como decorrente de um estado de necessidade; deve ser exercida dentro de um lapso de tempo limitado, cessada imediatamente, desde que cessem os motivos que a determinaram; a sua ação político-administrativa concreta decorre do fim a que se propõe; a sua atividade extralegal, suspendendo em todo ou em parte a Constituição, deve ter em vista resguardá-la e defendê-la; a entrega de maiores faculdades ao detentor do poder deve corresponder a um aumento de sua responsabilidade; o fundamento da atividade excepcional do poder tem um caráter meramente político.[19] Talvez a única frase que exprima um certo sentido da Constituição, em todo o livro, é a que declara que "a Constituição é um pacto de garantias e uma base específica da ordem social".[20]

O outro livro é *O Conteúdo Político das Constituições*, que foi a tese com que ele conquistou a Cátedra de *Direito Constitucional* da Faculdade de Direito de São Paulo (1951). Concorreu também José Pinto Antunes, com tese igualmente fraca. Venceu Cândido Motta Filho, com todos os protestos de Pinto Antunes, que se retirou da Faculdade e foi ser catedrático de *Direito Industrial e Trabalhista* da Faculdade de Direito da Universidade Federal de Minas Gerais, de onde trouxe para o seu apartamento, na Av. São Luiz, um imenso tesouro sacro, relíquias de prata,

17 Idem, ibidem, p. 124.

18 Idem, ibidem, pp. 140 e 141.

19 Idem, ibidem, pp. 143 e 144.

20 Idem, ibidem, p. 143.

assim como oratórios que figuravam nas igrejas das cidades históricas mineiras. Depois, Pinto Antunes fez o concurso de *Economia Política* e venceu seis outros concorrentes e chegou a ser Diretor da Faculdade (1969 a 1973).

Nessa monografia, o Autor já comparece, por si, com ideias aproveitáveis, ainda que o método de apoiar, em cada parágrafo, em algum autor, estrangeiro especialmente, perdure, como um fichário que se vai desenrolando, à medida que se elabora a obra. O livro, melhor certamente do que o anterior, se ressente, no entanto, de certa coesão e coerência, tudo ornamentado por fartas citações doutrinárias, que antes de favorecer a compreensão, acabam por entorpecê-la. Não há uma unidade de sentido que conduza o leitor a uma compreensão do que seja o conteúdo político da Constituição, ainda que, em certo momento, declare que a Constituição tem, como conteúdo principal, a declaração de direitos.[21] Abre-o um capítulo sobre a "organização constitucional do Estado", com subtítulos que não têm entre si muita ligação; é assim que vem "A Constituição na Teoria Geral do Estado", com alguma consideração sobre a Constituição que merecerá referência, oportunamente; seguem "As transformações políticas de base", O individualismo, O constitucionalismo, O contratualismo, "A divisão de poderes" (que tem como a técnica asseguradora dos direitos de liberdade[22]), "O regime representativo", "A constitucionalidade das leis". O segundo capítulo tem por rubrica "A socialização crescente" ("O movimento social contemporâneo"), sem outro subtítulo que não seja esse entre parêntesis. O terceiro capítulo tem como rubrica "A declaração dos direitos sociais", com subtítulos: A igualdade, A propriedade, O Trabalho, Os poderes (volta aqui à divisão de poderes), "A representação e os partidos"; o leitor não há de esquecer-se de que o capítulo se propôs, por sua rubrica, a tratar da *declaração dos direitos sociais*, mas o Autor não o fez, com certeza se esqueceu, até porque esse não é um tema atraente aos conservadores como ele era. Finalmente, vem a "Conclusão" que ocupa vinte e cinco páginas, das 267 do livro, porque, em verdade, não é conclusão, mas uma dissertação ao mesmo estilo dos capítulos. Por isso, o leitor fecha o livro com certa frustração, por não entender muito bem o que é *o conteúdo político das Constituições*, e por ver que a obra é especialmente composta de referências históricas, mediante citação de autores e textos constitucionais, sem uma fundamentação doutrinária coesa e coerente. Pouquíssimas são as passagens em que o Autor exprime

---

21 Cf. *O Conteúdo Político das Constituições*, Rio de Janeiro, 1950, pp. 77 e 78.

22 Idem, ibidem, p. 92.

sua concepção de constituição e isso praticamente só no primeiro capítulo, como são exemplos os textos abaixo:

"Quando, em suas transformações, o Estado se define como Estado constitucional, a ideia de constituição se mostra como ideia básica, formulada em nome da ordenação jurídica dos supremos interesses do homem e da sociedade. As suas normas se formam com os dados que lhe fornecem a cultura, com o conhecimento dos problemas que surgem das transformações sociais e política. Não basta, para que sejam entendidas na sua extensão e nas suas consequências, o esclarecimento de seu significado jurídico. É necessário vê-las em suas raízes, na sua capacidade de atuação, na reação que provocam no seio da sociedade, em suas instituições políticas, religiosas e econômicas".[23]

É um texto que merece referência especial, e que se harmoniza com outro que vem bem à frente:

"A constituição não é apenas uma forma, mas um conteúdo que se expressa numa forma. Ela é um sistema de organização, um conjunto de regras de equilíbrio funcional do Estado, como é também uma expressão de uma estrutura social orgânica e resistente. (...)

"O aparelhamento constitucional do Estado não se limita a distribuir competências ou definir poderes, porque se distende também por sobre os valores substanciais da sociedade que garantem a sua ordem e a sua vitalidade, como a própria condição social, a família, a propriedade, a atividade dos grupos econômicos (...)."[24]

"Para que uma constituição, como lei básica do Estado, possa ser realmente básica, necessário se torna que seja ela também um compromisso social." E sobre a evolução insensível da constituição, aquela que se opera por influência das transformações sociais, diz ele: "esse fenômeno decorre, por sua vez, da interpenetração que se dá entre a zona legal e a dos fatos, o que faz com que a atividade constitucional não se restrinja tão-só ao campo da legalidade formal. A política vai, na sua atividade criadora, dando novo sentido aos velhos textos, a jurisprudência vai adequando-os às novas circunstâncias".[25] Essas passagens não apoiadas em autores estrangeiros são dignas de menção, porque são das pouquíssimas contribuições pessoais do Autor. Em algumas dessas passagens o Autor não se harmoniza muito com o seu livro anterior.

---

23 Idem, ibidem, p. 12.

24 Idem, ibidem, pp. 20 e 21.

25 Idem, ibidem, p. 24.

Além disso, já como Ministro do Supremo Tribunal Federal, Cândido Motta Filho publicou dois artigos na *Revista Forense*. Um no volume de janeiro-fevereiro-março/1964, coincidindo, pois, com a instauração do regime militar no País, sob o título "O regime Representativo e a Vontade Popular", em que ele considera o regime representativo como "um método orgânico para conseguir, nas decisões de poder, uma conduta responsável", e que "a representação não atua como um sistema plástico de um Estado constitucional, onde suas conformações obedecem ao dogma da divisão de poder, da limitação dos mandatos, do reconhecimento prévio de direitos fundamentais". Reconhece que não há regime representativo sem povo. O problema é que seu conceito de povo é profundamente conservador. Povo, para ele, tem sempre uma conotação depreciativa, de "grupo dos magarefes e arruaceiros", ou "gentalha" ou a "serviço da subversão ou da demagogia". O povo "é a nação consciente e organizada politicamente, que está presente em todos os interesses vinculativos da sociedade", concepção que se aproxima da representação nacional e não da representação popular. "Contudo [*diz ele adiante*], esse povo visível das ruas continua servindo muito mais aos lances da subversão e da demagogia do que ao encaminhamento normal da democracia". O outro artigo sob o título "O Poder e as Transformações do Estado" foi publicado na *Revista Forense* de setembro-outubro/1960, em que faz algumas observações sobre o surgimento do Estado, sua crise atual e suas transformações, baseado em Maquiavel, Rousseau e Montesquieu. "O Estado é transformado e é um instrumento de transformação. Manifesta-se como poder que atua e modifica e como direito que conserva e resguarda. Como poder, é ele a energia criadora da ordem que deve fluir dos valores sociais. E, como direito, é atividade conservadora da ordem, porque o direito conserva a sociedade, como o sal conserva a carne, na conhecida frase de Ihering."

O Prof. Motta Filho nos deixou no fim de agosto (1954), como revelei, para assumir o Ministério da Educação e Cultura, a convite do Presidente Café Filho. Para o seu lugar, veio o Prof. Genésio de Almeida Moura que ficou conosco até o fim do ano, deu-nos provas e corrigiu-as. Ao seu lado, na primeira aula, sentou-se um jovem louro, magro e elegante, seu Assistente, que mais tarde se tornaria professor livre-docente e depois professor associado de *Direito Constitucional* da Casa e conselheiro e presidente do Tribunal de Contas do Estado, e se tornaria meu amigo, desde que me tornei seu colega no primitivo Departamento Jurídico do Estado que se transformou na Procuradoria-Geral do Estado. Refiro-me ao Prof. e Conselheiro José Luiz de Anhaia Mello.

As aulas do Prof. Genésio de Moura eram melhores do que as do catedrático, mas o tempo foi pequeno e, além do mais, tinha ele que se ater ao programa elaborado pela Ilustre Cátedra, cuja organização sequer seguia uma sequência coerente. Ninguém ouviu falar nesse ano letivo em direitos fundamentais do homem, sequer em direitos individuais (ainda que o programa falasse em "Direitos do Homem", de mistura com as "Bases da Organização Política" e do "Regime Representativo"), de sorte que cada qual que se interessasse por todos esses assuntos teria que procurar outras fontes, porque a cátedra não era uma fonte de ensino eficiente dessa matéria, como também não o fora o ensino de *Teoria Geral do Estado*. Eu busquei algumas fontes, pois, em verdade, não era sequer indicado um compêndio que nos servisse de primeiro guia na matéria. Sequer, ao que me lembre, nos foi exigido que comprasse um volume da Constituição. Neste ano, a Editora Saraiva produziu um volume de bolso da Constituição de 1946, então em vigor. Comprei e andei sempre com ele no bolso e assim que podia, abria e ia lendo, até que o perdi num velório...

CAPÍTULO VI
Manoel Gonçalves Ferreira Filho

Nasceu em São Paulo a 21 de junho de 1934, fez seu curso primário no Externato Assis Pacheco e seus cursos ginasial e colegial no Colégio São Luís; graduou-se em Direito pela Faculdade de Direito da Universidade de São Paulo, tendo colado grau em 1957; doutor em Direito pela Universidade de Paris; em 1965, livre-Docente em Direito pela Faculdade de Direito da Universidade de São Paulo; professor titular de Direito Constitucional, da Faculdade de Direito da Universidade de São Paulo, em vaga decorrente da morte do Prof. Cândido Motta Filho. Seguiu a mesma linha liberal conservadora de seus antecessores, ideologicamente mais próximo de Motta Filho do que de Sampaio Dória, porque, como ele, apoiava governos autoritários de direita. Mas, do ponto de vista da doutrina constitucional, afora qualquer consideração ideológica, era superior aos dois, como atesta o conjunto de obras que produziu. Lecionou a matéria na Faculdade de Direito da Pontifícia Universidade de São Paulo, além da cadeira de Introdução à Ciência do Direito, de 1960 a 1968.

Formado em 1957, foi para Paris, já casado com a colega Ivette Senise, para fazer doutoramento na Faculdade de Direito de Paris. Foi orientando do Prof. Maurice Duverger, ao que me consta, que tinha posição ideológica muito diversa da dele.

Foi Assessor e Secretário-Geral do Ministério da Justiça, situação que lhe possibilitou exercer o cargo de Ministro da Justiça em caráter interino (1969/1971), gestão do Ministro Alfredo Buzai, durante o governo de Emílio Garraztazu Médici. Foi Secretário de Administração do Estado de São Paulo (1972). Foi Secretário de Justiça do Estado de São Paulo (1972/1973). Foi Diretor da Faculdade de Direito da Universidade de São Paulo (1973/1974). Foi Vice-Governador do Estado de São Paulo (1975/1979).

Na Faculdade de Filosofia, Ciências e Letras da Universidade Católica, coordenou o curso de Ciências Sociais e, na mesma Faculdade da Universidade Católica de Campinas, lecionou História das Ideias Políticas, de 1963 a 1966. Lecionou, ainda, na Faculdade de Direito de São Paulo, Direito Internacional Privado.

Obteve o título de doutor com a tese *Le Statut Constitutionnel des Partis Politique au Brésil, en Italie, en Allemagne et en France* (Paris, 1960), publicada em português como *Os Partidos Políticos nas Constituições Democráticas* (*Revista Brasileira de Estudos Políticos*, Belo Horizonte, 1966). Conquistou a livre-docência na Faculdade, em 1964, com a tese: *O Estado de Sítio na Constituição Brasileira de 1946 e na Sistemática das Medidas Extraordinárias de Defesa da Ordem Constitucional* (São Paulo, Ed. RT, 1964) e, em 1969, conquistou a titularidade de *Direito Constitucional* com a tese: *Do Processo Legislativo: Ensaio Crítico de Direito Constitucional Comparado, tendo em vista, especialmente, a Constituição do Brasil, de 24 de janeiro de 1967*, publicada depois com o título *Do Processo Legislativo* (já em 5ª ed., São Paulo, Saraiva, 2002). Publicou diversos outros livros, artigos e pareceres de Direito Constitucional, tais como: *Curso de Direito Constitucional*, já na 31ª ed. (São Paulo, Saraiva, 2005), *Direito Constitucional Comparado: I – O Poder Constituinte* (3ª ed., São Paulo, Saraiva, 1999), *Comentários à Constituição Brasileira* (à Constituição de 1969, em três volumes, São Paulo, Saraiva, 1977), reduzido para dois volumes em relação à Constituição de 1988 (3ª ed., São Paulo, Saraiva, 2000), *A Democracia Possível* (São Paulo, Saraiva, 1972), *Estudos de Direito Constitucional* (São Paulo, Saraiva, 1988), *Direito Constitucional Econômico* (São Paulo, Saraiva, 1990), *Liberdades Públicas, Parte Geral*, em parceria com Ada Pellegrini Grinover e Anna Cândida da Cunha Ferraz (São Paulo, Saraiva, 1978), *Princípios Fundamentais do Direito Constitucional* (São Paulo, Saraiva, 2010). Apoiou sempre o regime militar instaurado em 1964 a que pretendeu dar base teórica, especialmente pelo seu controvertido livro, *A Democracia Possível*. Nessa condição, foi Vice-Governador do Estado de São Paulo na chapa do Governador Paulo Egydio Martins, eleitos pelo sistema de voto indireto. Foi Diretor da Faculdade de 1973 a 1976 que interrompeu (1975) para ocupar o cargo de Vice-Governador. Aposentou-se no cargo de Professor Titular de Direito Constitucional da FADUSP em 2004.

Escreveu e publicou a seguintes obras de Direito Constitucional, das quais se extraem suas ideias jurídico-constitucionais e políticas de corte conservador:

- *A reconstrução da democracia*, São Paulo, Saraiva, 1979.
- *O anteprojeto dos notáveis*, São Paulo, Saraiva, 1987.
- *Ideias para a nova Constituição brasileira*, São Paulo, Saraiva, 1987.
- *Estado de Direito e Constituição*, São Paulo, Saraiva, 1988.
- *Comentários à Constituição brasileira de 1988,* São Paulo, Saraiva, 1990.
- *Direito constitucional econômico*, São Paulo, Saraiva, 1990.
- *La nouvelle Republique brésilienne*, Paris, Econômica, 1991

CAPÍTULO VII
Elival da Silva Ramos

Possui os títulos de Bacharel em Direito pela Universidade de São Paulo (1977), Mestre em Direito do Estado pela Universidade de São Paulo (1985), Doutor em Direito do Estado pela Universidade de São Paulo (1991) e Livre-docente em Direito Constitucional pela Universidade de São Paulo (2001). Professor Associado junto ao Departamento de Direito do Estado (Área de Direito Constitucional) da Faculdade de Direito da USP e, finalmente, Professor Titular do Departamento de Direito do Estado da mesma Faculdade. Professor em cursos de especialização (pós-graduação *lato sensu*) da Escola Superior do Ministério Público/SP, da Escola Paulista da Magistratura, da Escola Superior da Procuradoria Geral do Estado de São Paulo e da Escola Superior de Direito Constitucional – ESDC. Exerce, ainda, o cargo efetivo de Procurador do Estado de São Paulo, com exercício em unidade especializada da área consultiva (Procuradoria Administrativa).

Obras: *A Ação Popular como Instrumento de Participação Política* (São Paulo, RT, 1991), dissertação com que conquistou o Título de Mestre da FADUS, sob a orientação da Profª Ada Pellegrini Grinover; *A Inconstitucionalidade das Leis, Vício e Sanção* (São Paulo, Saraiva, 1994), tese com que conquistou o Título de Doutor no Departamento de Direito do Estado da FADUSP (1992), sob a orientação do Prof. Manoel Gonçalves Ferreira Filho; *A Proteção aos Direitos Adquiridos no Direito Constitucional Brasileiro* (São Paulo, Saraiva, 2003), tese com que conquistou a livre-docência na FADUSP.

CAPÍTULO VIII

Outros Docentes

INTRODUÇÃO

As referências anteriores dizem respeito a catedráticos e titulares, mas outras categorias de professores também deram sua contribuição à doutrina do Direito Constitucional na Faculdade de Direito da USP. Gostaria, no entanto, antes de passar a eles, de fazer ligeira referência a *Pedro Lessa*, que foi catedrático de Filosofia do Direito na FDUSP e que nos legou importante livro sobre o *Poder Judiciário*.[1] E *Waldemar Martins Ferreira* (1885-1964) que deixou uma monumental obra de Direito Comercial, como catedrático dessa disciplina naquela Faculdade, desde 1927. Incluo-o aqui porque escreveu e publicou uma apreciada *História do Direito Constitucional Brasileiro*[2] considerada parte suplementar do curso de História do Direito Nacional que ele ministrou naquela Faculdade.

Incluo, também, *Fábio Konder Comparato*, comercialista, Professor Titular de Direito Comercial, porque escreveu e publicou *A Afirmação Histórica dos Direitos Humanos*, em que apresenta o essencial de documentos internacionais (salvo excertos pertinentes das Constituições mexicanas de 1917 e alemão de Weimar de 1919) com comentários histórico-doutrinários.

---

1 Cf. Pedro Lessa, *Do Poder Judiciário*, Rio de Janeiro, Livraria Francisco Alves, 1951.

2 Cf. *História do Direito Constitucional Brasileiro*, edição fac-similar, Brasília, Senado Federal, 2003, o original é de 1954.

José Loureiro Júnior

Nasceu em Jaú, SP, no ano de 1912. Foi deputado estadual, depois federal e secretário da Justiça do Estado de São Paulo, onde criou o Fundo de Amparo ao Menor. Fundou a Faculdade de Direito de Itu.

Escreveu trabalhos históricos, como *São Paulo Vencido* (1932, Crônica da Revolução Paulista) e até uma tese de concurso *Evolução do Conceito de Moeda* (1937). A livre-docência na Faculdade de Direito de São Paulo foi conquistada com a monografia *Da Constitucionalidade das Leis* (1949). Trata-se de um livro sobre o controle da constitucionalidade das leis, um dos primeiros, depois de *A Constituição e os Atos Inconstitucionais*, de Ruy Barbosa, juntamente com o de Lúcio Bittencourt, cuja 1ª edição é também de 1949, mas este é muito superior ao de Loureiro, que se limitou a constatar o fenômeno na história e nas constituições de diversos países, com longas citações em francês. Obra superficial do ponto de vista da doutrina. Loureiro era, sobretudo, um político. Genro de Plínio Salgado, seguia a doutrina integralista.

José Luiz de Anhaia Mello

Bacharelou-se, com brilho, em Ciências Jurídicas e Sociais e, pela mesma Faculdade, já seria Doutor em Direito, em 1960, e, por concurso, Professor Livre-Docente de Direito Constitucional em 1961, ascendendo mais tarde a Professor Adjunto, aposentando-se após mais de trinta anos de magistério, durante o qual – como o próprio Anhaia Mello disse, um dia, "entoou, cantou, e porque não dizer, rezou, perante a mocidade". Mais tarde, após 1964, já professor veio a ser interventor no Centro Acadêmico, em razão de feliz decisão da Congregação da Faculdade, que, antecipando-se a ato do Governo Federal, o nomeou para a interventoria, com isto evitando a interferência externa e estranha. No exercício da interventoria, o Professor Anhaia Mello soube manter ameno convívio com os alunos, preservando espaço para que logo promovessem eleições e constituíssem os próprios órgãos diretivos.

Cedo começou a sua vida pública, a sua dedicação à Administração Pública e às coisas do Estado. Assim, ainda no verdor dos anos, Estagiário do Ministério Público, Advogado da Reitoria da Universidade de São Paulo, Advogado do Estado, por concurso, Oficial de Gabinete e Subchefe da Casa Civil do Governador, Consultor Jurídico, Diretor Geral e Chefe de Gabinete da Secretaria da Justiça. E ainda, em plena mocidade, Ministro Substituto do Tribunal de Contas do Estado de São Paulo, de 1963 a 1967, em cujo exercício tanto se destacou, que mereceu ser nomeado para o cargo vitalício de Ministro daquele Tribunal, com aprovação da nobre Assembleia Legislativa, pelo eminente Governador Abreu Sodré. Iniciava-se, assim, a longa carreira, de excelentes serviços, e incomparáveis lições, prestados a Casa e à causa pública. Orador primoroso, conferencista de escol, articulista rematado, deixou centenas de excelentes trabalhos jurídicos e sobre a fiscalização exercida pelos Tribunais de Contas, publicados na Imprensa e em revistas especializadas. Entre os livros que publicou, ao longo de sua carreira no magistério e no Tribunal, destacam-se: *O Estado Federal e Suas Novas Perspectivas* (1960), *Da Competência dos Tribunais de Contas para Negar Aplicação a Leis Inconstitucionais* (1964), *Da Separação dos Poderes à Guarda da Constituição* (1968), *Ruy, Instituidor da Justiça de Contas* (1974) e *Fiscalização das Empresas Públicas* (1977).

Conquistou sua livre-docência com uma monografia sob o título de *O Estado Federal e as suas Novas Perspectivas*. Trabalho simples, sem grandes pretensões doutrinárias.

Anhaia Mello fora Presidente do *Centro Acadêmico XI de Agosto* (19.3.1949 a 31.3.1950). Bom orador, irônico e cativante, não tinha aquela tranquilidade dos grandes pesquisadores e doutrinadores. Entretanto, seu livro *Da Separação de Poderes à Guarda da Constituição, As Cortes Constitucionais* (São Paulo, RT, 1968), é reconhecido como um bom livro sobre *Justiça Constitucional*. A obra foi apresentada como tese de concurso ao provimento do cargo de Professor Titular de Direito Constitucional da Faculdade de Direito da Universidade de São Paulo, realizado em setembro de 1968, concorrendo com José Loureiro Júnior, José Afonso da Silva e Manoel Gonçalves Ferreira Filho, de que este se sagrou vencedor. O livro defendeu a adoção de cortes constitucional, no Brasil, para o exercício da jurisdição constitucional. Suas conclusões são um encadeamento lógico, desde a declaração de que *as Constituições escritas passaram a ser o repositório das grandes conquistas liberais*, de onde, *para maior garantia dessas conquistas, as Constituições escritas se armaram de rigidez, de difícil e complexas modificações ou reforma*; *para a garantia do que o poder constituinte insculpia nas Constituições, atribuiu-se aos juízes a missão suprema de guardar a Constituição; dada a suma importância dessa missão, que exige sem dúvida requisitos especiais, impõe-se a criação de Cortes Constitucionais*; e, tendo em vista, *os problemas de ordem constitucional do Brasil, aliás peculiares a todos os Estados de direito, e em particular às Federações, o Brasil, repetimos, não deve tardar a reconhecer esse estado de coisas, e criar as suas Cortes Constitucionais – a federal, para guarda da Constituição federal, e as estaduais, para defesa das Constituições estaduais*. Ressalta ainda, nas conclusões:

"Será [*isso*], por certo, uma alta manifestação de respeito à lei maior escrita, devido à possibilidade melhor de adaptação dessa lei às exigências sociais, políticas e econômicas e mesmo aos princípios de ordem internacional que hoje informam as leis nacionais e que precisam ser considerados na hora das decisões, caso por caso.

"Só mesmo uma justiça especializada poderá levar em conta os múltiplos e complexos princípios informadores – o que, aliás, não constitui novidade no século e no mundo".

Reconhece que as Cortes Constitucionais exercem, no jogo dos poderes do Estado, o papel de Poder Moderador, como solução ideal, assim como defende o exercício da jurisdição constitucional por via de ação popular: "Como coroamento do Estado de Direito, dever-se-ia reservar a qualquer do povo o direito de ação para preservar a norma fundamental". Enfim, termina:

"As Cortes Constitucionais, misto de órgão político-jurídico, constituem, sem dúvida, o melhor meio possível para harmonizar o respeito às normas e aos princípios com o atendimento aos reclamos de uma sociedade em constante e cada vez mais acentuada mutação".

Anna Cândida da Cunha Ferraz

Mestre, doutora e Livre-Docente em Direito do Estado pela Faculdade de Direito da USP, onde lecionou até 2002, quando se aposentou na condição de Professora Associada. Procuradora do Estado de São Paulo, ocupou, entre 1975 e 1979, o cargo de Procuradora Geral do Estado. Professora Titular do Centro Universitário FIEO. Autora de livros e artigos jurídicos publicados em revistas nacionais e estrangeiras. Membro de várias academias e instituições de Direito: Academia Paulista de Direito, Academia Paulista de Letras Jurídicas, Instituto dos Advogados, Instituto Pimenta Bueno Associação Brasileira de Constitucionalistas.

Livros: *Poder Constituinte do Estado-Membro*, dissertação com que conquistou o título de Mestre, sob a orientação do Prof. Manoel Gonçalves Ferreira Filho (São Paulo, Editora Revista dos Tribunais, 1979): *Processos Informais de Mudança da Constituição – Mutações Constitucionais e Mutações Inconstitucionais*, tese com que conquistou o título de Doutora na Faculdade de Direito da USP, sob a orientação do Prof. Manoel Gonçalves Ferreira Filho (1982); *O Poder Congressual de*

Sustar Atos Normativos do Poder Executivos, tese com que conquistou o título de livre-docente da FADUSP (1993).

Fernanda Dias Menezes de Almeida

Possui graduação em Direito pela Universidade de São Paulo (1993) e doutorado em Direito pela Universidade de São Paulo (1999). Professora doutora da Faculdade de Direito da Universidade de São Paulo, ministrando as disciplinas Direito Administrativo e Direito Municipal.

Obras: *Imunidades Parlamentares* (Brasília: Coordenação de Publicações da Câmara dos Deputados, 1982), dissertação com que conquistou o título de Mestre da FADUSP, sob a orientação do Prof. Manoel Gonçalves Ferreira Filho; *Repartição de Competência na Constituição de 1988* (4ª ed., São Paulo, Atlas, 2007), tese de doutoramento na FADUSP, sob a orientação do Prof. Manoel Gonçalves Ferreira Filho.

CAPÍTULO IX
Constitucionalistas da PUC/SP

A Faculdade Paulista de Direito foi fundada em 10 de outubro de 1945, no entanto a data oficial de sua criação é 22 de agosto de 1946, quando foi reconhecida pelo Governo Federal através da sua junção com a Faculdade de Filosofia, Ciências e Letras de São Bento.

Meirelles Teixeira

Sobre José Horácio Meirelles Teixeira, disse o Ministro Domingos Franciulli Netto: "Era de porte alto e austero. De boa compleição física, trajava roupas discretas, um tanto folgadas. Nem estas nem os seus cabelos pretos ligeiramente desalinhados tiravam-lhe a elegância. Fronte larga, olhos penetrantes, mas cansados de tanto estudo, o seu ser, enfim, retratava a personificação do intelectual amadurecido. Humilde, tímido e avesso a cerimônias sociais, tornava-se fluente e combativo, quando o assunto era acerca de Direito, Política ou Sociologia".

Meirelles Teixeira foi o primeiro professor de direito constitucional da Faculdade Paulista de Direito. Foi Procurador do Município de São Paulo, a um tempo em que a Procuradoria do Município de São Paulo era tida como o melhor escritório de advocacia, talvez do Brasil, quando nele militavam juristas como Oswaldo Aranha Bandeira de Mello, seu chefe, Paulo da Campos Filho, Carvalho Pinto e José Horácio Meirelles Teixeira. Este ali proferiu pareceres da mais alta significação em direito administrativo com incursões no direito constitucional. Cada um de seus pareceres, disse Carlos Schmidt de Barras Júnior, "era uma monografia, quase diria um tratado sobre o assunto que ele versava. Daí surgiram os *Problemas das Tarifas dos Serviços Públicos Concedidos* — quem os leu sabe que não se poderia ir além no estudo dessa matéria; *O Estatuto dos Funcionários Públicos e a Autonomia Municipal; O Contrato de Trabalho nas Transferências de Empresas; A Competência Municipal nos Serviços Públicos Concedidos; Separação de Poderes e Direitos Adquiridos na Concessão de Serviços Públicos; O Problema Constitucional Político-Partidário e Eleitoral e O Futuro da Democracia no Brasil; A Irretroatividade das Instituições em Face ao Direito Adquirido e aos Atos Jurídicos Perfeitos, e os seus Estudos de Direito Administrativo*, de que chegou a publicar apenas o primeiro volume".

Curso de Direito Constitucional.[1] Essa obra encerra as aulas de Direito Constitucional, ministradas pelo Prof. José Horácio Meirelles Teixeira aos alunos da Faculdade Paulista de Direito da Pontifícia Universidade Católica de São Paulo, desde a sua fundação até os primeiros anos do decênio de 1960, durante mais de três lustros. Declara o Min. Domingos Franciulli Netto no início da apresentação dessa obra, publicada duas décadas depois da morte do autor. Franciulli Netto informa: "Em mais de uma oportunidade, pedi ao saudoso mestre que publicasse suas notáveis aulas. Ele, contudo, relutava em fazê-lo, pois entendia que as poderia aperfeiçoar. No entanto, o que mais o desencorajava era a remissão, para fins de documentação, dos autores citados, às obras das quais se servira".

Tive acesso às apostilas de suas aulas e constatei que ali estava configurada uma moderna teoria da Constituição, em que havia discussão sobre a eficácia das normas constitucionais que me inspiraram a pesquisa do tema para a elaboração de minha monografia de concurso ao cargo de professor titular da Faculdade de Direito da USP, em 1968.[2] Daí minha observação na Introdução da monografia:

"O tema não tinha sido tratado sistematicamente entre nós antes da 1ª edição desta monografia. Fora suscitado apenas em aula do Prof. José Horácio Meirelles Teixeira (que citamos entre parênteses em diversas passagens da nossa monografia), segundo a formulação de Crisafulli consoante se revê com a publicação do seu *Curso de direito constitucional*, Rio de Janeiro, Forense Universitária, 1991, organizado a partir de apostilas de suas aulas e atualizado pela Profª Maria Garcia".

Algum tempo depois de sua morte, em 12 de dezembro de 1972, aos 65 anos de idade e solteiro, procurei seu irmão Sebastião Meirelles Teixeira, no Banco em que ele era advogado, e solicitei a ele autorização

---

1 Cf. J. H. Meirelles Teixeira, *Curso de Direito Constitucional*, Rio de Janeiro, Forense Universitária, 1991, texto organizado e atualizado por Maria Garcia, Professora de Direito Constitucional da PUC-SP.

2 Cf. José Afonso da Silva, *Aplicabilidade das Normas Constitucionais*, já na 7ª ed., São Paulo, Malheiros, 2008.

para preparar uma edição de um livro a partir das apostilas. Notei, porém, sua dúvida e indecisão, possivelmente por não me conhecer. Retirei-me certo de que não me daria a autorização e não se falou mais no assunto.

Foi muito bom que a Profª Maria Garcia tenha obtido essa autorização porque, com isso, o meio jurídico foi enriquecido com um livro de direito constitucional da mais alta importância.

Celso Bastos

O professor Celso Seixas Ribeiro Bastos morreu na noite de uma quinta-feira (8/5/2003), no hospital Beneficência Portuguesa. Causa da morte: leucemia. Doutor e livre docente em Direito Constitucional pela PUC de São Paulo, ele estudou por dois anos na Universidade de Paris. Foi membro do Conselho de Estudos Jurídicos da Federação do Comércio do Estado de São Paulo e integrou a diretoria da Academia Internacional de Direito e Economia. O ministro do Supremo Tribunal Federal, Gilmar Mendes, disse que "o Brasil perdeu um de seus maiores juristas". Ele costumava se aconselhar com Bastos sobre matérias constitucionais quando era assessor jurídico do governo. Os dois mantinham uma amizade de mais de 15 anos. O Ministro citou duas atuações importantes de Bastos para o Direito Constitucional – as participações para a instituição da Lei nº 9.868, que trata de Ação Direta de Inconstitucionalidade e Ação Declaratória de Constitucionalidade e da Lei nº 9.882, sobre Ação de Descumprimento de Preceito Fundamental.

Celso Bastos foi professor titular de direito constitucional da Faculdade de Direito da Pontifícia Universidade Católica de São Paulo. Deixou-nos a seguinte produção jurídica em direito constitucional, com incursão em outras áreas do direito: Curso de direito constitucional, 1994; Direito público; A Constituição de 1988 e seus problemas, 1998; Curso de direito administrativo; Estudos e pareceres; Dicionário de direito constitucional, 1994; Contratos internacionais (Com Eduardo Amaral Gurgel Kiss), 1990; Curso de direito financeiro e de direito tributário, 1991; Lei complementar, 1985; A Federação no Brasil, 1978; Interpretação e Aplicabilidade das Normas Constitucionais (Com Carlos Ayres Britto), 1982; Reflexões, Estudos e Pareceres de Direito Público, 1984; Comentários à Constituição do Brasil, 9 volumes, (Com Ives Gandra Martins), 2004; Elementos de Direito Constitucional, 1975; Do mandado de segurança, 1978; As Tendências do Direito Público no limiar de um novo milênio (Com André Ramos Tavares), 2000; As Prestadoras de serviços e a contribuição devida ao SESC; *Uma Questão Jurídica e uma Responsabilidade Social* (Com Modesto de Sousa Barros Carvalhosa), 2003; *Brasil Livre: Proposta de Revisão Constitucional* (com Ives Gandra Martins); *Por Uma Nova Federação* (Com Janice Helena Ferreri). *Curso de Direito Financeiro e de Direito Tributário.*

Luiz Alberto David De Araujo

Professor Titular de Direito Constitucional da Faculdade de Direito da Pontifícia Universidade Católica de São Paulo – PUC-SP –, além de coordenador do Curso de Pós-Graduação da Instituição Toledo de Ensino – ITE –, que tem linha de pesquisa voltada para a inclusão das pessoas com deficiência. Publicou as seguintes obras de Direito Constitucional: *Direito Constitucional*, com várias edições; *A Proteção Constitucional das Pessoas Portadoras de Deficiência; A Proteção Constitucional do Transexual; A Proteção Constitucional da Própria Imagem: Pessoa Física, Pessoa Jurídica e Produto; Uma Introdução ao Dualismo Dialógico, ou a Influência da Teoria do Diálogo das Fontes na Teoria do Direito Constitucional.* Com a parceria do Prof. Vidal Serrano Nunes Júnior publicou um *Curso de Direito Constitucional* pela Saraiva que já está na 13ª ed. Publicou, ainda, vários artigos sobre os temas de sua predileção.

Vidal Serrano Nunes Júnior

Possui mestrado em Direito pela Pontifícia Universidade Católica de São Paulo (1995), doutorado em Direito pela Pontifícia Universidade Católica de São Paulo (2000) e livre-docência em Direito pela Pontifícia Universidade Católica de São Paulo. Atualmente é professor assistente-doutor da Pontifícia Universidade Católica de São Paulo, professor doutor do Programa de Pós-graduação *stricto sensu* do Instituto Toledo de Ensino – Bauru, membro do Conselho Universitário da PUC-SP, Presidente do Conselho Diretor do IDEC – Instituto Brasileiro de Defesa do Consumidor e Presidente do Centro Santo Dias de Direitos Humanos da Arquidiocese de São Paulo.

É autor e coautor de diversos livros, com ênfase em Direito Constitucional, atuando principalmente nos seguintes temas: direito do consumidor, direito ambiental, direito da cidadania, direitos humanos, direito de informação e jornalismo e direito constitucional. Publicou as seguintes obras: *Curso de Direito Constitucional*, 14ª ed., São Paulo, Saraiva,

2010 (em parceria com Luiz Alberto Araújo), *Direito e Jornalismo*, 2011, *Manual de Direitos Difusos*, São Paulo, Editora Verbatim, 2009, *Cidadania Social na Constituição de 1988*, São Paulo, Editora Verbatim, 2009, *Mandado de Segurança, Mandado de Injunção,* Habeas Datas, *Ação Civil Pública e Ação Popular*, São Paulo, Verbatim, 2009, *A Proteção Constitucional da Informação e o Direito à Crítica Jornalística*, São Paulo, FDT, 1997, *Os Direitos e Deveres Individuais e Coletivos, da Nacionalidade, dos Direitos Políticos e dos Partidos Políticos, Das Separação de Poderes do Estado,* São Paulo CPC, 1996, *Impeachment como deve ser*, Brasília, Congresso Nacional, 1992.

TÍTULO II
Os Pernambucanos

INTRODUÇÃO

O que dissemos sobre o ensino do Direito Constitucional na Faculdade de Direito de São Paulo pode ser repetido aqui, ou seja, o ensino da disciplina só mais recentemente se destacou. Por isso, também, a doutrina constitucional de origem acadêmica não adquiriu importância senão na segunda metade do séc. XX, ali especialmente com o magistério e a produção científica do Prof. Luiz Pinto Ferreira, como veremos em seguida.

Como se sabe, os cursos jurídicos foram criados em 1827 em São Paulo e Olinda, este depois transferido para Recife. A primeira cadeira em Olinda/Recife, como em São Paulo, abrangia *Direito Natural, Público, Análise da Constituição do Império, Direito das Gentes e Diplomaci*a que continuava no segundo ano acrescida de *Direito Eclesiástico*. Informa Glauco da Veiga que Lourenço José Ribeiro fora nomeado para essa cadeira do segundo ano, mas o Governo mandara-o descer para o primeiro ano, a fim de inaugurar a abertura do Curso Jurídico.[1] Informa também que a cadeira de *Análise da Constituição* ficaria com ele que iniciaria suas aulas em 1829, no segundo ano. O problema é que, em Olinda, havia profunda animosidade contra a Constituição que fora repudiada, repúdio esse que conduziu Frei Caneca à forca. Glauco da Veiga revela essas dificuldades, observando que "a disciplina crítica seria a 'Analise da Constituição do Império', a Carta Constitucional que conduziu Pernambuco a Confederação do Equador", e acrescenta que "Lourenço José Ribeiro teria chamado a si a tormentosa tarefa. De início, pedia no seu Relatório do ano letivo de 1829, autonomia para a 'Análise da Constituição do Império' que passaria à condição de catedrilha. 'Não é possível em um

1 Cf. *História das Ideias da Faculdade de Direito do Recife*, 1º vol., Recife, Universidade Federal de Pernambuco/Editora Universitária, 1980, p. 253.

só ano letivo se analisar toda a Constituição, se leia ainda o Direito das Gentes e a Diplomacia' ia reclamando e protestando. Só a 'Análise', como sumariamente no jargão escolar começou a ser chamada a disciplina, absorveria o tempo do professor. Em quatro meses, desalentado Lourenço Ribeiro, 'cingindo-me ao essencial' chegou tão só ao art. 94. Eis porque – 'pior ainda será quando estiverem feitas todas as Leis Regulamentares de que se deve dar também uma breve notícia' – imperativa a autonomia da 'Análise', deve-se criar uma nova cadeira somente para esta trabalhosa matéria'. A 'Análise' não era trabalhosa, senão, espinhosa, também".[2]

Esses conflitos em torno da Constituição atrasaram, certamente, o começo do ensino do Direito Constitucional em Olinda, ainda que tenha sido em Pernambuco que se tentou elaborar uma teoria da *Constituição-Documento*, já em 1817, dez anos antes, portanto, da criação dos Cursos Jurídicos.[3]

2 Idem, p. 254.

3 Toda essa história está contada em Gláuco da Veiga, ob. cit., pp. 277 e ss.

CAPÍTULO I
Lourenço José Ribeiro

Foi o primeiro professor de Direito Constitucional no curso jurídico de Olinda/Recife. Teria existido, na Biblioteca Nacional, um manuscrito registrado no Catálogo da Exposição de 1880, de autoria de Lourenço José Ribeiro, sob título: "Análise da Constituição Política do Império", hoje extraviado:[1] *Análise da Constituição Política do Império*, lições professadas por Lourenço José Ribeiro, que, aliás, não tiveram publicações em volume, mas foram lidas em aula e inseridas em periódicos, exercendo grande influência, tanto entre discípulos, como na sociedade pernambucana.

Essas lições devem ter sido proferidas em 1829, porque, em 1828, mais provavelmente, teria o professor lecionado *Direito Natural*. A data que se encontra no Catálogo da Exposição de História da Biblioteca Nacional, 1827, não é verdadeira, segundo Clóvis Bevilaqua.[2] Em 1832, nomeado Secretário do Supremo Tribunal de Justiça, Lourenço José Ribeiro, deixou suas funções de professor e se transferiu para o Rio de Janeiro.

---

1 Cf. Gláucio Veiga, *História das Ideias da Faculdade de Direito do Recife*, cit., p. 255

2 Cf. *História da Faculdade de Direito do Recife*, 304

CAPÍTULO II
Braz Florentino Henrique de Sousa

Nasceu em 5.1.1825, na cidade da Paraíba do Norte. Formou-se em 1850 na FD/Recife, doutorou-se em 1851. Lente Substituto em 1855. Catedrático de Direito Público e Constitucional, em 1858. Transferido, em 1860, a seu pedido, para a Cadeira de Direito Civil. Faleceu em 29.3.1870, quando era Governador da Província do Maranhão. Em Direito Constitucional, publicou *O Poder Moderador*, Recife, 1864. "O *poder moderador* é trabalho, sem contestação, mais erudito e mais lógico, como aplicação dos princípios e como desenvolvimento da tese da Constituição monárquica, do que o livro de Zacarias, *Da natureza e limites do poder moderador*".[1] Sobre o livro, Clóvis Beviláqua acrescenta:

"O poder moderador era um enxerto do absolutismo, introduzido na carta constitucional, que nos outorgara Pedro I. Mas era preciso estudá-lo na sua essência e no seu funcionamento, segundo estava organizado. Foi o que fez Braz Florentino, numa análise demorada, rigorosa, e tão abundantemente documentada com a lição dos mestres estrangeiros, que o leitor de hoje, filho de outra geração, e saturado de outra concepção do mecanismo governamental, lamenta ver sacrificado tamanho esforço mental, a assunto assim mesquinho, por sua transitoriedade.

"A explanação da matéria é mais ampla possível: a refutação das doutrinas de Zacarias nada deixa a desejar; e o conhecimento da literatura francesa do Direito constitucional é completa. Como a criação do poder moderador é francesa, de Benjamim Constant, Lanjuinais e Clermont Tonnerre, importa dizer: quanto se escreveu sobre a matéria foi chamado à colação.

"O livro é oferecido a Pedro II. Conta-se que o Visconde de Bom Retiro estava a ler a lista dos lentes, que, por motivo da reforma das faculdades de Direito, deviam ser nomeados sem concurso (1855), o im-

1 Cf. ob. cit., p. 323.

perador interrompera o ministro, perguntando: e o Bráz? - Está na lista, mais abaixo, assegurou o visconde. O oferecimento do livro, que trata das prerrogativas especiais do monarca, deve ser interpretado como um movimento de gratidão, e como a demonstração de que o imperante não errara, considerando-o em condições de professar em uma das faculdades do país".[2]

A diferença fundamental entre o livro de Braz Florentino e o de Zacarias de Góes está no fato de que este se opôs ao Poder Moderador, enquanto aquele o defendeu tal como se encontrava disciplinado na Constituição, tanto que o livro foi dedicado ao Imperador, a quem ele devia gentilezas. Braz Florentino escreveu o livro exatamente para contestar os debates em defesa da responsabilidade dos Ministros pelos atos do Poder Moderador, em que ele via grave comprometimento da causa da verdadeira monarquia, da monarquia real.[3] Começa o livro sustentando a necessidade e a importância política do Poder Moderador. Para tanto, procurou desqualificar o sistema de governo dos três poderes, derivado de Montesquieu. Segundo ele o Poder Moderador realizava o princípio de que um governo só é possível com a condição de que os poderes sociais sejam unidos, e marchem harmoniosamente. Pois, quem não reconheceria no Poder Moderador, proclamado pela Constituição, o ponto de reunião, o centro harmonizador, encarregado de velar sobre todos os poderes, capaz de contê-los na órbita de suas funções e de formar deles um todo harmonioso?[4]

Conclui, enfim, que a teoria do Poder Moderador, adotada pela Constituição imperial, é a expressão de uma grande necessidade governativa, como um elemento indispensável de ordem e de verdadeira liberdade, e como a mola principal nos governos monárquicos, constitucionais e representativos.[5] Depois de firmar a necessidade e a importância do Poder Moderador, Braz Florentino discute a posição do Imperador como órgão do Poder Moderador, assim como a inviolabilidade de sua pessoa, passa às atribuições do Poder Moderador, a partir de um capítulo genérico, em que afirma que essas atribuições consideradas em seu conjunto e de

2 Cf. Clóvis Bevilaqua, ob. cit., p. 323.

3 Cf. Braz Florentino Henriques de Souza, *Do Poder Moderador, ensaio de Direito Constitucional,* contendo a análise do Tít. V, cap. I da Constituição Política do Império do Brasil, Recife, Tipografia Universal, 1864, Prefácio, p. XII. Há uma edição mais recente do Senado Federal de 1978 (v. 7 da Coleção Bernardo Pereira de Vasconcelos).

4 Idem, ibidem, pp. 12s.

5 Idem, ibidem, p. 10.

modo abstrato, são por assim dizer suas propriedades naturais, seus elementos constitutivos, mas consideradas em separado, cada uma de per si no terreno concreto, pode-se dizer que são os *direitos* ou faculdades de que o órgão desse mesmo poder deve lançar mão, como de outros tantos meios para chegar ao fim que lhe foi assinada pela Constituição.[6] Depois disso, faz análise percuciente de cada uma das atribuições, conforme estatuídas na Constituição. O livro contrapõe-se ao de Zacarias de Góes que é amplamente citado e contestado em seu texto, especialmente nos capítulos sobre a irresponsabilidade absoluta do Poder Moderador (Caps. XIV e XV).

O livro está bem realizado, a despeito de seu tom polêmico, e é imprescindível a quem deseje aprofundar os conhecimentos sobre essa instituição imperial, que, por certo, teve um papel relevante na formulação da unidade nacional.

6 Idem, ibidem, p. 79.

CAPÍTULO III
Zacarias de Góis e Vasconcelos

Nasceu na cidade de Valença, província da Bahia, em 5 de novembro de 1815. Fez parte da elite política à qual coube traçar os rumos do país durante a existência do Império do Brasil. Foi deputado, presidente de província, ministro de Estado, chefe de gabinete e conselheiro. Redigiu um livro intitulado *Da natureza e limites do Poder Moderador*, considerado um "livro clássico da escola liberal". Efetuou sua formação acadêmica no Curso Jurídico de Olinda e nele graduou-se em 1837. Aos 25 anos, doutorou-se em direito pela mesma academia. Foi professor de 1855 a 1856. Não permaneceu muito tempo na carreira acadêmica, porém essa atividade docente marcou sua vida visto que fazia constantes referências a ela em seus discursos e, além disso, participou ativamente do projeto de reforma dos cursos jurídicos em 1853 e 1854, na Câmara dos Deputados. Em 1851, Góis e Vasconcellos defendeu a intervenção do Estado na organização do ensino, tanto nas escolas superiores oficiais quanto nos particulares. Iniciou sua vida política em 1843 como deputado provincial pela Bahia. Foi reeleito em 1845 e 1847. Nesse ínterim foi convidado a presidir a província do Piauí (1845-1847), onde se destacou como administrador. Entre abril de 1848 e dezembro de 1849 presidiu a província de Sergipe, mas seu governo não foi tão bem-sucedido como na sua estreia. A partir de 1850 teve início a sua projeção no cenário nacional. Em maio de 1852, o Ministro do Império Francisco Gonçalves Martins, Barão de São Lourenço, indicou Zacarias para ocupar a pasta da Marinha na qual se revelou um hábil administrador. Em 1853, foi nomeado presidente da província do Paraná e nela criou a infraestrutura necessária ao seu desenvolvimento. Era favorável à obrigatoriedade da instrução primária. De 1867 a 1872, presidiu a Sociedade Propagadora das Belas-Artes do Rio de Janeiro, que mantinha o Liceu de Artes e Ofícios do Rio de Janeiro, um estabelecimento que oferecia ensino profissional à classe trabalhadora. Faleceu em 27 de dezembro de 1877. Para o estudo de seu pensamento é essencial a leitura do *Relatório do Presidente da Província do Paraná na abertura da Assembleia Legislativa Provincial em 15 de julho de 1854*. É inevitável uma consulta à seleção dos *Discursos parlamentares*, efetuada por Alberto Venâncio Filho bem como os documentos que foram reunidos e organizados por Cecília Helena de Salles Oliveira com o título de *Zacarias de Góis e Vasconcelos*.

CAPÍTULO IV
Pedro Autran

Pedro Autran da Matta de Albuquerque nasceu em Salvador da Bahia a 1º.2.1805, formou-se em Aix, na França, em 1822 e morreu em 31 de outubro de 1881 no Rio de Janeiro.[1] Foi Lente da 2ª Cadeira do 5º ano da Faculdade de Olinda/Recife; foi do Conselho do Imperador D. Pedro II e Cavaleiro da Ordem de Cristo e da Rosa.[2] Lente substituto em 1828 e Lente titular em 1830.[3]

Deixou obras de economia política, direito natural, direito das gentes e *Elementos de Direito Público,*[4] cuja primeira edição é de 1849. Seu filho Manoel Godofredo de Alencastro Autran publicou, em 1882, outra edição sob o título de *Direito Público Positivo Brasileiro*, "Melhorado pelo autor e anotado para uso das escolas e instrução popular". Godofredo Autran esclarece em "Advertência":

"Tendo feito uns ligeiros comentários à *Constituição Política do Império*, onde por mais de uma vez cito em abono de minha opinião, e para maior esclarecimento do leitor, o *Direito Público Positivo Brasileiro* de meu pai, obra publicada no ano de 1849, e já esgotada, entendi prestar um serviço valioso aos que se dedicam ao estudo do nosso *direito constitucional*, proporcionando-lhes um trabalho mais completo.

---

1 Cf. Pinto Ferreira, *História da Faculdade de Direito do Recife*, t. I, Recife, Universidade Federal de Pernambuco, Editora Universitária, 1980, p. 99. Aqui conta: Pedro Autran da *Mota* de Albuquerque, mas nos livros de que ele é autor o nome é Pedro Autran da *Matta* de Albuquerque.

2 Essa informação consta de sua qualificação como autor do livro *Elemento de Direito Público Universal*, nova edição, Recife, Guimães & Oliveira, 1960.

3 Cf. Glauco da Veiga, *História das Ideias da Faculdade de Direito de Recife*, IV vol., Recife, Universidade Federal de Pernambuco/Editora Universitária, 1984, p. 287.

4 Cf. *Elementos de Direito Público Universal*, Pernambuco, Typ. Imparcial, 1949.

"Nesse intuito propus-me, após as correções feitas por meu pai no texto da referida obra, dar em notas adicionais aos seus parágrafos maior desenvolvimento à matéria, sem me tornar prolixo, e esforçando-me por imitá-lo na concisão da frase e uniformidade de ideais."

Há algo a esclarecer, porque nessa edição de 1849 o livro traz o título *Elementos de Direito Público*, Parte Segunda *Direito Público Positivo Brasileiro*. A edição de Godofredo Autran é só desta segunda parte, sem mencionar a primeira. Em 1857, Pedro Autran publica *Elementos de Direito Público Universal*,[5] muito diferente e muito mais completo do que aquele *Direito Público Positivo Brasileiro*. Temos em mãos a edição de 1860, de que daremos notícias pormenorizadas à frente.

Pinto Ferreira faz menção a uma *Filosofia do Direito Público* de Pedro Autran, publicada em 1881.[6] Não conseguimos localizá-la.

O livro de 1849, como visto é *Elementos de Direito Público*, Parte Segunda *Direito Público Positivo Brasileiro*, portanto é livro que se refere ao conteúdo da Constituição Política do Império. Começa esclarecendo que "[o] direito público funda-se ou nos princípios filosóficos que dimanam da mesma noção e do mesmo fim de todo o Estado, *direito público universal*, ou nas leis constitucionais e nos usos adotados por cada Estado, *direito público* positivo e particular. Cada povo tem o seu direito público próprio, que compreende as regras do governo, ou o modo porque se exerce o poder soberano".[7] Aqui temos com precisão aquilo que hoje se conhece como *Direito Constitucional Geral* e *Direito Constitucional Positivo* ou *Particular* de cada Estado.

Observa em seguida que não há poder ilimitado, mesmo as monarquias "mais absolutas" não podem tudo. Para chegar-se ao conceito de constituição, diz que em todas as nações há certas regras, que dominam o mesmo soberano, mas essas regras ou são confusas, incertas, variáveis, e até contraditórias; ou são claras, certas, permanentes, e concordes com os princípios do justo e as legítimas precisões da sociedade, e formam um todo bem ordenado, que dirige os governantes e governados, determinando os direitos e deveres de cada um. Assim, o complexo das regras, segundo as quais um povo deve ser governado, chama-se *constituição* ou *lei fundamental* do Estado. Acrescenta que todo Estado tem a sua

5 A informação é de Glauco da Veiga, ob. cit., p. 290.

6 Cf. ob. cit., p. 99.

7 Cf. *Direito Público Positivo Brasileiro*, Rio de Janeiro, Laemmert, 1882, §1º, p. 9, edição sob os cuidados e anotações de Godofredo Autran, filho do autor. Vamos utilizar essa edição que está mais conservada do que a de 1949 e porque os textos são idênticos.

constituição, mas nem toda constituição é *escrita* (§§2º, 3º e 4º). "A escritura dá ao direito fundamental do Estado uma forma mais precisa, e é por conseguinte uma garantia mais eficaz dos princípios, que regem o governo da sociedade. A forma consuetudinária pelo contrário dá ao imperante a faculdade, não só de interpretar ou aumentar os princípios do governo, como de os desprezar; porque estes princípios não estão documentados autenticamente" (§5º). Aqui está sintetizada a teoria da constituição escrita e sua razão de ser. Conclui:

"O nosso direito político é escrito, porque temos a *Constituição do Império*. Nela se determina a forma de governo, a organização dos poderes políticos, suas atribuições e as garantias dos direitos dos cidadãos" (§7º).

Aqui termina a parte introdutória e daí por diante passa ele a expor o direito constitucional do Império com base na respectiva Constituição, começando, no capítulo I, com a forma de governo, como "monarquia hereditária representativa ou uma *monarquia constitucional*, quer dizer monarquia com uma constituição reguladora dos poderes; mas estabelecendo a nossa constituição o governo representativo, é mais exato dizer: *monarquia representativa*" (§8º). Para ele, o *princípio monárquico* é o fundamento da segurança, e o *princípio representativo* o fundamento do progresso. Esses dois princípios estão combinados na forma de governo estabelecido pela Constituição (§10). Discorre sobre as vantagens da monarquia hereditária e passa, no Cap. II, ao Imperador, príncipes etc., e, no Cap. III, trata da origem dos poderes políticos, sua organização e suas funções. "A origem de todos os poderes sociais é a soberania nacional, que resume a *vontade* e a *ação* da universalidade dos cidadãos acerca dos meios de se conseguir o fim do estado. A soberania é indivisível na sua natureza. Mas nos estados de certa extensão não é possível, e, ainda mesmo nos mais pequenos, muitas vezes não convém que o povo todo *delibere* e *obre*; por isso as funções que constituem o exercício do poder supremo são confiadas a vários membros da associação política ou a um só" (§28). Aí está, em síntese, a teoria da representação política. Corretamente, entende que o princípio fundamental da Constituição do Império era a *soberania* da Nação, a soberania nacional, não a soberania popular. Condena concentração de poderes, porque conduz ao *despotismo* e porque toda forma simples de governo, que confunde os poderes em uma só pessoa, é, a menos apropriada à natureza da sociedade, pois, a "democracia, a aristocracia e a monarquia puras são formas simples, e por conseguintes viciosas. Portanto, a melhor forma de governo será sempre a que separar os poderes, confiando-os a órgãos diferentes, e assegurar o exercício livre de sua ação legítima e a harmonia em suas relações" (§30). Aí os fundamentos da teoria da divisão de poderes que ele passa a expor em sequência. Depois, trata do *poder legislativo* (divisão da Assembleia Geral em Câmara dos Deputados e Senado; inviolabilidade dos senadores e deputados; subsídios; sessões das câmaras, sua simultaneidade e publicidade; depois, das leis, sua formação, sanção, promulgação e publicação; discorre sobre a forma material da lei e sua interpretação). Abre um tópico para o *poder moderador* com a observação de que não basta separar os poderes, é necessário também manter a independência e a harmonia em suas relações, para o que a Constituição criou um poder especial – o *moderador* – delegado privativamente ao Imperador (§78). O autor não faz juízo de valor do poder moderador. Limitou-se a expor objetivamente o conteúdo da Constituição sobre a instituição. Em seguida, vem o *poder executivo* que o autor tem como a força motriz das sociedades políticas, "e representa nesses corpos morais essa potência misteriosa do homem que reúne a ação à vontade" (§81). Mas acrescenta importante observação:

"A constituição do poder executivo é a principal e talvez a única dificuldade de todos os sistemas de governo, pois é necessário combinar a eficácia deste poder com a restrição que lhe deve ser imposta. Porque, se ele excede certos limites, então ameaça à liberdade, e pode até pôr em perigo a mesma constituição do estado, e, se é destituído das prerrogativas, que constituem a sua força, deixa de preencher o seu fim" (§82). Discorre amplamente sobre os Ministros de Estado, como "agentes do poder executivo, porque o Imperador não o pode exercer por si mesmo" (§86). Não faz referência ao Presidente do Conselho de Ministros que, àquela altura (1849), já tinha sido criado (1847). Por isso também não faz referência ao sistema de governo, para entendê-lo como parlamentarista, como alguns querem que o tenha sido. Faz referência ao Conselho de Estado que considera instituição útil. Passa, enfim, ao *poder judiciário*, de que cuida nos §§101 a 109, sem qualquer destaque para o Supremo Tribunal de Justiça, antecessor do atual Supremo Tribunal Federal.

No Cap. IV, trata da administração das províncias, com boas observações sobre a administração pública em geral e sobre o poder administrativo exercido em toda a província pelos Ministros, e nas províncias por meio dos presidentes, "que são canais por onde se distribui às diferentes divisões do território a administração central" (§11). No Cap. V, discorre sobre as câmaras municipais e as assembleias provinciais. No Cap. VI cuida dos cidadãos brasileiros. No Cap. VII, expõe os *direitos políticos*, considerados "os que são reservados aos membros do estado que reúnem as condições determinadas pelo direito político. Estes direitos, pois, distinguem-se dos *naturais*, que competem a todos os homens, sem distinção de idade, de sexo e de capacidade" (§126) e "se reduzem *ao exercício legítimo de suas faculdades físicas e morais*. O fim da sociedade civil é protegê-los, e os direitos políticos são os meios de conseguir este fim" (§127). É um pensamento que merece consideração. Sua definição de direitos políticos é correta e pode ser aceita ainda hoje:

"Os direitos políticos consistem em poder votar e ser votado para os cargos eletivos, e poder exercer certas funções públicas, ainda que estas não dependam de eleição" (§28, a exposição da matéria continua até o §132).

No Cap. VIII, cuida das garantias dos direitos dos cidadãos brasileiros, a partir da premissa, por ele posta, de que *todos os homens podem legitimamente exigir da sociedade, em que vivem, que lhes seja garantida a sua liberdade individual, a sua segurança e a sua propriedade* (§133). Seu conceito de liberdade era o que vinha da Declaração francesa dos Direitos do Homem e do Cidadão, ou seja, consiste a *liberdade* em não se poder obrigar o cidadão a fazer ou deixar de fazer alguma coisa, senão em virtude de uma lei fundada em utilidade pública, mas o legislador não pode estatuir, sem ofender a liberdade do cidadão, por lei retroativa, isto é, que os fatos jurídicos já consumados sejam tidos por nulos, ou injustos, em virtude de uma lei posterior (§134). Soube ele tirar das regras da Constituição do Império conceituações adequadas. Depois de breve consideração geral, assim formulada, passa a examinar os direitos assegurados na Constituição (§§135 a 144).

O livro termina com o Cap. IX sobre *os meios de reformar a Constituição*. Pois, diz ele com propriedade: "Por mais acomodada que seja a constituição de um povo às suas circunstâncias, é inegável que, mudadas estas na sucessão dos tempos, se deve proceder às reformas, que as novas circunstâncias exigirem; e, para que estas reformas se façam por modo regular, sem infração da mesma constituição, é necessário que ela não só determine quem as deve fazer, como a maneira por que deverão ser feitas. A este respeito foi assaz providente a nossa Constituição".

Elementos de Direito Público Universal.[8] Esta é uma obra diferente da anterior que era, como visto, de *Direito Público Positivo Brasileiro* que, por isso mesmo, se prendia à análise do conteúdo da Constituição Política do Império, de que se fez boa e expressiva síntese. Os *Elementos de Direito Público Universal* são de outra natureza. Pode-se dizer que

8 Pedro Autran da Matta Albuquerque, *Elementos de Direito Público Universal*, nova edição, corrigida e aumentada, Recife, Guimarães & Oliveira, 1860.

se trata daquilo que modernamente se chama de *Direito Constitucional Geral* ou de *Teoria Geral do Direito Constitucional*. O autor assim o conceitua:

"A ciência que deduz da natureza e do fim do Estado a melhor organização dos poderes públicos, como meio de assegurar o império da justiça no seio da sociedade, e que determina os direitos e deveres do Estado para com o cidadão, e deste para com o Estado, denomina-se *direito público universal*, e se poderia chamar *filosofia da ordem social*. Esta ciência serve para orientar o Estadista, e é o fundamento da verdadeira política" (§1º).

O livro está dividido em duas partes. A primeira cuida basicamente da *teoria do Estado* (conceito, fins, fundamentos), da teoria do poder social, considerado como o direito da sociedade de escolher e empregar os meios necessários para conseguir o seu fim, assim como de suas limitações, sua organização que envolve o direito de legislar (poder legislativo), o direito de executar (poder executivo) e direito de julgar (poder judiciário). Não menciona o poder moderador. Trata amplamente da eleição como princípio gerador e renovador do órgão do poder legislativo. Depois passa ao poder judiciário e sua divisão. Reserva o Cap. IV para a teoria da harmonia dos poderes organizados. Segue uma discussão sobre as formas de governo à moda antiga, concebidas como diversidade das constituições do Estado: *democracia, aristocracia* e *a monarquia*. "O caráter essencial da *democracia* [diz ele] é que o poder legislativo, dividido igualmente por todos os cidadãos capazes de votar, e livres de dependências pessoais, seja exercido quer por unanimidade, quer por maioria de votos. O Estado é democrático, quando há um sistema de representação *eletiva*, contanto que a maior parte do povo eleja os seus representantes e seja elegível" (§39). Essa concepção, para 1860, é bastante adiantada. "Quando a qualidade de cidadão ativo (de eleitor ou elegível) está ligada a certos requisitos, quer de fortuna, quer de nascimento, que se não dão senão num pequeno número de indivíduos ou de famílias, então o Estado é *aristocrático*; o qual pode ser *eletivo*, ou *hereditário*, se o nascimento supre a eleição" (§39). Isso, em boa parte, se aplica ao Império sob o qual o livro foi escrito. "Enfim, o Estado é monárquico, se o poder legislativo e o executivo são exercidos por uma pessoa física. A monarquia pode também ser *eletiva* ou *hereditária*" (idem). Esse conceito não se aplica à monarquia imperial que vigorava no Brasil, porque o Imperador não concentrava em sua pessoa o poder legislativo e o executivo, porque o legislativo era exercido pela Assembleia Geral composta de Câmara dos

Deputados e de Senado. Na sua concepção, o sistema brasileiro de então se enquadrava na *forma mista de governo*:

"O governo é misto, quando o exercício do poder legislativo é distribuído por um monarca e uma assembleia de notáveis ou popular; ou por um monarca e uma assembleia composta de duas câmaras, sendo uma de notáveis [Senado] e outra popular [Câmara dos Deputados]", como era o caso do Império brasileiro. Ele não se pronunciou, especificamente, por esta forma mista de governo, como era comum nos doutrinadores daqueles tempos. Pronunciou-se, sim, pela monarquia constitucional, como síntese das três formas anteriormente referidas: "Se a monarquia pura é a unidade e a ordem na sociedade; se os conselhos de uma aristocracia ilustrada oferecem a sabedoria da discussão, e o acerto das decisões; se a democracia é animada do espírito de igualdade, de liberdade, e de economia; não se poderá conceber uma forma de governo, que reúna todas as vantagens das formas simples sem nenhum dos seus inconvenientes? Pode-se, e esta concepção está realizada pela monarquia constitucional, cuja teoria passo a expor" (§41). E o faz nos §§42-44.

No Cap. VII faz breve teoria da Constituição:

"A lei fundamental do Estado determina a forma e a constituição do Estado, isto é, em que mãos é colocado o exercício do poder social, quais as condições deste exercício, e o modo de se observarem estas condições. Esta lei também se chama constituição política. Mas esta pode fundar-se ou nos usos do povo, ou em princípios claramente; e daqui a distinção das constituições em *consuetudinárias* e *escritas*. A superioridade destas sobre as outras é de primeira intuição, porque a escritura é a melhor expressão do acordo entre os homens, e por certo que os direitos de quem governa e do povo nunca são bem definidos, senão quando escritos" (§45). Aí está nesta parte final a concepção contratualista adotada pelo autor na sua teoria da constituição escrita.

No Cap. IX cuida da *lei civil*, assim mencionada em contraposição da *lei natural* que é também de sua concepção. Cuida da interpretação, revogação e derrogação da lei, nos mesmos termos apresentados no seu Direito Público Positivo. Acrescentou, porém, considerações sobre a *pena* e o *direito de punir* (§§56-64), sobre os *regulamentos*, as *sentenças* e *graus de jurisdição*; ainda nesse capítulo, desenvolve originais considerações sobre os *impostos* (§§68-75). Considera o imposto como um *valor tirado aos particulares para empregá-los no bem público*: é, pois, para eles um *dano*, cuja compensação está na parte do bem público que lhes toca. Indica, porém, outras condições que a lei da justiça requer para toda a imposição, como o *princípio da igualdade*, mas adverte com observação notável para a época: "A igualdade absoluta do imposto seria uma desigualdade incomportável. Logo quem tiver maior fortuna deve contribuir em maior proporção para as despesas do Estado". Daí passa a discutir a regra da proporcionalidade do imposto, mas vai adiante porque se pronuncia a favor do *imposto progressivo*, rebatendo objeções sobre ele (§§73-75). Inclui também neste capítulo considerações sobre a Força Armada e a polícia (§§76-78).

A segunda parte do livro é dedicada aos *direitos do cidadão*, com a importante declaração inicial de que o Estado é meio para a realização dos direitos que se derivam da natureza humana, que não se perde pelo fato da vida social, que é a liberdade que necessita de proteção. O homem é *pessoa*, e posto que destinado a viver em sociedade, deve ser contado com a sua vontade livre e racional; não pode ser esbulhado de seus *direitos naturais*, que se reduzem a um só – *direito de liberdade*, mas desse direito mais adiante ele deduz o *direito à igualdade* (§§124 e 126), a partir daí passa a discutir as várias espécies de liberdade: a) liberdade religiosa, de crença e culto, associações e sociedades religiosas; importante nesse aspecto é sua declaração de que o Estado deve proteção igual a todas as religiões, a todos os cultos, pelo que os ministros de todos eles devem ser pagos pelo Estado (§§87 e 88); a importância está no fato de que a religião católica era a oficial do Império, as demais eram apenas toleradas, de sorte que só os ministros católicos recebiam estipêndios estatais; b) *liberdade intelectual,* que, na sua concepção, consiste em manifestar o pensamento por palavras ou por escrito, incluindo o direito de ensinar e doutrinar, na liberdade epistolar, na liberdade de imprensa; c) *liberdade artística*, direito à manifestação do belo: "Todo indivíduo tem, pois, o direito de revelar aos outros o belo sob a forma que o seu espírito concebeu", mas essa manifestação distingue, segundo ele, do abuso que se faz da arte para exprimir o que ofende a ordem moral, social e religiosa (§99); d) *liberdade de locomoção* que, segundo ele, "consiste em poder o homem mover-se de um para outro lugar, e transportar a sua pessoa para onde lhe aprouver. Do direito que tem o homem de procurar as condições mais favoráveis à sua prosperidade, resulta necessariamente o de permanecer num lugar ou sair dele, se lhe convier", direito a que se opõe a prisão injusta, as dificuldades artificiais ao trânsito livre do cidadão em todo o território nacional, a proibição de emigrar. Mas ele não indicou o remédio de proteção desse direito que é o *habeas corpus*, não consignado na Constituição do Império, mas previsto no Código de Processo Criminal; e) *liberdade de indústria*, na qual ele inclui o direito de manufatura, a liberdade de trabalho; interessante que aí também ele fala na "liberdade do obreiro", incluindo sua proteção pelo Estado para que ela não seja lesada pelos patrões. "Essa restrição à liberdade de contratar funda-se na justa proteção que o Estado deve à classe mais numerosa da sociedade, como a dos obreiros [*operários*], que não só é menos instruída, como depende dos empresários de indústria, que podem abusar de sua posição para impor condições pesadas aos trabalhadores" (§104); isso, em 1860, era simplesmente revolucionário, mas ele também cuida dos *salários*, que devem ser fixados segundo o princípio da liberdade das convenções; admite que o empreendedor de indústria "abuse da influência que lhe dão os seus capitais", mas entende que "este abuso é menos prejudicial do que o Estado ou a autoridade pública se arrogasse o direito de marcar o salário", porque isso seria favorecer uma das partes da convenção (§105), sabido que hoje essa intromissão não é só possível, mas recomendável, mediante a fixação do salário mínimo; também não admite a possibilidade de a autoridade pública fixar o tempo da jornada do trabalho (§106), o que era normal então; nessa liberdade também ele inclui a independência da indústria, não admitindo intervenção direta no domínio industrial: "O Estado, ou o poder público que o representa, não pode intervir *diretamente* na indústria sem ofender o princípio da *liberdade;* mas pode-o fazer *indireta* e *beneficamente,* removendo os obstáculos, materiais ou morais, ao progresso industrial" (§§107 e 108), mas o Estado tem o direito de fixar as condições do exercício das indústrias perigosas, insalubres ou incômodas, e vigiar que por nenhum modo sejam ofendidos no exercício de qualquer indústria os princípios da justiça e da moral" etc. Tudo isso, na época, era novidade; f) *direito de reunião e de associação*; essas liberdades são tratadas com visão bem liberal, não fugindo muito do que se tem hoje; g) *propriedade* (§§114 a 122), distingue entre domínio e propriedade. O domínio é o direito de usar e dispor de uma coisa; a *propriedade* é a coisa que faz objeto do domínio. Faz um aceno à propriedade social, mas sustenta a bondade de propriedade individual, ainda que admita sua limitação pelo social, e trata também da possibilidade de o Estado regular o uso da propriedade, assim como da desapropriação, pois o direito do proprietário não é o de usar da coisa como lhe aprouver, mas conforme as leis; "não está inibido o legislador de regular de modo que a propriedade imóvel não se concentre em poucas mãos, e não venha a ser inacessível à maioria; porque ao Estado interessa que esta espécie de propriedade se distribua convenientemente" (§121).

O Cap. IX da segunda parte é dedicado à correlação da igualdade civil e da liberdade civil. Para ele, a *igualdade* de direito consiste no respeito de todos à sua liberdade, "a lei é igual para todos, quando a todos permite o livre exercício de suas faculdades, e não cria restrições para uns em proveito de outros. A lei não pode fazer com que todos tenham direitos iguais, mas pode ser igual não fazendo acepção de pessoas, quando se trata de exercício da liberdade" (§125). No Cap. X trata ele do direito de segurança que "é o estado em que o indivíduo não receia lesão dos seus direitos". "O fim do Estado é o império da justiça: logo todo o cidadão tem direito à segurança pela proteção social aos seus direitos individuais" (§127), proteção que se estende tanto à pessoa como a seus bens. "Não basta que as leis sejam justas, assegurando a cada um o desenvolvimento, que as necessidades da sua natureza requerem; é também mister que todo o indivíduo possa defender seus direitos para conservar a sua liberdade, e tenha por conseguintes recursos contra toda a espécie de violência ou injustiça, que no seio da sociedade civil o ferir. O complexo destes recursos constitui as *garantias civis individuais*" (§130), ele enumera diversos desses recursos no §131, inclusive o *habeas corpus*.

Estendemos bastante na consideração da obra de Pedro Autran, porque sua qualidade, para aqueles tempos, nos surpreendeu agradavelmente e porque nos pareceu justo apresentar ao leitor uma síntese que mostrasse essa qualidade. Sempre dissemos que Pimenta Bueno foi o melhor constitucionalista do Império. Continuamos a afirmá-lo no que tange ao direito constitucional positivo, mas, no que tange à teoria geral do direito constitucional, esta obra do mestre pernambucano por certo o supera. Resta um confronto com a *Filosofia do Direito Constitucional* de Avelar Brotero, a que já fizemos referência, para saber qual é a melhor. A obra de Pedro Autran é mais bem organizada e mais completa, mas a obra de Brotero a antecede de cerca de vinte anos e talvez apresente um conteúdo mais voltado para a democracia. As duas obras, para aqueles tempos, são magníficas.

CAPÍTULO V

José Soriano de Sousa

Nasceu, na Paraíba, em 15.9.1833 e faleceu em Recife em 12.8.1895. Formou-se em medicina pela Faculdade do Rio de Janeiro, e em filosofia pela Universidade de Louvain. Nomeado lente de Direito Constitucional, tomou posse em 12.3.1891. Obra: *Apontamentos de Direito Constitucional* (Recife, 1883) e *Princípios Gerais de Direito Público e Constitucional* (Recife, 1893).

"Do jurista, direi que os seus estudos de Direito constitucional, sobretudo os *Princípios gerais de Direito público e constitucional*, são de valor didático muito apreciável, pela clareza e segurança da doutrina, que é, em matéria constitucional, de excelente cunho. Assimilou, muito inteligentemente, o constitucionalismo americano, e, sobre esta base, construiu o seu sistema, tendo em vista a nossa organização republicana. E, numa época em que se estavam assimilando ainda as novas doutrinas constitucionais, ele apresentou um Projeto de Constituição para o Estado de Pernambuco, e um compêndio de ideias assentadas, que mereceram o aplauso dos competentes".[1]

Compulsamos os *Princípios Gerais de Direito Público e Constitucional* de Soriano de Sousa e podemos concordar com essa apreciação de Clóvis Bevilacqua. O livro está dividido em duas partes: a primeira, sobre *noções gerais de Direito Público*, em que se distinguem uma breve, mas boa, teoria da Constituição (Cap. I a IV), uma sintética, também boa, teoria geral do Estado e do governo (Cap. V a XII); a segunda parte, sob o título *organização dos poderes públicos*, que versa, na verdade, sobre o direito constitucional positivo, destinado a explicar o conteúdo da Constituição de 1891. É, portanto, o primeiro livro sobre essa Constituição e o melhor de todos, embora tenha dedicado muito pouco ao federalismo, mereceria considerações mais amplas, por ser a primeira vez que dele

1 Cf. Clóvis Bevilaqua, ob. cit., pp. 391 e 392.

se tratava em face do direito positivo. Não obstante isso, concordamos plenamente com Barbosa Lima Sobrinho quando, como Clóvis, também o qualifica de *excelente*: "José Soriano se formara em Medicina e acabara professor de uma disciplina jurídica, em que realmente se destacaria, publicando um livro excelente, *Princípios Gerais de Direito Público e Constitucional*, impresso no Recife, em 1893 e que, vinte anos depois, ainda era o livro mais didático para o estudo da matéria de que tratava".[2]

Ele dominava a doutrina constitucional estrangeira da época, especialmente a inglesa e norte-americana. Podemos até acrescentar que sua admiração pelas instituições constitucionais norte-americanas o levou a considerar a Constituição dos EUA "como fonte positiva, ainda que subsidiária, da nossa".[3] Ele adiantara, quando, no início, se dirigiu "Ao Leitor", dizendo:

"Inspirada pela Constituição dos Estados Unidos do Norte, e não poucas vezes dela copiada, a nossa [*refere-se à Constituição de 1891*] não pode ser estudada sem o auxílio dos comentadores daquela célebre Constituição", que ele acentuou no corpo do livro.[4] Por isso é que se reconhece o idealismo da Constituição de 1891 e a sua ineficácia social, porque, além de ser calcada em constituição alheia, nossos constitucionalistas, antes de buscarem sua integração no clima da sociedade nacional, reforçaram sua distância com a doutrina estrangeira. É certo que Soriano acrescenta que o direito constitucional também recebe importante subsídio das manifestações da razão nacional de caráter doutrinário. O diabo é que a doutrina nacional, então, não passava de reprodução da doutrina norte-americana e inglesa. Basta ler Ruy Barbosa (infra).

Recorreu sempre ao exemplo norte-americano (também o inglês, às vezes, ao suíço e francês) no estudo de nossas instituições constitucionais de 1891. Podemos até afirmar que, no fundo, na segunda parte referente ao direito positivo, fez ele direito constitucional comparado entre a Constituição de 1891 e o constitucionalismo norte-americano, com boas incursões no direito constitucional inglês e alguma coisa sobre o suíço e o francês.

---

2 Cf. "Introdução" ao *Do Poder Moderador* de Braz Florentino Henriques de Sousa (aliás, irmão de Soriano), Brasília, Senado Federal, 1978, p. 3.

3 Cf. José Souriano de Souza, *Princípios Gerais de Direito Público e Constitucional*, Recife, Casa Editora, Empresa da Província, 1893, pp. 23 e 24.

4 Idem, ibidem, p. 25.

Faremos, no entanto, algumas observações sobre a posição do autor. Assim é que, no que tange à soberania popular e a soberania nacional, seu texto apresenta uma concepção equivocada.

"A soberania do povo, isto é, o concurso de todos os cidadãos na formação das leis e na direção do governo de um Estado é impossível; por necessidade intrínseca das coisas o povo, teoricamente soberano, tem que transferir a sua soberania a um certo número de pessoas, que o represente; em outros termos, a vontade soberana se converte em direito de eleger" (p. 79).

"A soberania nacional não reside nos poderes públicos constituídos, mas na totalidade da nação, à qual é inerente o poder constituinte" (p. 79).

"Politicamente falando deve-se considerar o povo como sinônimo de corpo eleitoral" (p. 79).

O Cap. IX da Segunda Parte sobre a liberdade e suas espécies (pp. 83s) está em lugar errado, entre soberania e teoria da divisão de poderes, quando deveria ser parte do Cap. XXII, após o capítulo sobre a declaração de direitos. Mas deve-se louvar sua concepção sobre o fim de todo direito constitucional, qual seja "garantir a liberdade dos cidadãos, em suas diversas manifestações, contra as usurpações do poder" (p. 83). Hoje, diríamos que o fim é garantir os direitos fundamentais da pessoa humana.

No Cap. X (segunda parte) cuida da *teoria da divisão de poderes*; da harmonia e independência dos poderes e do poder constituinte. Aceita a tese de que o corpo eleitoral é um poder político, tão qualificado, se não mais, quanto os outros três poderes (p. 250). Boas páginas sobre representação. Trata criticamente a questão da maioria e dá destaque o direito da minoria (pp. 258s), e sistema eleitoral (pp. 264s). Discute o voto feminino, mas se pronuncia contra: "Admitidas ao eleitorado, pareceria inconsequente não lhes conceder elegibilidade, e desde logo as teríamos no senado, na câmara e talvez no ministério, e neste caso, como salvar o parlamento e o governo do país do ridículo inerente a legisladores e ministros de saia?" (pp. 276 e 277), e conclui:

"Não distraiamos a mulher do seu império doméstico; o seu destino natural é mais *familiar*, do que político. Nas urnas políticas deixemos-lhes só o poder dos afetos; por meio deste pode ela influir suficientemente nas eleições. A sua condição natural, a delicadeza de suas maneiras, a suave influência que tem nos maridos, nos filhos, nos pais, nos irmãos, pode realmente dar-lhes influência nas urnas, não obstante a sua inferior posição na ordem política". (p. 277, cita autores estrangeiros). Naquela época (1893), não se poderia esperar pronunciamento diverso, pois assim era em todo o mundo, ainda que as mulheres já começassem sua luta no sentido de serem admitidas na vida política.

A soberania é indivisível, em si mesma é indecomponível, mas suas funções podem ser desempenhadas por órgãos ou agentes diferentes (p. 89) "a teoria da divisão dos poderes consiste em mostrar que as três grandes funções sociais do Estado, a de legislar, a de executar e a de julgar, devem achar-se em mãos diferentes, devem ser exercidas por agentes distinto. Essa distinção é um dos pontos fundamentais do direito constitucional" (p. 89).

Pronunciou-se pelo sistema presidencialista, ainda que entendesse que o sistema parlamentarista seria consequência natural do governo constitucional representativo, e neste sentido essencialmente republicano e democrático (p. 345).

Bom capítulo sobre os Municípios (pp. 377s), defendendo a autonomia municipal.

Declaração de Direitos, igualdade civil, liberdade individual, direito de resistência (C. XX). Começa com as declarações inglesas, as das ex-colônias inglesas na América, especialmente a de Virginia e, depois, a da Constituição adotada em 1791, depois a Declaração de Direito do Homem e do Cidadão, francesa, de 1789. Lembra que a da Constituição do Império, para, então, se situar na Declaração de Direito da Constituição de 1891, de que trata o seu livro, considerando prolixa a enumeração dos direitos no art. 72, "ressente-se de superfluidade, e contém matérias que, ou se acham implícitas no corpo da Constituição, ou são mais pertinentes a leis orgânicas ou a *Disposições Gerais*" (p. 405), dando como exemplo as matérias contidas nos arts. 74 a 77 e seus parágrafos, que tratam de direitos e prerrogativas dos militares, como sendo sobejas em uma Declaração de direitos. Começa pela igualdade perante a lei, tal como previa a Constituição (pp. 406-411); faz considerações teóricas sobre a igualdade e a desigualdade humana. Passa às *liberdades* individual, "fonte de todas as outras liberdades constitucionais" (p. 411). Enumera as disposições com que a Constituição garante a liberdade individual. Liberdade religiosa, liberdade de consciência e liberdade de culto, manifestação do pensamento pela imprensa, garantia do exercício das profissões e liberdade de ensino (C. XXI), (pp. 419s).

"O fim principal das Declarações de direito é impor limitações aos poderes públicos, inibindo-os de desrespeitarem certos direitos, dos quais dimanam todas as liberdades dos cidadãos" (p. 399).

O livro, portanto, tratou, com bons fundamentos doutrinários, todo o conteúdo da Constituição de 1891. Os *Princípios do Direito Público e Constitucional* de José Soriano de Souza foi, certamente, o melhor livro que se produziu sobre aquela Constituição e até se pode dizer que um dos bons livros de direito constitucional produzido no Brasil. Ruy Barbosa certamente o superava, mas Ruy não produziu nenhuma obra sistemática de direito constitucional. Como visto, a seu tempo, o constitucionalismo de Ruy Barbosa decorreu de sua luta política e de sua advocacia.

CAPÍTULO VI
Pinto Ferreira

Luiz Pinto Ferreira nasceu no dia 7.10.1918, em Recife, Pernambuco, e aí faleceu no dia 7.4.2009. Curso Primário – Colégio Nóbrega, nos anos de 1927 e 1928, Recife; Curso Secundário – Liceu Pernambucano, no ano de 1929, também no Recife, Colégio Aldridge, no Rio de Janeiro, DF, nos anos de 1930 e 1931 e Colégio Marista, nos anos de 1931 e 1933, Recife. Bacharel em Ciências Jurídicas e Sociais, diplomado pela Faculdade de Direito do Recife, atualmente Universidade Federal de Pernambuco. Livre-docente de Teoria Geral do Estado pela Faculdade de Direito da Universidade do Recife, hoje Universidade Federal de Pernambuco, em 1944. Doutor em Ciências Jurídicas e Sociais, em 1944 e 1950.

Em 1975, foi eleito por unanimidade para a Academia Pernambucana de Letras, por indicação da própria Academia, e é, também, membro da Academia Pernambucana de Letras Jurídicas, da Academia Pernambucana de Ciências, da Academia Nacional de Direito (Rio de Janeiro) e da Academia Brasileira de Letras Jurídicas (ABLJ), além de diversas outras associações nacionais e estrangeiras, quais sejam: Sociedade Brasileira de Sociologia, Instituto de Filosofia, Sociedade de Semântica Geral (Chicago), Academia Americana de Ciência Política e Social (Filadélfia), Associação de Filosofia e Ciência (Detroit) Instituto Peruano de Sociologia (Lima), Instituto Ibero-Americano de Direito Constitucional (México) e Associação Internacional de Filosofia Social e de Direito, bem como ainda da Academia Internacional de Jurisprudência e Direito Comparado.

Professor Emérito da Faculdade de Direito do Recife através do ato nº 01/99 em 02 de junho de 1999, por ter contribuído amplamente para a consolidação da área do Direito na Universidade, através de suas atividades docentes e administrativas, além de extensa publicação de artigos especializados e edição de diversos livros na sua área de conhecimento.

Recebeu o título de Doutor *Honoris Causa* da Universidade de Coimbra-Portugal em julho de 1999. Foi Diretor interino da Faculdade de Direito de Recife e Diretor efetivo (1982-1986). Foi Vice-Reitor interino da Universidade Federal de Pernambuco várias vezes.

No campo político, teve atuação importante na esquerda pernambucana, incluindo um manifesto socialista em 1948 e um livro sobre democracia socialista em 1953. Combateu a ditadura militar. Foi fundador do MDB-Movimento Democrático Brasileiro de Pernambuco de que foi presidente, pelo qual foi Senador da República na década de setenta.

Pinto Ferreira publicou cerca de duzentos livros e centenas de artigos nas revistas especializadas. Suas obras abrangem filosofia, sociologia, política, finanças e direito. Com menos de vinte anos, ainda estudante de direito, lançou a sua primeira obra sob o título *Novos Rumos do Direito Público*. No campo jurídico, sua especialidade é o direito constitucional, mas, além de filosofia do direito, há, também, obras sobre o direito processual civil, como a *Teoria e Prática dos Recursos e da Ação Rescisória no Processo Civil* (São Paulo, Saraiva, 1982) e *Código de Processo Civil Comentado* (Recife, 1982-1985, em 10 tomos). Mas foi no direito constitucional que, na cátedra na Faculdade de Direito de Recife e na Faculdade de Direito de Caruaru, por suas obras que ele influenciou diversas gerações, especialmente porque foi o primeiro constitucionalista brasileiro a assumir compromisso com uma visão progressista do direito constitucional e foi o primeiro que efetivamente deu atenção aos direitos fundamentais no sentido mais abrangente do termo, "desenvolvendo o ideário de liberdade e de justiça social, baseado na legalidade e na legitimidade" democrática, tendo sempre como norte a realidade brasileira. Interessa aqui destacar sua contribuição no direito constitucional, sem esquecer suas obras sobre ciência política e teoria do Estado, como *Da Soberania* (1943) e *Teoria Geral do Estado*, em dois volumes (1957). No direito constitucional, destacamos: *Da Constituição* (1ª ed., 1946, 2ª ed., 1956), *Princípios Gerais do Direito Constitucional Moderno*, dois volumes (diversas edições, trabalharemos aqui com a 6ª ed., São Paulo, Saraiva, 1983), *Curso de Direito Constitucional*, dois volumes (diversas edições, trabalharemos com 3ª ed., São Paulo, Saraiva, 1974), *Comentários à Constituição Brasileira*, 4 volumes (São Paulo, Saraiva, 1989), Além dessas obras fundamentais e de um *Direito Constitucional Resumido* (1ª ed., 1979, 2ª ed., 1983), Pinto Ferreira ainda publicou diversas monografias constitucionais, como *Regime Eleitoral* (1959), *El Parlamentarismo* (Buenos Aires, 1969, 2ª ed., 1973), *Los partidos políticos en Brasil y su desenvolvimiento histórico* (México, 1962), *As imunidades parlamentares*

(1962), *As Constituições modernas da Europa e Ásia* (1962), *O regime dos Estados na Federação Brasileira* (art. 1963), *As Constituições dos Estados no regime federativo* (1964), *O Poder Executivo na República Brasileira* (1967), *As técnicas do parlamentarismo* (1968), *Evolução do federalismo brasileiro* (1968), *O preâmbulo da Constituição* (1968), *El sistema federal brasileño* (México, 1972), *Código eleitoral comentado* (1976), *Vedações Constitucionais* (1979), *Constituinte, Assembleia Nacional Constituinte e Constituição* (1986).

Da Soberania[1] foi sua tese ao concurso de livre-docência de Teoria Geral do Estado na Faculdade de Direito de Recife, de que não parece ter havido edição comercial. Não é obra de direito constitucional, já se vê. Merece referência aqui, primeiro, porque nele já se realça o sociologismo de Pinto Ferreira, segundo, porque é certamente o que de melhor já se escreveu no País sobre a soberania, se não for um dos melhores do mundo.

Da Constituição foi o seu primeiro livro de direito constitucional, ao que me parece, foi uma monografia de concurso à cátedra da disciplina na Faculdade de Direito de Recife. Trata-se de uma teoria da Constituição com nítida tendência sociológica, cujo conteúdo abrange a fundamentação do direito constitucional, as relações da Constituição com a realidade social, o conceito, origem e tipos de Constituição, supremacia da Constituição e controle de Constitucionalidade, supressão das prescrições constitucionais e teoria da revolução. A obra é fundamentada na melhor doutrina constitucional de então. Para ele, nenhuma força, ou combinação histórica de forças sociais, poderia deter a marcha do Estado contemporâneo para o socialismo. Nesse sentido, era um determinista. Sua concepção social, por isso mesmo, lhe impunha a consideração da Constituição em inter-relação com as instituições sociais. "Há, assim, uma complementação recíproca entre realidade social e constituição, uma inter-relação vital entre as instituições sociais e o ordenamento jurídico--constitucional do Estado".[2]

Seu sociologismo constitucional desponta com clareza meridiana no seu conceito de Constituição.

"A constituição é uma realidade complexa, profundamente relacionada à própria estrutura do Estado. Possui uma fundamentação sociológica, na realidade empírica e concreta dos grupos humanos antes de se transmudar em um sistema de normas jurídicas delimitando as competências

1 Luiz Pinto Ferreira, *Da Soberania*, Recife, Oficinas Gráficas do Jornal do Comércio, 1943.

2 Cf. *Da Constituição*, 2ª ed., Rio de Janeiro, José Konfino, 1956, p. 17.

dos agentes do governo e dos cidadãos".[3] No entanto, seu sociologismo constitucional é abrandado para envolver uma visão mais compreensiva e sintética da Constituição na complexidade dos seus aspectos sociológico, jurídico e ideal, a fim de abranger o seu conceito em uma perspectiva total, daí sua concepção:

"A constituição seria, pois, como um edifício de três andares: em baixo as representações coletivas da sociedade, os sentimentos e ideias dominantes da comunidade humana, como símbolos da consciência grupal; depois os sistemas de normas jurídicas que, se inspirando nos antecedentes econômicos e histórico-sociais, refletem essa consciência social, corporificando-a em uma carta política; e, acima de tudo, os princípios relativamente imutáveis da justiça e do direito natural, como um verdadeiro guia de elaboração ou como o ideal do regime constitucional perfeito".[4]

Faz aí uma concessão ao direito natural que não parece harmonizar-se bem com seu sistema sociológico. Como Heller, buscava ele um conceito total e unitário de Constituição. Sobre isso escrevi, de outra feita, para dizer:

"Esse conceito, formoso em sua expressão verbal e essencial, não nos dá ainda uma visão unitária da constituição, mas apenas apresenta estratos ou camadas de natureza constitucional superpostos, do que é bem característica a ideia de 'andares de um edifício', símile de que se serve o ínclito constitucionalista".[5]

Enfim, ele conclui com o seguinte conceito formal de Constituição: "*Constituição é o conjunto das normas convencionais ou jurídicas que, repousando na estrutura econômico-social e ideológica da sociedade, determina de uma maneira fundamental e permanente o ordenamento do Estado*".[6]

Daí passa à origem e tipos de Constituição ao longo da história desde Aristóteles, instituições constitucionais inglesas e norte-americanas, encontrando os primeiros exemplos de Constituição escrita, introduzindo ideias sobre a rigidez constitucional que desenvolve mais adiante a respeito das bases do princípio da supremacia constitucional e do controle de constitucionalidade, assim como da imutabilidade relativa das Cons-

---

3 Idem, ibidem, p. 23.

4 Idem, ibidem, p. 24.

5 Cf. José Afonso da Silva, *Aplicabilidade das Normas Constitucionais*, 7ª ed., 2ª tiragem, São Paulo, Malheiros, 2008, p. 35.

6 Cf. ob. cit., p. 37.

tituições e o problema da sua reforma. Pôs aí a questão das razões por que as Constituições são reformáveis.

"As constituições não são eternas, inalteráveis, imutáveis, sobretudo porque são, em grande parte, um decalque e um traslado de condições socioculturais em permanente modificação dialética. O próprio caráter movediço e cambiante das forças sociais contrastaria com a imobilidade da obra-prima jurídica e constitucional, mais apurada e perfeita que fosse; o estado político e social não pode cristalizar-se indefinidamente em um texto legislativo.

"Daí promana a necessidade palpável do *processus* da modificação constitucional, da sua revisão em conformidade aos preceitos estatuídos pela própria constituição, a fim de ajustá-la e acomodá-la continuamente, mediante medidas pacíficas, à realidade social cambiante".[7] Faz distinção entre reforma, emenda e revisão constitucional. "A reforma é qualquer alteração do texto constitucional, é o caso genérico, de que são subtipos a emenda e a revisão. A emenda é a modificação de certos pontos, cuja estabilidade o legislador constituinte não considerou tão grande como outros mais valiosos, se bem que submetidos a obstáculos e formalidades mais difíceis que os exigidos para a alteração das leis ordinárias. Já a revisão é uma alteração anexável, exigindo formalidades e processos mais lentos e dificultados que a emenda, a fim de garantir uma supra estabilidade ao texto constitucional".[8] Nem as constituições brasileiras nem a doutrina adotam essa concepção, ainda que ela seja, efetivamente, a mais correta.

Tenho por essa obra de Pinto Ferreira a maior estima, porque foi ela que, por primeira vez, me abriu os olhos para o direito constitucional e posso dizer que foi dela que me veio o interesse pela disciplina.

Princípios Gerais do Direito Constitucional Moderno, dois alentados volumes, mais de mil duzentas páginas, em formato grande. A 1ª edição é de 1948 (6ª ed., São Paulo, Saraiva, 1983). É um dos livros de direito constitucional mais importante do constitucionalismo brasileiro. Dele diz Geraldo Ataliba:

"Assim como há livros cujos títulos iludem o leitor, dando-lhe a impressão de que contêm mais do que realmente oferecem, outros há que não demonstram, pelo título, tudo o que neles é tratado. Tal é exatamente

---

7 Idem, ibidem, pp. 98 e 99.

8 Idem, ibidem, p. 102.

o caso deste livro excepcional do catedrático de direito constitucional da tradicional Faculdade de Direito de Recife".[9]

"Pinto Ferreira [*acrescenta*], um dos mais fecundos escritores brasileiros – seguramente um dos mais categorizados constitucionalistas do nosso continente, homem de cultura universal e completa, que alia a um espírito minucioso e paciente de homem de laboratório, a preocupação com a visão mais moderna e avançada, não só das concepções doutrinárias, mas da sua aplicabilidade em todo o mundo – coloca todo o seu espírito científico, rigor crítico e capacidade de exposição a serviço desta magnífica construção doutrinária, de cuja utilidade é eloquente expressão a circunstância de atingir agora sua 6ª edição".

O próprio autor vai dando, por meio dos prefácios, às vezes longos, apresentados nas diversas edições do livro, o seu sentido, sua orientação e suas diretrizes básicas.

"Esta indagação se propende, de seu natural, a um esclarecimento dos princípios constitucionais, induzidos da paisagem do direito político moderno, com atenção especialmente devotada ao regime brasileiro. Por isso mesmo, tem por objeto de suas especulações a análise dos princípios fundamentais da legalidade constitucional, da democracia e da liberdade, do socialismo científico e do federalismo, que constituem a complexa pedra angular, onde repousa o edifício constitucional, a servir na obra de reconstrução e reforma da sociedade, numa solução humanista e cristã da crise da civilização contemporânea" (Prefácio à 1ª ed., 1948).

"Essa transformação da estrutura econômica tem uma nítida repercussão no plano do direito público, que se transforma de uma maneira acelerada no mundo moderno. O direito constitucional, relativo à estrutura, organização e funcionamento do Estado, reflete evidentemente a marcha da nova civilização humana. Daí a influência dos 'princípios constitucionais', de cuja atuação recíproca decorre uma interpretação mais adequada da realidade estatal ambiente" (Prefácio à 2ª ed., 1951).

"As novas tendências humanistas do mundo levam a sociedade a um progresso mais amplo na intimidade das relações humanas, segundo o pressupôs da filosofia otimista do progresso constante da humanidade, numa paisagem social de cálida fraternidade e simpatia entre os homens.

"Os reflexos dessa orientação se fazem sentir no plano do direito em geral, e com especialidade do direito constitucional, dando margem a uma humanização desta liberdade no plano histórico. Para a conquista

---

9 Cf. "Prefácio" à 6ª ed. dos *Princípios Gerais do Direito Constitucional Moderno*, cit., p. XIII.

desta liberdade, e a sua plena realização, torna-se indispensável a aceitação de uma tendência solidarista, que se concretiza nos rumos decisivos tomados pelo socialismo humanista, levando mesmo ao estabelecimento do princípio do socialismo jurídico, renovador dos quadros clássicos do direito público" (Prefácio à 3ª ed., 1954).

"O tratamento sistemático do direito constitucional, dentro do prisma comparatista e também sociológico, inegavelmente concede uma beleza singular ao estudo das Constituições. Por toda a parte se realça a necessidade de tais indagações. No mundo inteiro vão surgindo obras consagradoras, que assinalam e consolidam nos textos magnos a vitória da liberdade e da consciência.

"É este o sentido humanista, simbolizando a feitura da presente obra. Trabalho não só de um pensador social vinculado à luta da emancipação humana, mas ainda consciente da vitória final da liberdade sobre a opressão e do direito contra o arbítrio" (Prefácio à 4ª ed., 1961).

"Cinquenta e seis capítulos novos foram incluídos, que ampliam a obra, no sentido crítico e informativo. É aliás interessante que, sendo uma obra de feição erudita, conseguiu largo mercado, que lhe tem fornecido sucessivas edições.

"É que também há nela uma mensagem, um pensamento, o do estado social de direito e da liberdade, que estimula as gerações e engrandece a civilização no lento correr dos séculos.

"O ideário político-social divulgado neste breve tratado, avesso a rótulos e ortodoxias ideológicas, com a serenidade da ciência política, é um caminho seguro na reconstrução nacional" (Prefácio à 6ª ed., 1982).

O livro, em dois volumes, está dividido em dez partes: I. Conceito de política e noção geral do direito constitucional; II. O princípio da supremacia da Constituição; III. O princípio democrático, onde se cuida das questões do governo, sistema representativo, bicameralismo, sistemas eleitorais, sistemas de governo (parlamentarismo e presidencialismo), sistemas partidários etc.; IV. O princípio liberal, onde se trata da problemática da liberdade, declarações de direito e garantias constitucionais, referentes basicamente aos direitos individuais e políticos, incluindo o direito de revolução; V. O princípio socialista, com o conceito de socialismo, marxismo, a questão da igualdade, do sindicalismo, ordem econômica e social, reforma agrária, com muita coisa fora do direito constitucional, que foi sendo introduzida em edições posteriores, porque na primeira edição a metodologia constitucional era mais purificada; VI. Princípio do federalismo, onde se trata do federalismo em profundidade com todos os problemas a ele pertinentes, como, além de seu conceito, origem, a distribuição de competência, a intervenção federal nos Estados, o municipalismo, VII. O sistema tributário; VIII. O regime orçamentário; IX. Parlamentarismo e presidencialismo no Brasil, sem que seja repetição do tema já tratado na Parte III, porque, nesta, o tema foi tratado teoricamente e comparativamente, enquanto aqui o tema é versado em face do direito positivo brasileiro e sua história, ainda que no que tange ao presidencialismo a deficiência seja notória; X. O Poder Executivo na República Brasileira, aqui volta a temática do parlamentarismo e do presidencialismo, com nítido prejuízo da pureza metodológica.

Curso de Direito Constitucional. Inicialmente saiu em dois volumes. Depois num volume só. Aqui estamos utilizando a 12ª.[10] Não é só uma síntese de seus *Princípios*, porque se trata especialmente de direito constitucional positivo, segundo os títulos e capítulos da Constituição. A 7ª edição trouxe um prefácio do Prof. Geraldo Ataliba, de que se destaca a seguinte passagem, que oferece uma síntese do livro:

"Ao lado de uma minuciosa e abundante documentada história do direito constitucional brasileiro – e da discussão filosófica da conceituação da Constituição, suas classificações e elementos teóricos fundamentais –, temos a exposição completa de cada capítulo de nossa Constituição, dos principais problemas que a sua exegese suscita, bem como uma análise das opiniões doutrinárias mais importantes que foram levantadas pelo debate, exatamente, de cada questão colocada".

O próprio autor em prefácio à 12ª edição dá sua concepção do direito constitucional numa frase:

"O direito constitucional é no fundo uma técnica de liberdade, esta apresentando uma força de contenção contra o poder. O regime constitucional é no fundo um equilíbrio entre poder, ordem e liberdade".

Comentários à Constituição Brasileira.[11] Comentários artigo por artigo, separado por parágrafos e por incisos e alíneas. Algumas vezes a matéria da rubrica de seções está organizada em 1ª, 2ª, 3ª... partes. Esses comentários contribuem para o bom entendimento da Constituição de 1988, sempre enriquecidos com a teoria constitucional e com a concepção progressista do autor, que é um crítico do sistema de poder e do regime econômico existentes. Ele próprio deu o sentido da obra no prefácio:

---

10 Cf. Luiz Pinto Ferreira, *Curso de Direito Constitucional*, dois volumes, 3ª ed., São Paulo, Saraiva, 1974; 12ª ed., São Paulo, Saraiva, 2002.

11 Cf. Luiz Pinto Ferreira, *Comentários à Constituição Brasileira*, São Paulo, Saraiva, 1° vol. (1989), 2º (1990), 3º/4º/5º (1992), 6º (1994), 7º (1995).

"Os presentes *Comentários à Constituição brasileira*, que é uma das mais longas e analíticas obras do mundo, visa expor a nossa Lei Fundamental, anotando-a artigo por artigo ou grupo conexo de artigos, facilitando a sua compreensão de modo integrativo.

(...)

"O espírito da obra é também ser útil ao trabalho de redemocratização do País, desenvolvendo o ideário de liberdade e de justiça social, baseado na legalidade e na legitimidade. A legitimidade repousa na lei, votada pelo consenso do povo, com respeito à minoria e com sentimento de justiça social".

Finalmente, vale a pena lembrar, pelo menos, algumas passagens do seu credo jurídico-político:

Sobre a democracia: "Creio na democracia, que é o regime constitucional das maiorias que, com base na liberdade, permite às minorias o direito de representação e crítica no parlamento e a alternância no poder".

Sobre o direito: "Creio no direito, que é disciplina coativa da vida social, com base na consciência moral e no ideal de justiça, promovendo a garantia das atividades da pessoa humana e garantindo a sua coexistência. O direito é a força que domina a força, diminuindo a energia de quantum despótico para convalidar a força da lei e da justiça".

Sobre a justiça social: "Creio na justiça social, porque a justiça é o ideal do direito, permitindo a constante e progressiva eliminação do desnível de classes entre os homens, o constante desenvolvimento da vida social, dessa justiça que não distingue entre ricos e pobres em face do direito, dessa justiça que é o único escudo dos pequenos contra os grandes e o anteparo protetor do povo humilde e simples".[12]

---

12 Cf. Lygia Simão Luiz Oliveira, "Apresentação do Professor Pinto Ferreira", em

CAPÍTULO VII

Marcelo da Costa Pinto Neves

Nasceu em 16.8.1957, em Recife, Estado de Pernambuco. Formou-se em direito pela Faculdade de Direito de Recife (UFPE), em 1980. Mestrado pela mesma Faculdade em 1996. Doutorado em Ciências Jurídicas pelo Departamento de Ciência Jurídica da Universidade de Bremen, Alemanha, em 1991. Pós-Doutorado pelo Departamento de Ciência Jurídica da Universidade Johann Wolfgang Goethe, em Frankfurt am Main, Alemanha, 1998. Livre-Docente pela Faculdade de Ciência Jurídica da Universidade de Friburgo, Suíça. Professor Titular de Direito Constitucional da Faculdade de Direito da UFPE (1993-2000). Professor Associado do Departamento de Direito do Estado da Faculdade de Direito da USP. Professor de Pós-Graduação (Mestrado e Doutorado) na Faculdade de Direito da PUC/SP. Professor da Escola de Direito da Fundação Getúlio Vargas em São Paulo (2004-2005). Professor Titular da Faculdade de Direito da Universidade de Brasília. Professor Visitante em diversas Universidades estrangeiras, alemãs especialmente. Além de diversos capítulos em obras coletivas e artigos em revistas especializadas, publicou os seguintes livros de direito constitucional.

1. *Teoria da Inconstitucionalidade das Leis*, São Paulo, Saraiva, 1988.

2. *A Constituição Simbólica*, 2ª ed., São Paulo, Martins Fontes, 2007.

3. *Entre Têmis e Leviatã. Uma Relação Difícil. O Estado Democrático de Direito a partir e além de Luhmann e Habermas*, São Paulo, Martins Fontes, 2006. Publicada na Alemanha sob o título: *Zwischen Themis und Leviathan: Eine schwierige Beziehung – Eine Rekonstruktion des demokratischen Techtsstaats in Auseinandersetzung mit Luhmann und Habermas*, Baden-Baden, Nomos, 2000.

4. *A Constitucionalização Simbólica*, 2ª ed., São Paulo, Martins Fontes, 2007. Publicada na Alemanha sob o título: *Symbolische Konsti-*

tutionalisierung, Berlim, Duncker & Humblot, 1998; e na Itália: *Costituzionalizzazione Simbólica e Decostituzionalizzazione di Fatto*, Cavallino/Lecce, Prensa Editore, 2004, trad. de M. Carducci.

5. *Transconstitucionalismo*, São Paulo, Martins Fontes, 2009.

CAPÍTULO VIII
Ivo Dantas

Nasceu em Natal, Rio Grande do Norte, em 1947, transferindo-se para Recife, Pernambuco, em 1966, onde se formou em Direito, em 1970, pela Faculdade de Direito da Universidade Católica-UNICAP. Fez Mestrado em Sociologia pelo UFPE e Doutorado em Direito pela Faculdade de Direito da UFMG, 1990, e pela Faculdade de Direito da UFPE, 1997. Livre-Docente em Direito Constitucional pela Faculdade de Direito da UERJ, 1989, e em Teoria Geral do Estado pela Faculdade de Direitos da UFPE, 1992. Professor Titular de Direito Constitucional da Faculdade de Direito da UFPE, 1995. Tem uma vasta produção jurídica em direito constitucional. Além de diversos capítulos em obras coletivas e inúmeros artigos publicados em revistas especializadas, publicou os seguintes livros:

1. *Teoria do Estado Contemporâneo*, Rio de Janeiro, Forense, 2008.

2. *Constituição & Processo*, 2ª. ed., Curitiba, Jurúa, 2007.

3. *Direito Constitucional Comparado. Introdução. Teoria e Metodologia*, 2º. ed., Rio de Janeiro, Renovar, 2006.

4. *Da Coisa Julgada Inconstitucional*, Piracicaba, 2006.

5. *Encuesta sobre Derecho Procesal Constitucional*, México, Editorial Porrúa, 2006.

6. *Direito Adquirido, Emenda Constitucional e Controle da Constitucionalidade*, 3º. ed. Rio de Janeiro, Renovar, 2004.

7 *Constituição & Processo, Vol. 1. Introdução ao Direito Processual Constitucional*, 1ª. ed., Curitiba, Juruá Editora, 2003.

8. *Constituição Federal Anotada*, Rio de Janeiro, Renovar, 2002.

9. *O Valor da Constituição – Do Controle de Constitucionalidade como Garantia da Supralegalidade Constitucional*, 2. ed., Rio de Janeiro, Renovar, 2001.

10. *Instituições de Direito Constitucional Brasileiro*, 2. ed., Curitiba, Juruá, 2001

11. *Direito Constitucional Comparado. Introdução. Teoria Geral. Metodologia*, Rio de Janeiro, Renovar, 2000.

12. *Direito Constitucional Econômico Brasileiro. Constitucionalismo & Gobalização*, Curitiba, Juruá, 1999.

13. *Aspecto Jurídicos das Medidas Provisórias – Um Estudo Comparado dos Direitos Nacional e Estrangeiro*, 3ª. ed., Brasília Jurídica, 1997.

14. *Princípios Constitucionais e Interpretação Constitucional*, Rio de Janeiro, Lumen Juris, 1995.

TÍTULO III

Os Cariocas

INTRODUÇÃO

Depois das Faculdades de Direito de São Paulo e Olinda, criadas em 1827, a terceira que foi criada foi a *Faculdade Livre de Ciências Jurídicas e Sociais do Rio de Janeiro* em 18.4.1882, mas somente autorizada a funcionar em 1891. Neste mesmo ano, foi criada a quarta, denominada Faculdade Livre de Direito do Rio de Janeiro. Em 1920, essas duas Faculdades se fundiram daí resultando a Faculdade de Direito da Universidade do Rio de Janeiro, transformada em 1937 na Faculdade Nacional de Direito da Universidade do Brasil, com a criação da própria Universidade, a primeira do Brasil. Em 1967 o governo militar alterou sua denominação para Faculdade de Direito da Universidade Federal do Rio de Janeiro. Porém, em 2000, a escola voltou a ostentar sua denominação histórica, de Faculdade Nacional de Direito da Universidade do Brasil, por onde se formaram grandes juristas, diplomatas, escritores, jornalistas, políticos e advogados. Bem mais tarde surgiram a Faculdade de Direito da Pontifícia Universidade Católica e as particulares de maior prestígio: a Faculdade de Direito Cândido Mendes e a Faculdade de Direito Estácio de Sá e diversas outras, não só na Capital como também no interior do Estado do Rio de Janeiro.

CAPÍTULO I
Rodrigo Octávio

Rodrigo Octávio de Langgaard Menezes nasceu em 11.10.1866, em Campinas, na então Província de São Paulo. Concluído o curso preparatório, matriculou-se na Faculdade de Direito de São Paulo, onde se formou em Ciências Jurídicas e Sociais, em 1986, com vinte anos de idade. Nomeado Juiz Municipal em Iguassu no Rio de Janeiro (1888). Juiz de Órfão na Paraíba do Sul (1889). Procurador Seccional do Distrito Federal, em 1890. Secretário da Presidência da República no governo Prudente de Morais (1894-1896). Consultor-Geral da República, de 1911 até 1929 quando foi nomeado Ministro do Supremo Tribunal Federal, em que se aposentou, a pedido, em 7.2.1934.

Professor na Faculdade de Ciências Jurídicas e Sociais da UERJ, desde 1896. Presidente do Instituto dos Advogados Brasileiros e membro de diversas instituições e sociedades nacionais e estrangeiras. Desempenhou importante papel em comissões internacionais. Foi, sobretudo, um internacionalista. Contudo, deixou alguns artigos em direito constitucional, como "A Constituinte de 1823", um volume sob o título *Constituições Federais – Confronto da Constituição do Brasil* [1891] com as dos Estados Unidos, Argentina e Suíça (1897) e o livro *Elementos de Direito Público e Constitucional Brasileiro* (em colaboração com Paulo Vianna (1ª ed., Paris, 1913; 4ª ed., Rio de Janeiro, Briguiet, 1930)). É um manual simples, mas bem escrito, linguagem escorreita, doutrinação correta. Começa com a noção do direito e da lei. Aceita a definição do direito formulada por Pedro Lessa: *direito como o conjunto orgânico das condições de vida e desenvolvimento do indivíduo e da sociedade, dependentes da vontade humana e que é necessário sejam garantidas pela força coercitiva do Estado.*[1] Aí o positivismo de Pedro Lessa. Já a lei, para

1 Cf. *Elementos de Direito Constitucional Brasileiro,* 4ª ed., p. 2. Pedro Lessa, *Estudo de Filosofia do Direitos*, p. 62, 1912.

Rodrigo Octávio, não é obra do legislador. "Este, como observa Celice, é antes uma testemunha que certifica, do que um obreiro que faz a lei; esta se cria na consciência do povo e se forma pela continuidade dos atos que se inspiram no bem e na equidade, como já compreendia a mentalidade romana. E nesse domínio a coercibilidade reside na consciência jurídica, no sentimento do direito".[2] Mais adiante, no entanto, declara que a lei é sempre um preceito emanado de uma autoridade, e define a lei jurídica como *uma norma geral de conduta, formulada pelo poder público e cuja observância é garantida pela força.*[3]

2 Cf. ob. cit., p. 3.
3 Idem, ibidem, p. 16.

CAPÍTULO II
Afonso Arinos

Afonso Arinos de Melo Franco nasceu em Belo Horizonte, a 27.11.1905, faleceu no Rio de Janeiro, a 27.8.1990. É mineiro, deveria estar, por isso, entre os constitucionalistas de Minas (infra); no entanto, está aqui, porque sua produção constitucional foi feita em torno da cátedra de Direito Constitucional que ocupou em Faculdades de Direito no Rio de Janeiro. Foi jurista, político, historiador, professor, ensaísta e crítico literário. Ocupou a Cadeira nº 25 da Academia Brasileira de Letras, eleito em 23 de janeiro de 1958. Fez seu curso secundário, como aluno interno, no famoso Colégio Pedro II, no Rio de Janeiro. Formou-se em 1927 na Faculdade Nacional de Direito (atual UFRJ – Universidade Federal do Rio de Janeiro), começando a carreira como promotor de justiça da Comarca de Belo Horizonte. Viajou para Genebra, a fim de aperfeiçoar seus estudos. De retorno ao Brasil em 1936, iniciou a carreira de professor na antiga Universidade do Distrito Federal, atual Universidade do Estado do Rio de Janeiro, ministrando aulas de História do Brasil. Atuou ainda como professor no exterior ministrando cursos de História Econômica do Brasil na Universidade de Montevidéu, 1938; curso na Sorbonne, em Paris, sobre cultura brasileira, em 1939, e cursos de literatura na Faculdade de Letras da Universidade de Buenos Aires, em 1944.

Em 1946, foi nomeado professor de História do Brasil do Instituto Rio Branco. Instituto este responsável pela formação e aperfeiçoamento profissional dos diplomatas de carreira do governo brasileiro.

Nascido em famosa família de políticos, era de esperar seu ingresso na carreira política, o que se deu em 1947, quando foi eleito deputado federal por Minas Gerais em três legislaturas (de 1947 a 1958). Foi líder da União Democrática Nacional até 1956, e depois líder do bloco da oposição ao Governo Kubitschek até 1958. Dois fatos, sobretudo, marcaram fortemente a sua presença na Câmara dos Deputados: a autoria da lei contra a discriminação racial, que tomou o seu nome (Lei n. 1.390, de 3 de julho de 1951) e o célebre discurso, pronunciado em 9 de agosto de 1954, pedindo a renúncia do Presidente Getúlio Vargas. Quinze dias depois o presidente suicidou-se no Palácio do Catete.

Em 1958, foi eleito senador pelo antigo Distrito Federal, hoje Capital do Estado do Rio de Janeiro. Permaneceu no Senado até 1966, mas afastou-se duas vezes do cargo para assumir o Ministério das Relações Exteriores, no Governo Jânio Quadros, no qual implementou a Política Externa Independente (PEI) e no regime parlamentarista do primeiro-ministro Francisco Brochado da Rocha (1963).

Sua atuação no Direito Constitucional começa com a conquista da cátedra dessa disciplina na Universidade do Estado do Rio de Janeiro e na Universidade do Brasil.

Foi nomeado, pelo presidente José Sarney, presidente da Comissão Provisória de Estudos Constitucionais (denominada Comissão Afonso Arinos), criada pelo Decreto n. 91.450, de 18.7.85, com o objetivo de preparar um anteprojeto que deveria servir de texto básico para a elaboração da nova Constituição. E, em 1986, aos 81 anos, elegeu-se senador pelo Partido da Frente Liberal. Foi membro do Instituto dos Advogados Brasileiros, sócio efetivo do Instituto Histórico e Geográfico Brasileiro, membro do Conselho Federal de Cultura (nomeado em 1967, quando da sua criação, e reconduzido em 1973). Faleceu em pleno exercício do mandato de senador, em 1990. À época, encontrava-se filiado ao Partido da Social Democracia Brasileira (PSDB), por defender este, em seu programa partidário, a implantação do parlamentarismo no país.

A produção cultural de Afonso Arinos é extensa, abrangendo história, economia, memórias, crítica literária, mas vamos ater-nos apenas às obras constitucionais. Em todo caso, faremos a indicação de suas obras de natureza política que são *Introdução à Realidade Brasileira* (1933), *Preparação ao Nacionalismo* (1934), *Conceito de Civilização Brasileira* (1936), *Evolução da Crise Brasileira* (1965) e *Problemas Políticos Brasileiros* (1976). Suas obras de direito constitucional são, na ordem do aparecimento, as seguintes:

- *As Leis Complementares da Constituição* (1948).
- *História e Teoria do Partido Político no Direito Constitucional no Brasil.* Tese de concurso à cadeira de Direito Constitucional apresentada à Faculdade Nacional de Direito (1948)
- *Pela Liberdade de Imprensa* (1957)
- *Curso de Direito Constitucional I. Teoria geral* (1958), *II Formação constitucional do Brasil* (1960)

- *Parlamentarismo ou Presidencialismo?* (1958)
- *Algumas Instituições Políticas no Brasil e nos Estados Unidos, um Estudo de Direito Constitucional Comparado* (1975)
- *Direito Constitucional. Teoria da Constituição* (1976)

Além disso, merece referência a "Introdução" que Afonso Arinos escreveu, em 1972, para o volume intitulado *O Constitucionalismo de D. Pedro I* (no Brasil e em Portugal),[1] publicado pelo Ministério da Justiça em 1994 e depois pelo Senado Federal, em 2003, com importante prefácio de Carlos Fernando Mathias de Souza. A "Introdução" de Afonso Arinos é uma expressiva referência e interpretação do constitucionalismo em geral e, especialmente, do constitucionalismo ibero-americano e luso-brasileiro. O constitucionalismo que se expressa por uma Constituição escrita é a tentativa de construção racional aplicável aos governos de todos os povos civilizados, compreendendo um sistema coerente de princípios jurídicos e ideias políticas.

Afonso Arinos foi, sem favor algum, um dos bons constitucionalistas do Brasil. Teria sido, com certeza, o grande constitucionalista do País, se a política não o houvesse roubado à ciência do direito constitucional. Vida política fértil, mas nem sempre com boa posição, em virtude de sua inserção num partido extremamente conservador e golpista, a que ele deu o apoio de sua inteligência e cultura, cometendo erros graves como o seu discurso pela renúncia do Presidente Getúlio Vargas.

As Leis Complementares da Constituição. Tese com que Afonso Arinos conquistou a cátedra de Direito Constitucional na Faculdade de Direito do Rio de Janeiro. Ao que parece, não foi publicada. O livro é de 1948, o que era uma novidade, porque esse conceito só veio a aparecer, especificamente, com a EC-4 (Parlamentarista), firmando-se tecnicamente com a Constituição de 1967 (arts. 49, II, e 53), tornando-se daí por diante sempre presente nas Constituições.

História e teoria do partido político no Direito Constitucional no Brasil.[2] Tese com que o autor conquistou a cátedra de Direito Constitucional na Faculdade Nacional de Direito (1948). A primeira edição é de 1948, a segunda de 1974, mas esta não alterou nada daquela. É um livro basicamente de histórico dos partidos políticos; não se encontra aí uma teorização dos partidos políticos a não ser alguma referência sob o regime

---

1 Cf. Afonso Arinos, O *Constitucionalismo de D. Pedro I no Brasil e em Portugal*, Ministério da Justiça, 1994, "Introdução", p. 7.

2 Cf. Afonso Arinos de Melo Franco, *História e Teoria dos Partidos Políticos no Brasil*, 2ª ed., São Paulo, Alfa-Omega, 1974.

da Constituição de 1946. O sistema de partidos, então, era muito recente e não favorecia a formulação de uma teoria acabada sobre eles. Do ponto de vista histórico, o livro oferece bons subsídios sobre o surgimento e a evolução dos partidos políticos, a começar por sua novidade na Inglaterra, Estados Unidos e França, mas o forte do texto está na história partidária no Brasil. A metodologia usada consiste em estudá-los em face de cada regime constitucional, o que é correto, visto que não existe na história brasileira a vigência de partidos políticos de longa duração. Eles se formavam e desapareciam sob cada Constituição. Nesse particular, o livro oferece bons elementos como a formação dos partidos sob a Constituição do Império, depois sob a Constituição de 1891, quando, então, o autor lançou a tese de que a mentalidade republicana era federal em primeiro lugar; em segundo, anti-partidária, no sentido nacional;[3] isso é verdadeiro, porque não se formaram partidos nacionais e, sim, partidos estaduais: os partidos republicanos (paulista, mineiro etc.), sob o domínio dos respectivos governadores, especialmente depois de constituída a "Política dos Governadores". Aliás, o próprio manifesto republicano de 1871 era mais federalista que republicano. Os partidos sob a Constituição de 1934 ainda não estavam depurados de seus vícios do regime anterior, como a Constituição foi logo sufocada pelo golpe de estado de 11.11.1937, os partidos também foram por ele enterrados e só voltaram com a redemocratização de 1945-1946. E é aí que o autor se detém um pouco mais na teorização partidária, mas não formula uma teoria geral, e sim apenas uma apreciação da natureza ideológica dos partidos existentes, mas o tempo da organização partidária sob a Constituição de 1946 era ainda muito curto (pouco mais de dois anos), para se ter uma perspectiva e experiência histórica que fundamentasse essa apreciação. Não obstante isso, as linhas mestras dessa apreciação são corretas. Assim é que, segundo o livro:

"O partido Social Democrático representa um fator importante de estabilidade e ordem, dentro da inevitável agitação política dos nossos dias [*1948, porque a edição de 1974 manteve o texto tal como era*]. Sua inclinação natural para transigir com a pureza do regime em benefício dos interesses do governo federal existia também nos partidos oficiosos da primeira república, com a diferença de que, hoje, graças ao crescimento dos grupos independentes, os interesses governativos são mais discretos, mais contidos".[4]

---

3 Cf. ob. cit., p. 54.

4 Cf. ob. cit., p. 88.

A UDN-União Democrática Nacional, para ele, era a legítima herdeira da tradição liberal da reforma dos costumes políticos e administrativos.[5]

"O problema da União Democrática Nacional [*partido a que pertencia Afonso Arinos, sob a liderança, aliás, de seu irmão Virgílio de Melo Franco*] é, assim, conseguir maior homogeneidade, transformar-se tanto quanto possível num verdadeiro partido de classe média, o que até agora não alcançou.

"Mas, se tem a União Democrática Nacional a cabeça nas cidades, entre os intelectuais urbanos, seu corpo está, em grande parte, no eleitorado rural e semi-rural. Daí, poder a tendência progressista dos dirigentes intelectuais traduzir-se mais facilmente na ação prática, por via da base rural do partido, isto é, ordeira, insuscetível de ser suspeitada de subversiva".[6]

De fato, a UDN era um partido liberal, não no sentido em que essa expressão se aplicava ao partido durante o Império que era progressista, enquanto o liberalismo daquele partido na década de quarenta revelava um conservadorismo que a evolução só piorou, porque acrescentou a ele o golpismo, especialmente com a pregação de Carlos Lacerda, o que se caracterizou com veemência já na luta contra o governo Vargas (1950-1954) e concretizou com o golpe militar de 1964.

Afonso Arinos ainda faz considerações sobre o Partido Socialista, tido com razão como de caráter intelectual e também sobre o Partido Trabalhista Brasileiro, então ainda mal formado sob o domínio de Getúlio Vargas, mas, em 1974, ele já tinha sofrido uma grande evolução para a esquerda socialista que não foi levada em consideração. Analisa também amplamente a situação do Partido Comunista, deixando muito clara sua posição a favor da cassação de seu registro, mas condenando a cassação dos mandatos daqueles que foram por ele eleitos.[7]

Estudos de Direito Constitucional.[8] O volume contém oito estudos elaborados entre 1949 e 1956: I – "Presidencialismo e parlamentarismo" (parecer); II – "Autonomia do Distrito Federal" (parecer); III – "Crise do Direito e Direito da Crise"; IV – "Partidos políticos nacionais"; V – "Impedimento do Presidente da República", discurso proferido na Câmara

---

5 Idem, ibidem, p. 88.

6 Idem, ibidem, p. 89.

7 Idem, ibidem, pp. 93s.

8 Cf. Afonso Arinos de Melo Franco, *Estudos de Direito Constitucional*, Rio de Janeiro, Forense, 1957.

dos Deputados para contestar a validade da "Resolução Legislativa" conjunta da Câmara e do Senado, pela qual foi decretado o impedimento do Presidente Café Filho em novembro de 1955; VI – "Constitucionalismo brasileiro na primeira metade do século XIX"; VII – "Poder Legislativo e política internacional"; VIII – "Pela liberdade de imprensa", voto de deputado oferecido à Comissão de Justiça da Câmara dos Deputados em oposição a um projeto de lei n. 1943, de 1956, do governo, regulamentando a imprensa, no qual encontrou diversas inconstitucionalidades. Abre o texto assim: "Como representante do povo brasileiro, estou profundamente convencido de que o projeto enviado pelo Poder Executivo sobre a imprensa coloca total e brutalmente em causa, dentro do Congresso, a sobrevivência ou a liquidação do governo democrático". O texto foi publicado em livro separado.[9]

Os aspectos teóricos dos partidos nacionais vieram em um texto incluído nesses Estudos.[10]

Abre a série o estudo sobre o "Presidencialismo e Parlamentarismo" (12.5.1949), alentado parecer que o autor, como deputado e relator da Comissão Especial criada na Câmara dos Deputados para estudar e emitir parecer sobre a proposta de emenda constitucional, de autoria do deputado Raul Pila, que visava instituir o parlamentarismo no País. O parecer conclui pela rejeição da proposta. Mais tarde o autor mudou de posição: "a marcha da política brasileira, principalmente a partir de 1951, foi aos poucos me convencendo de que o presidencialismo, tal como eu o concebia, não está sendo aplicado no Brasil e dificilmente o será em futuro próximo".[11] Vale a pena confrontar esse parecer com o substancioso voto do deputado Raul Pila a favor da Emenda Parlamentarista n. 4, de 29.3.1949.[12]

Curso de Direito Constitucional Brasileiro.[13] Este Curso está dividido em dois volumes, volume I com o subtítulo *Teoria Geral* e o volume

9 Cf. Afonso Arinos de Melo Franco, *Pela Liberdade de Imprensa*, Rio de Janeiro, José Olympio Editora, 1957.

10 Cf. "Partidos políticos nacionais", ob. cit., pp. 165-196.

11 Cf. *Estudos de Direito Constitucional*, cit., "Nota Explicativa".

12 O parecer de Afonso Arinos e o voto de Raul Pila foram publicados num volume sob o título *Presidencialismo ou Parlamentarismo?* Rio de Janeiro, José Olympio Editora, 1958. Como surgiu a emenda n. 4-B substitutiva daquela emenda parlamentarista, sobre ela Afonso Arinos ofereceu outro parecer e Raul Pila outro voto que também figuram no volume.

13 Cf. Afonso Arinos de Melo Franco, *Curso de Direito Constitucional*. 2 volume. Volume *I – Teoria Geral*, Rio de Janeiro, Forense, 1958; volume *II – Formação Constitucional do Brasil,* Rio de Janeiro, Forense, 1960.

II com o subtítulo *Formação Constitucional do Brasil*. Vale dizer que esse Curso não versou sobre o direito constitucional vigente à época em que fora escrito. Não é, portanto, um livro sobre a Constituição de 1946, que vigorava quando foi elaborado e publicado (1958 e 1960). Por conseguinte, o "Brasileiro" do título do volume I não corresponde à realidade. Isso seria feito em dois outros volumes que o autor pretendia publicar conforme ele próprio esclarece em a "Advertência" que antecede o texto do primeiro volume:

"O presente volume é o primeiro de uma séria de quatro, em que o autor pretende dividir o seu 'Curso de Direito Constitucional Brasileiro'. A obra planejada terá um volume de teoria geral, um de história constitucional do Brasil e dois em que serão estudadas as instituições constitucionais vigentes no nosso país".

A temática, pois, do primeiro volume envolve os conceitos de sociedade e de direito em geral, direito público, direito privado; depois a noção de direito constitucional, seu domínio positivo e conteúdo científico; as Constituições no evolver da história, seu significado material e formal; supremacia constitucional e controle de constitucionalidade; democracia, liberdade e igualdade; poder político, soberania popular, poder constituinte, sistema representativo; eleições, sistema eleitoral e partidos políticos; federalismo e República; direitos e garantias individuais, sua evolução e projeção internacional, e, finalmente, direito constitucional e ordem internacional. Tudo sem referência ao direito positivo.

O segundo volume sobre a formação constitucional do Brasil é indubitavelmente o melhor texto sobre a evolução do constitucionalismo brasileiro até a Constituição de 1946. A metodologia do autor consistiu em estudar a evolução do direito constitucional brasileiro em função dos regimes estabelecidos por cada Constituição, considerando sua formação constituinte ou de outorga, com os respectivos antecedentes.

Algumas Instituições Políticas no Brasil e nos Estados Unidos, Um Estudo de Direito Constitucional Comparado (1975). O autor, em outro livro, conceitua a comparação jurídica: "Comparar é cotejar instituições políticas e jurídicas para, através do cotejo, extrair a evidência de semelhanças ou divergências entre elas. Mas essa evidência, por si só, não é, ainda, uma conclusão científica. Essa evolução comparativa, contudo, não é entre o sistema brasileiro e o sistema norte-americano. A evolução comparativa aqui tem natureza diacrônica, ou seja, é comparação entre o tratamento que as diversas constituições brasileiras deram às relações entre a União e os Estados, ainda que tenha dedicado dois tópicos (ns. 15 e 16) aos Estados Unidos, sem natureza comparativa, porém. O Cap.

6º é dedicado ao estudo da administração indireta; é um bom estudo, sem comparação, contudo. O Cap. 7º é um estudo do *Poder Judiciário – Evolução Comparativa*. É um alentado estudo sobre o Poder Judiciário e sua evolução histórica no Brasil. Aqui sim encontramos alguns elementos comparativos com os Estados Unidos.

Não obstante essas considerações, cabe dizer que o autor, na conclusão, reafirma que os textos envolviam comparação constitucional entre os dois países:

"Procuramos, ao longo destas páginas, examinar, de maneira tanto quanto possível objetiva e, sempre que necessário, com base em atos e normas constitucionais e legais e em julgados do Judiciário, certos aspectos da evolução e da prática moderna de algumas instituições jurídicas brasileiras em comparação com as dos Estados Unidos".[14]

Direito Constitucional: Teoria da Constituição. As Constituições do Brasil.[15] O autor esclarece que este livro "não se enquadra entre os estudos mais usuais da opulenta bibliografia jurídica brasileira contemporânea. Não tem – nem poderia ter – as ambições de um Tratado. Não é o que se costuma chamar, entre nós, um livro didático nem um comentário de lei. Não intenta filiar-se, propriamente, a uma doutrina científica, a uma escola jurídica, a uma corrente filosófica. Não tem, tampouco, a frívola preocupação da originalidade. Apresentadas, assim, as feições que o trabalho não intentou assumir, cumpre agora explicar o que ele desejou ser.

"Este livro resume a longa experiência intelectual de um parlamentar, um publicista e um professor que, durante mais de quatro décadas, se preocupou com alguns problemas básicos do Direito Público e da Ciência Política, não como teórico, mas como alguém que teve o destino de viver muitos problemas interligados com esses assuntos".[16]

O livro está dividido em três partes; I – *Direito Constitucional*; II – *Teoria da Constituição*; III – *As Constituições Brasileiras*. Nesta última, partindo da premissa de que as Constituições escritas não esgotam o domínio do Direito Constitucional, o autor considera entre os documentos com força constitucional, os atos de poder de fato e outros que, embora não figurem numa Constituição, têm a natureza material de direito constitucional; em seguida, limita-se a arrolar as Constituições brasileiras, incluindo suas alterações, até mesmo os atos institucionais

---

14 Cf. ob. cit., p. 175.

15 Cf. Afonso Arinos de Melo Franco, *Direito Constitucional: Teoria da Constituição. As Constituições do Brasil*, Rio de Janeiro, Forense, 1976.

16 Cf. ob. cit., "Explicação", p. 7.

e atos complementares do governo militar. Na temática da primeira parte, entram o objeto, significado e história do Direito Constitucional; o Direito Constitucional clássico e o moderno; Estado de Direito, democracia política e democracia social. Na segunda parte: conceito e fins da Constituição; Poder Constituinte; classificação das constituições; reforma constitucional; controles da Constituição. Tudo sinteticamente tratado. São textos enxutos, sínteses, por isso nem sempre suficiente.

CAPÍTULO III
Paulino Jacques

Professor Catedrático da Faculdade de Direito da Universidade do Estado do Rio de Janeiro (UERJ). Publicou *Da Igualdade perante a lei* (1ª ed., 1947); *Democracia Parlamentar* (1947); *O Mandato Político na Constituição de 1946* (1950); *Curso de Direito Constitucional*, que pela Editora Forense teve-se inúmeras edições (a 1ª edição é de 1956), *A Constituição do Brasil Explicada* (1ª ed. 1958, seguida de várias outras).

Curso de Direito Constitucional. No Prólogo da 8ª ed. o autor diz que "teve a preocupação de escrever um livro para alunos, desenvolvendo, metódica e sistematicamente, o programa de ensino, em capítulos curtos e incisivos, que obrigam o leitor a levar a leitura até o fim". De fato, o livro esgota o programa de ensino que, por sua vez, era calcado nos capítulos da Constituição do Brasil de 1967 com sua Emenda n. 1 de 1969.

"Todas as instituições e categorias institucionais examinam-se do ponto de vista crítico-histórico, de modo a apresentar a verdadeira perspectiva do fenômeno político e a sua integral compreensão, tanto o Direito Constitucional é especificamente ciência da 'polis'. Daí a utilização, em larga escala, da técnica da comparação no estudo dessas instituições e categorias, abrangendo não só o Direito brasileiro, bem assim o Direito estrangeiro, quando adequado". Na verdade, o método é mais histórico do que crítico. Todos os institutos e instituições são apresentados a partir de sua origem, natureza e evolução, de modo mais descritivo do que crítico. Essa visão histórica abrange também a presença e evolução da instituição no direito estrangeiro. Não chega a ser propriamente uma comparação jurídico-constitucional, mas uma indicação e descrição da instituição no direito estrangeiro inglês e norte-americano, especialmente, às vezes no direito francês. Abre capítulos para as Constituições inglesa e norte-americana e a influência desta. Em diversos capítulos estuda a estrutura constitucional no Brasil, desde o Brasil-Colônia. É uma boa síntese da evolução constitucional brasileira. Em certo sentido, todo o livro faz a histórica constitucional, porque, além da evolução da estrutura constitucional, em geral, todas as instituições são apresentadas descritivamente na sua evolução histórica, em suas manifestações em todas as Constituições. Por isso, também estuda os direitos e garantias fundamentais, simplesmente, como as demais instituições, assinalando seu conteúdo na Constituição vigente e nas Constituições anteriores, indicando as diferenças de tratamento de uma para outras. Por isso é que dissemos que o livro é como que a evolução constitucional das instituições e institutos constitucionais.

O livro segue estritamente a estrutura da Constituição, tal como nesta apresentada, incluindo emendas constitucionais, os atos institucionais e complementares.

"Obviamente [*diz ele*], a coexistência de duas ordens jurídicas – o 'plano institucional' [*ou seja dos atos institucionais*], plasmado nos Atos subsistentes (art. 182 da Constituição de 1969), e o 'plano constitucional', expresso na Constituição – refletem a conjuntura política que afeta o Estado brasileiro, que o atual presidente da República pretende superar com a ajuda 'dos militantes da política partidária', a fim de encaminhar o País para a plenitude democrática, como de sua vocação".[1] O Presidente da República aí referido era Garraztazu Médice que não tinha nenhuma vocação democrática. Ao contrário, foi o mais autoritário dos Presidentes do regime militar. Na verdade, Paulino Jacques era um conservador e um desses constitucionalistas apoiadores de regime ditatorial. Elogia a ditadura Vargas,[2] como justificou e apoiou o golpe de 1964 e o regime militar.[3] Elogiou todas as providências antidemocratas dos militares, como a eleição indireta dos Chefes do Poder Executivo. "Medidas salutares diante da baixa educação política do eleitorado brasileiro e da facilidade com que se deixa seduzir pelos demagogos".[4] Lamentou que a Constituição de 1969 "não haja estabelecido em caráter permanente o voto indireto para essas eleições".[5]

---

1 Cf. Paulino Jacques, *Curso de Direito Constitucional*, 8ª ed., 2ª tiragem, Rio de Janeiro, Forense, 1977, p. 160.

2 Idem, ibidem, p. 90.

3 Idem, ibidem, pp. 104s.

4 Idem, ibidem, p. 115.

5 Idem, ibidem, p. 161.

Esse Curso, ao lado do *Curso de Direito Constitucional* do Prof. Manoel Gonçalves Ferreira Filho, também partidário do regime militar, foi o manual de Direito Constitucional utilizado por muito tempo nas Faculdades de Direito do País.

Escreveu Paulino Jacques também um livro sob o título de *A Constituição Explicada* (1958 com várias edições posteriores). Como consta da página de rosto, seu objetivo foi explicar as Emendas Constitucionais 1, 2, 3, 4 e 5; os atos Institucionais básicos, anotados, com os respectivos textos na íntegra. A Emenda Constitucional n. 1, como se sabe, à Constituição de 1969, cuja outorga pela Junta Militar, no exercício da Presidência da República, ele justifica com a ideia de "poderes constituintes remanescentes" e com a afirmativa de que as modernas concepções de "poder constituinte" e "revolução", perdendo sentido a questão da outorga. "Demais, se toda revolução traz em seu ventre o 'poder constituinte' – como realmente acontece – enquanto ela atua, aquele poder permanece, como o efeito que decorre da causa, e torna revolucionariamente legítimos os atos praticados com base nesse 'poder constituinte remanescente'."[6]

A partir daí ele indica o que e como foi explicada a Constituição:

"Assim, que cabia ao 'explicador' da Emenda número 1, era fazer o que fizemos – comparar os textos da Constituição de 1967 com os da referida Emenda, a fim de apontar as modificações de fundo e de forma naquela introduzidas. O certo é que se, do ponto de vista formal, houve emenda na Constituição de 1967; do ponto de vista substancial, a Junta Militar outorgou nova Constituição ao país – como acima observamos. A anomalia resultou, obviamente, da 'conjuntura política' que o Brasil vive – repercussão daquela que o mundo de nossos dias sofre –, e constitui um fato consumado, não havendo como deixar de aceitá-lo".[7]

Essa explicação nos basta...

Da Igualdade Perante a Lei.[8] O livro começa com uma introdução geral que coloca o problema da igualdade na evolução histórica; lembra a importância do cristianismo na compreensão da igualdade, assim como recorda a declaração de independência proclamada por Thomas Jefferson, o art. 1º da Declaração dos Direitos do Homem e do Cidadão, aprovada pela Assembleia Nacional francesa em 26.8.1789 e mais a Declaração

6 Cf. Paulino Jacque, *A Constituição Explicada*, 4ª ed., Rio de Janeiro, Forense, 1976, Prólogo, p. 10.

7 Idem, ibidem, p. 10.

8 Cf. Paulino Jacques, *Da Igualdade Perante a Lei, (Fundamentos, conceito e conteúdo)*, 2ª ed., Rio de Janeiro, Forense, 1957.

Universal dos Direitos do Homem, que deu ao princípio igualitário o destaque merecido. Depois seguem capítulos especiais sobre a igualdade como problema filosófico, com destaque, no entanto, para as posições que sustentam a essencial desigualdade das pessoas humanas; a igualdade e os economistas, com críticas às ideias de igualdade, marxistas e socialistas utópicos, para concluir que "[a] igualdade econômica é tão absurda quanto a física e a mental, e, só utopicamente, pode ser concebida e realizada".[9] Segue a igualdade e os sociólogos, com a observação de que "Se os filósofos encararam a igualdade sob o aspecto ontológico, e os economistas, o empírico, os sociológicos viram-na debaixo do prisma teleológico".[10] Enfim, a igualdade e os juristas, a partir do Capítulo V, e é aqui que o autor se exprime de modo quase a dizer que toda a sua pesquisa filosófica, econômica e sociológica era inútil quando diz o seguinte:

"É nos textos das Constituições que o jurista deve buscar os elementos integrativos do conceito de igualdade jurídica, porque, fora deles, se embrenhará numa floresta inextrincável de indagações, quase sempre, infrutíferas. Preso, no entanto, à realidade dos preceitos constitucionais, a sua atividade especulativa exercitar-se-á com resultados práticos. Poderá, assim, o pesquisador do Direito vir a estabelecer um juízo sintético e objetivo acerca da igualdade tão necessário quanto à organização político-social dos Estados modernos e todas as reivindicações populares contemporâneas giram em torno da sua verdadeira compreensão".[11]

Aí ele mostra a presença do princípio da igualdade nos documentos constitucionais ao longo da história, a começar pela Declaração de Virgínia e logo nos demais Estados da Federação americana. Depois, dedica três capítulos sobre a igualdade em países estrangeiros: Estados Unidos, Inglaterra, França, Itália, Alemanha e Rússia. Segue conceito de igualdade jurídica no Brasil e aí vêm os autores brasileiros, desde Pimenta Bueno, com a conclusão, correta, de que, no Brasil, "todos são iguais perante a lei significa tratamento igual para os que se encontram nas mesmas condições e debaixo de idênticas circunstâncias".[12] Em seguida, capítulos sobre a igualdade civil, social, fiscal, e igualdade de jurisdição, e as conclusões a partir da premissa de que não se pode negar a existência objetiva do princípio da igualdade perante a lei, pelo menos, no Brasil, pois que ele, sempre, figurou entre os dispositivos constitucionais, em toda a sua materialidade", isso segundo a concepção de que "[as] situações

9 Idem, ibidem, p. 63.

10 Idem, ibidem, p.65.

11 Idem, ibidem, p. 89.

12 Idem, ibidem, p. 167.

de fato, idênticas ou semelhantes, exigem tratamento de direito idêntico ou semelhante, segundo o verdadeiro e sadio entendimento do princípio jurídico da igualdade".[13]

13 Idem, ibidem, pp. 221 e 222.

CAPÍTULO IV
Wilson Accioli

Não consegui dados sobre a biografia de Wilson Accioli. Só consegui informações sobre suas obras que constam da orelha de suas *Instituições de Direito Constitucional*, por onde se vê que ele produziu as seguintes obras de direito constitucional: 1) *O Legislativo Brasileiro numa Estrutura Política em Transformação*, que foi sua tese de livre docente na Faculdade de Direito da UERJ, em 1970, portanto já em plena ditadura militar; 2) *Comissões Parlamentares de Inquérito: Instrumento de Ação Política*, tese com que conquistou o cargo de Professor Titular da Faculdade de Direito da UERJ, 1980; 3) *Instituições de Direito Constitucional*, 1981. Publicou também um livro de *Teoria Geral do Estado*, Rio de Janeiro, Forense, 1985. Além desses livros há diversos artigos publicados especialmente na *Revista de Informação Legislativa do Senado Federal* (RIL/SF), tais como: "A Intervenção do Estado no Domínio Econômico", *RIL/SF*, Ano I, n. 4, dezembro de 1964; "O Controle de Legalidade da Administração pelo Poder Legislativo", *RIL/SF*, Ano II, n. 8, dezembro de 1965; "Origens do Controle da Constitucionalidade das Leis", *RIL/SF*, Ano III, n. 11, setembro de 1966; "O Tribunal de Contas e o Problema da Constitucionalidade das Leis e Atos", *RIL/SF*, Ano V, n. 18, abril a junho de 1968; "Evolução Histórica e Perspectivas Atuais do Estado, *RIL/SF*, Ano VII, n. 25, janeiro e março de 1970; "Reforma e Contra-Reforma na Constituição de 1824", RIL/SF, Ano XI, n. 43, julho a setembro de 1974; "O Congresso Nacional e o *Treaty-making Power*", *RIL/SF*.

CAPÍTULO V
Célio Borja

Célio de Oliveira Borja nasceu em 15 de julho de 1928, na cidade do Rio de Janeiro, Estado do Rio de Janeiro. Fez o curso superior na Faculdade de Direito da Universidade do Estado do Rio de Janeiro (antiga Universidade do Estado da Guanabara), onde conquistou o grau de Bacharel (1951) e Doutor (1957) em Ciências Jurídicas e Sociais e Livre Docente de Direito Constitucional. Também fez o Curso de Extensão Universitária em Sociologia e Psicologia, da Faculdade de Filosofia da referida Universidade, e o Curso Básico de Administração Pública, da Fundação Getúlio Vargas.

Exerceu atividades universitárias como Professor Catedrático-Fundador de Direito Constitucional da Faculdade de Direito Cândido Mendes; Professor Catedrático interino, de Direito Constitucional e Teoria Geral do Estado, da Faculdade de Direito da Universidade do Estado do Rio de Janeiro (1959-1970); Professor do Curso de Doutorado da Universidade do Estado do Rio de Janeiro; Professor de Direito Constitucional e Administrativo do Instituto Rio Branco, do Ministério das Relações Exteriores (1961-1964) e Professor de Direito Constitucional dos Cursos de Doutorado e Bacharelado da Faculdade de Direito da Pontifícia Universidade Católica do Rio de Janeiro (1967-1970). Dedicou-se à política. Iniciou a atuação parlamentar quando eleito Deputado Estadual (1963-1967), pela UDN, na Assembleia Legislativa do Rio de Janeiro (antigo Estado da Guanabara), e Deputado Federal, pelo Estado do Rio de Janeiro, para as legislaturas 1971/1975 (Arena/RJ); 1975/1979 (Arena/RJ) e 1979/1983 (PDS/RJ), tendo sido presidente da Câmara dos Deputados.

Publicou, entre outros, os seguintes trabalhos: *Competência Privativa do Chefe de Estado no Ato Adicional*, Rio de Janeiro, Laemmert Editores (1963); "A Federação na Constituição do Brasil", **in** *Estudos sobre a Constituição Brasileira*, Rio de Janeiro, Fundação Getúlio Vargas (1968); "Intelectual Property and Peace", **in** *Celebration of The International*

Year of the Peace, by The World Intellectual Property Organization; "The Right to Health in Brazil", **in** *The Americas. A Comparative Constitucional Study*, Pan American Health Organization; "O Mandado de Injunção e o *Habeas Data*", *Revista Forense*, vol. 306, abr./maio/jun., pp. 43-48 (1989); "O Controle Jurisdicional da Constitucionalidade", *Arquivos do Ministério da Justiça*, nº 180, Ano 45, jul./dez. 1992, pp. 111-123; "Alcance e Limites da Revisão Constitucional", *Revista da Indústria*, Ano 2, nº 6, abr./jun. 93, pp. 37-41; *Digesto Econômico*, nº 363, Ano XLIX, nov./dez. 93, pp. 28-30; "O Juízo Arbitral", *Revista de Informação Legislativa do Senado*, 1984; "Energia Elétrica – Transferência de Usina – Congresso Nacional", *Revista de Direito Administrativo*, vol. 207, 1996, pp. 339/345 e "O Poder de Emenda do Congresso Nacional e das Assembleias Legislativas em Matéria de Proventos e Pensões", *Revista de Direito da Procuradoria-Geral do Município do Rio de Janeiro*, vol. 1, nº 1, pp. 21-27. Também teve divulgados conferências, estudos e artigos em várias revistas especializadas.

TÍTULO IV
Os Mineiros

INTRODUÇÃO

A sexta Faculdade de Direito criada no Brasil foi a *Faculdade Livre de Ciências Jurídicas e Sociais do Estado de Minas Gerais*, fundada em 4 de dezembro de 1892 e instalada em 10.12.1892, Ouro Preto, então Capital do Estado.

Seus fundadores foram advogados e juristas, incluindo o Conselheiro Afonso Pena, então Presidente do Estado e futuro Presidente da República. Transferida a Capital para Belo Horizonte, ela também, em 1898, para lá se transferiu, passando a integrar a Universidade de Minas Gerais em 1927. Com a federalização dessa Universidade, a Faculdade adquiriu a condição de estabelecimento de ensino federal. Não encontrei dados mais amplos, nem sobre eventual escrito de direito constitucional nem sobre o teor das lições da disciplina de seus primeiros professores de direito constitucional, **Sabino Alves Barroso Júnior,** *Theóphilo Domingues Alves Ribeiro, David Moretzsohn Campista, Antônio Augusto de Lima, Raul Soares, José Eduardo da Fonseca,* ainda que ela tenha produzido grandes juristas, entre os quais Francisco Campos.[1]

---

1 Dados colhidos em Misabel de Abreu Machado Derzi, *Dados, para uma História da Faculdade de Direito da Universidade Federal de Minas Gerais*, v. I, Belo Horizonte, 1976.

CAPÍTULO I
Os Pioneiros

Sabino Alves Barroso Júnior

Nascido em Serro Frio/MG em 27.04.1859, faleceu em Belo Horizonte/MG em 15.06.1919. Formou-se pela Faculdade de Direito de São Paulo (1884). Foi um dos fundadores da Faculdade Livre de Direito e o seu primeiro Professor de Direito Público e Constitucional. Político, Deputado Constituinte, Deputado Federal, Senador Estadual, Ministro da Justiça e da Fazenda. Presidente da Câmara dos Deputados. Não localizei nada que tenha escrito sobre direito constitucional nem sobre o teor de suas lições.

Theóphilo Domingues Alves Ribeiro.

Traduziu os *Comentários à Constituição dos EUA* de Joseph Story, adaptados à Constituição Brasileira de 1891.

David Moretzsohn Campista

Nascido no Rio de Janeiro em 22.1.1863, faleceu em Copenhague em 12.10.1911)

Antônio Augusto de Lima

[Fundador, 1912-1925]

Raul Soares

Foi professor de Direito Público e Constitucional, mas, como foi especialmente político, tendo sido Presidente do Estado de Minas, não deixou nada escrito sobre a disciplina.

José Eduardo da Fonseca

Foi professor de Direito Constitucional na Faculdade de Direito Livre de Ciências Jurídicas e Sociais de Minas, mas não encontrei dados mais amplos sobre ele, nem sobre eventual escrito de direito constitucional nem sobre o teor de suas lições da disciplina. Só tive a informação de que foi sucedido, na cadeira, por Mario Casassanta.

Foi Livre Docente entre os anos de 1922-1925 e Catedrático entre os anos de 1925-1931.

CAPÍTULO II
Francisco Campos

Francisco Luiz da Silva Campos, Chico Campos, Chico Ciência ou simplesmente Chiquinho Campos, como era conhecido na sua terra.[1] Vale a pena relembrar um pouco de sua trajetória, tanta influência ele teve em certa fase do constitucionalismo brasileiro, o constitucionalismo antiliberal e autoritário da década de trinta.

Filho do Juiz de Direito, Jacinto Álvares da Silva Campos e de d. Azejúlia de Souza e Silva, nasceu em Dores do Indaiá (MG), a 18.11.1891, faleceu em Belo Horizonte em 1.11.1968.[2] Mas viveu sempre em Pompéu, onde tinha fazenda: *Fazenda do Indostão*. Fez o curso primário em Dores do Indaiá sob a orientação de sua mãe. Fez o curso secundário no Instituto de Ciência e Letras, de São Paulo, completado em Sabará. Formou-se pela Faculdade Livre de Direito de Belo Horizonte, em 1914. Em 1917, conquistou em concurso a cadeira de Direito Público Constitucional, sendo admitido como professor substituto em abril de 1918, quando também foi aberto o concurso para Filosofia do Direito e Direito Romano, a que concorreu, sendo admitido como professor substituto de Filosofia do Direito. Em 1919, iniciou sua carreira política elegendo-se deputado estadual em Minas Gerais na legenda do Partido Republicano Mineiro (PRM). Dois anos depois, chegou à Câmara Federal, reelegendo-se em 1924. Nessa época já defendia as posições antiliberais que o projetariam anos mais tarde e manifestou-se firmemente contra a atuação

---

1 Sobre Francisco Campos, Itamar de Oliveira, *Francisco Campos, a inteligência no poder*, Editora Libertas, sem indicação de lugar e data, parece ser Belo Horizonte, no início da década de 1990. E Antônio Campos Guimarães (sobrinho dele), *Chico Campos, o Mago do Indostão*, Belo Horizonte, Editora Santa Edwiges, 1996.

2 Sobre Francisco Campos, cf. Rogério Dutra dos Santos, "Francisco Campos e os fundamentos do constitucionalismo antiliberal no Brasil, www.scielo.br/scielo.php.

da jovem oficialidade militar, os "tenentes", que combatiam o governo federal pelas armas.

Em 1926, com a posse de Antônio Carlos no governo de Minas Gerais, assumiu a Secretaria do Interior daquele Estado, à frente da qual promoveu uma profunda reforma educacional em Minas, implantando aí muitos postulados da Escola Nova. Em 1929, ao ficar clara a preferência do presidente da República Washington Luís pelo nome de um paulista para sucedê-lo no cargo, em detrimento da candidatura de Antônio Carlos, Francisco Campos foi encarregado por este último de negociar a articulação de uma candidatura oposicionista junto às forças políticas gaúchas. Nesse sentido, foi o representante mineiro na reunião realizada no Rio de Janeiro (Hotel Glória, ap. 809), em junho de 1929, que acertou, com João Neves da Fontoura, representante gaúcho, o apoio de Minas a uma candidatura gaúcha à presidência da República, primeiro passo para o lançamento, tempos depois, do nome de Getúlio Vargas pela Aliança Liberal.[3] Com a derrota de Vargas no pleito realizado em março de 1930, participou das articulações que levaram ao movimento armado de outubro daquele ano, que pôs fim à República Velha.

Com a posse do novo regime, assumiu a direção do recém-criado Ministério da Educação e Saúde, credenciado por sua atuação à frente dos assuntos educacionais de Minas. Promoveu, então, a reforma do ensino secundário e universitário no país. Foi também um dos principais incentivadores da Legião de Outubro, organização criada em Minas Gerais com o objetivo de oferecer sustentação política à nova ordem, ao mesmo tempo em que atacava as bases do até então todo poderoso PRM. A nova agremiação assemelhava-se às organizações fascistas europeias, no que diz respeito tanto aos seus aspectos programáticos como organizacionais.

Em dezembro de 1935, o prefeito Pedro Ernesto nomeou Francisco Campos como secretário de Educação do Distrito Federal, em substituição a Anísio Teixeira, acusado de envolvimento com o levante armado promovido dias antes pela Aliança Nacional Libertadora (ANL) – frente antifascista e anti-imperialista, formada por comunistas, socialistas e "tenentes" de esquerda – contra o governo federal. No novo cargo, Campos demoliu uma das mais importantes iniciativas da gestão anterior, a Universidade do Distrito Federal.

Nesse período, consolidou-se como um dos mais importantes ideólogos da direita no Brasil, aprofundando suas convicções antiliberais e

3 Cf. João Neves da Fontoura, *Memórias*, 2º vol., Porto Alegre, Editora Globo, 1963, pp. 71s.

passando a defender explicitamente a ditadura como o regime político mais apropriado à sociedade de massas, que então se configurava no país. Nesse sentido, tornou-se um dos elementos centrais, junto com Vargas e a cúpula das Forças Armadas, dos preparativos que levariam à ditadura do Estado Novo, instalada por um golpe de estado decretado em 10 de novembro de 1937. Nomeado ministro da Justiça dias antes do golpe, foi, então, encarregado por Vargas de elaborar a nova Constituição do país, marcada pela proeminência do poder central sobre os estados e do Poder Executivo sobre o Legislativo e o Judiciário.

Sobre sua responsabilidade no golpe de 1937, escreveu Paulo Bonavides: "Foi ele, porém, dos poucos que, coerentes, não se furtaram à responsabilidade ideológica pelo interregno ditatorial, possivelmente em razão da firme crença nos valores outorgados, de maneira que sua face não se descobriria depois, ambígua e hesitante, em lances de oportunismo e ductilidade política, como a de tantos outros, envolvidos na mesma aventura absolutista".[4]

No decorrer do ano de 1944, passou a defender a redemocratização do país e negou o caráter fascista da Constituição de 1937, ainda em vigência. No ano seguinte, participou das articulações empreendidas nos meios políticos e militares que levaram ao afastamento de Vargas e ao fim do Estado Novo.

Nos anos 50, afastado dos cargos públicos, passou a defender posições econômicas liberais e agraristas. Em 1964, participou das conspirações contra o governo do presidente João Goulart. Após a implantação do regime militar, voltou a colaborar na montagem de um arcabouço institucional autoritário para o país, participando da elaboração dos dois primeiros Atos Institucionais baixados pelo novo regime (AI-1 e AI-2) e enviando sugestões para a elaboração da Constituição de 1967.

Francisco Campos não foi professor de direito constitucional, mas de filosofia do direito na Faculdade de Direito da UMG, ainda que tenha sido aprovado em concurso para a disciplina. Deixou, no entanto, alguns textos importantes de direito constitucional e também de direito administrativo, mas não escreveu um livro. Suas obras formaram-se por compilação de suas conferências, artigos e pareceres.

4 Cf. "Francisco Campos – O Antiliberal", em *Perfis Parlamentares 6: Francisco Campos*, Introdução, Rio de Janeiro, José Olaympio, 1979, p. XIII.

O Estado Nacional.[5] Trata-se de uma coleção de conferências, discursos e entrevistas, todos de fundamentação e exaltação do regime ditatorial implantado com o golpe de Estado de 10.11.1937, a primeira conferência, sob o título "A Política e o nosso Tempo", foi proferida da Escola de Belas Artes em 28.9.1935, portanto mais de dois anos antes do golpe. Mas Chico Campos deve tê-lo posto aí no início do livro, porque revela sua filosofia política. Nela está sempre presente a ideia de *integração política* e da consequente unidade estatal, que vêm da doutrina da integração de Rudolf Smend, tida como antecipadora do totalitarismo do séc. XX. Daí sua afirmativa de que "[o] sistema constitucional é dotado de um novo dogma, que consiste em pressupor, acima da constituição escrita, uma constituição não escrita, na qual se contém a regra fundamental de que os direitos de liberdade são concedidos sob a reserva de se não envolverem no seu exercício os dogmas básicos ou as decisões constitucionais relativas à substância do regime", até porque segundo ele as categoria da personalidade e da liberdade são apenas ilusões do espírito humano.[6] Terminou vaticinando o dez de novembro de 1937: "Já se ouve, ao longe, traduzido em todas as línguas, o tropel das marchas sobre Roma, isto é, sobre o centro das decisões políticas",[7] alusão às ditaduras de Mussolini e Hitler. Pronuncia-se explicitamente pelo corporativismo.[8] Defende veementemente o Decreto-lei 1202, que estabeleceu a centralização política, portanto em detrimento do princípio federativo, pelo que, sob a Carta de 1937, o Brasil se tornou um Estado unitário. Noutro passo, sente-se o espírito hegeliano: "O Estado passou a ser uma ordem, isto é, um sistema animado de um espírito e de uma vontade, unificado em torno de uma pessoa, que é em política a primeira categoria da realidade. O Estado tem um chefe".[9] Estado Nacional é aquele em que existe, efetivamente, um governo, um poder, uma autoridade, diz. Em suma: "O Estado popular é o Estado que se torna visível e sensível no seu chefe, o Estado dotado de vontade e de virtudes humanas, o Estado em que corre não a linfa da indiferença e da neutralidade, mas o sangue do poder e da justiça. O povo e o Chefe, eis as duas entidades do regime. O Estado é do povo e para o povo, e, por isto, é um Estado de chefe porque o povo, como todos os grandes criadores, representa, sob a forma humana da pessoa, o

---

5 Cf. Francisco Campos, *O Estado Nacional, Sua estrutura, seu conteúdo ideológico*, Rio de Janeiro, José Olympio Editora, 1940.

6 Cf. ob. cit., pp. 13 e 21.

7 Idem, ibidem, p. 32.

8 Idem, ibidem, pp. 61s.

9 Idem, ibidem, p. 211.

poder digno de ser somado e obedecido, o poder animado do espírito de proteção, de justiça e de equidade".[10]

O povo aí não é o elemento básico da democracia, a fonte primária do poder, porque este é encarnado no chefe, o "führer" (o chefe, o condutor, o guia) da concepção nazista do Estado. Tudo gira em torno do chefe, inclusive o povo. É explícito na sua opção pelo Estado autoritário, que, segundo ele, não é criação de reduzido número de indivíduos, mas resultante da presença das massas, tal era a configuração do Estado Novo, cuja Constituição não podia ser obra de combinações, coordenações e ajustamentos parlamentares,[11] ou seja, devia mesmo ser outorgada pelo Chefe, claro.

"A tese nacionalista em Francisco Campos não se adjetiva, porém, numa ideologia; é, substancialmente, o Estado, o Poder, o Chefe, com tácitas coincidências de conteúdo, que ele não nomeia nem confessa, respeitantes a análogos modelos europeus de reação totalitária, onde manifestamente se inspirou".[12]

Francisco Campos era um publicista muito atualizado com a doutrina nacional e estrangeira em geral que versava com muita facilidade tal era o domínio que ele tinha de línguas estrangeiras, espanhol, francês, italiano, inglês e alemão. A doutrina do direito público alemão lhe era muito familiar. Não escreveu, como dissemos, obra sistemática de direito público, mas deixou dois preciosos volumes de direito administrativo[13] e dois de direito constitucional,[14] compostos de pareceres que ele deu ao longo de sua vida até a década de 1950. Não vamos aqui cuidar do direito administrativo, senão para destacar dois ou três textos que mais de perto tangenciam o direito constitucional, como são os pareceres referentes a irretroatividade da lei, ato jurídico perfeito e direito adquirido: "A lei não retroage em relação ao ato jurídico que ela já encontrou consumado ou aperfeiçoado em todos os seus elementos" [15] e "Promoção e direito adquirido. O problema do direito à promoção";[16] neste ele mostra com precisão o que não constitui direito adquirido e o que constitui; sobre o

---

10 Idem, ibidem, p. 213.

11 Idem, ibidem, p. 222.

12 Cf. Paulo Bonavides, "Introdução" cit., p. XIV.

13 Cf. Francisco Campos, *Direito Administrativo*, 2 volumes, Rio de Janeiro, Freitas Bastos, 1958.

14 Cf. Francisco Campos, *Direito Constitucional*, 2 volumes, Rio de Janeiro, Freitas Bastos, 1956.

15 Cf. *Direito Administrativo*, II, cit., pp. 7s.

16 Idem, ibidem, pp. 105s.

princípio da isonomia: "O princípio da isonomia. Sua natureza, extensão e compreensão. Direitos de funcionários com os mesmos encargos e responsabilidades";[17] sobre competência federativa: "Competência federal e local. Exercício do poder de polícia federal e o exercício do mesmo poder por parte dos Estados e Municípios";[18] sobre princípios orçamentários: "Unidade do Orçamento. Unidade formal e unidade material. Execução orçamentária..."[19] tudo isso além dos diversos pareceres sobre concessão de serviço público, matéria relacionada com o art. 175 da Constituição vigente.

"A vocação para as letras jurídicas é nele tão forte e irradiante quanto intensa sua afeição à teoria política como teoria do poder. Os dois aspectos dessa irreprimível inclinação se conjugam numa esfera privilegiada do Direito, de que a política se faz inseparável e onde cômoda e harmonicamente se completam como correntes que desembocam no mesmo estuário: o Direito Constitucional".[20]

Direito Constitucional. Aqui se encontram conceitos constitucionais da mais alta importância para o estudioso desses temas. Todos os quarenta e cinco pareceres que compõem os dois volumes trazem informações sobre teoria constitucional e de direito constitucional positivo ainda de grande atualidade. Os pareceres do primeiro volume, no entanto, são quase todos de direito tributário. Mas nele mesmo existem textos bons sobre direito constitucional. Um deles discute a posição do constituinte estadual.[21] Assim é o parecer sobre *elaboração legislativa*[22] que fez como relator da Comissão de Constituição e Justiça da Câmara dos Deputados de Minas Gerais, em 1919. Aí temos importante aspecto da teoria constitucional relativamente ao conceito de constituição formal:

"Não existe, pois, senão paridade de natureza ou de matéria entre uma disposição de ordem regulamentar dos trabalhos legislativos incluída no regimento da Câmara e uma disposição da mesma natureza, constante da Constituição; formalmente, elas se distinguem pelo caráter do instrumento em que vêm estatuídas, e, no regime de constituição escrito ou rígido, o que imprime a uma disposição o cunho constitucional não é a matéria ou o conteúdo, senão a categoria da lei de que faz parte. Se

17 Idem, ibidem, pp. 179s.

18 Idem, ibidem, pp. 195s. Cf. também *Direito Constitucional*, I, pp. 375s.

19 Idem, ibidem, pp. 211s. Cf. também *Direito Constitucional*, cit., I, pp. 287s.

20 Ainda Paulo Bonavides, "Introdução" cit., p. XV.

21 Cf. "Aprovação, pela constituinte estadual, dos atos do governo do Estado", *Direito Constitucional*, I, pp. 363s.

22 Cf. "Elaboração legislativa", *Direito Constitucional*, I, pp. 389s.

assim é, não se compreende, em tal regime, a faculdade, reconhecida no poder legislativo, de decidir se uma disposição consubstanciada em cláusula da Constituição, por sua matéria ou natureza, é ou não de ordem constitucional, para medir, em conformidade com sua decisão, a órbita das suas faculdades ou estabelecer o grau em que tal preceito vincula a sua obediência ou coarcta o seu arbítrio. Tal doutrina, incompatível com o regime de constituição rígida ou escrita, acabaria por nivelar as leis constitucionais às ordinárias ou às simples resoluções de caráter regimental, estabelecendo, assim, a supremacia do parlamento em contravenção ao sistema de poderes limitados, qual o nosso".[23]

Faz importantes considerações sobre inconstitucionalidades, não aceitando, nem por um momento, que as "nulidades de Direito Constitucional fossem de Direito Civil", acrescentando que: "Um ato ou uma lei inconstitucional é um ato ou uma lei inexistente; uma lei inconstitucional é lei apenas aparentemente, pois que, de fato ou na realidade, não o é. O ato ou lei inconstitucional nenhum efeito produz, pois que inexiste de direito ou é para o Direito como se nunca houvesse existido",[24] doutrina que ele repete em outras passagens e que abeberou na doutrina norte-americana ou em Ruy Barbosa.

Outro importante texto é o que versa sobre a igualdade perante a lei.[25] No seu direito administrativo, como visto, existe um sobre o mesmo tema: *o princípio da isonomia*, a que já fizemos referência, mas ligado a problemas administrativos. Este que agora nos ocupa cuida mais estritamente dessa garantia constitucional, tratada, pois, sob a perspectiva do direito constitucional. Embora o tema tenha sido tratado em face da Constituição de 1946, a doutrina sustentada se acomoda perfeitamente à Constituição de 1988, inclusive a seguinte passagem:

"A cláusula relativa à igualdade diante da lei vem em primeiro lugar na lista dos direitos e garantias que a Constituição assegura aos brasileiros e aos estrangeiros residentes no país. Não foi por acaso ou arbitrariamente que o legislador constituinte iniciou com o direito de igualdade a enumeração dos direitos individuais. Dando-lhe o primeiro lugar na enumeração,

---

23 Idem, ibidem, p. 391.

24 Idem, ibidem, pp. 429, 430, 435s.

25 Cf. "Igualdade perante a lei. Sentido e compreensão desta garantia constitucional. Qual o seu destinatário? Conceito de lei na Constituição de 1946. Irretroatividade da lei. Marcas de indústria e de comércio constituem objeto do direito de propriedade", em *Direito Constitucional*, v. 2, cit., pp. 7s.

quis significar expressivamente, embora de maneira tácita, que o princípio da igualdade rege todos os direitos em seguida a ele enumerados".[26]

Daí ele tira importantes conclusões que valem a pena lembrar:

- "Quando, efetivamente, a Constituição assegura a liberdade, a propriedade e os demais direitos individuais, ela os assegura não só indiscriminadamente ou a todos, mas a todos na mesma medida e mediante as mesmas condições. Enunciando o direito à igualdade em primeiro lugar, o seu propósito foi, precisamente, o de significar a sua intenção de proscrever, evitar ou proibir que em relação a cada indivíduo pudesse variar o tratamento quanto aos demais direitos que ela assegura e garante. O direito à igualdade rege os demais direitos individuais, devendo ser subentendida em cada um dos parágrafos seguintes em que ele vem enunciado a cláusula relativa à igualdade diante da lei".

- "O princípio não tem, portanto, como foco de incidência um ponto preciso e definido. Ele se difunde por todo o tecido das relações humanas que possam constituir objeto de regulamentação jurídica ou sejam suscetíveis de configurar-se em conteúdo de um ato ou de um comando da autoridade pública. Não é princípio adstrito a um aspecto ou a uma forma de organização social; é um postulado de ordem geral, destinado a reger o comércio jurídico em todas as modalidades, de modo a assegurar, particularmente sob as constituições liberais e democráticas, o regime da concorrência, que é a categoria sob a qual elas concebem não somente a ordem social, como a ordem policial, a ordem econômica e a ordem jurídica. O princípio de igualdade tem por principal função proteger e garantir a livre concorrência entre os homens, seja quando a sua atividade tem por objeto o poder, seja quando o podo do seu interesse são os bens materiais ou imateriais, cujo gozo exclusivo lhes é assegurado pelo direito de propriedade.

- "O mandamento da Constituição se dirige particularmente ao legislador e, efetivamente, somente ele poderá ser o destinatário útil de tal mandamento. O executor da lei já está, necessariamente, obrigado a aplicá-la de acordo com os critérios constantes da própria lei. Se esta, para valer, está adscrita a se conformar ao princípio de igualdade, o critério da igualdade resultará obrigatório para o executor da lei pelo simples fato de que a lei o obriga a executá-la com fidelidade ou respeito aos critérios por ela mesma estabelecidos".

- Observa ele que as constituições democráticas, depois de declarar, em termos absolutos faz reserva de que a lei poderá criar restrições. Na

26 Idem, ibidem, p. 12.

Constituição (de 1946, como na de 1988) há vários direitos assegurados aos quais, entretanto, se acrescentam restrições que a lei poderá criar-lhes. "Em relação à igualdade, porém [*conclui*], a Constituição não admite em caso algum qualquer derrogação legal ao princípio por ela estabelecido. Esse princípio ela o enuncia em termos absolutos ou plenários, com isto manifestando a intenção de que ele se torne efetivo em toda a latitude do seu sentido e em qualquer circunstância, seja qual for a situação ou a condição da pessoa, a natureza da coisa, a espécie da relação, o estado de fato que a lei pretenda reger. Não haverá condições à igualdade perante a lei. A lei será igual para todos e a todos se aplicará com igualdade. É um direito incondicional ou absoluto. Não tolera limitações, não admite exceção, seja qual for o motivo invocado; lei alguma, nenhum pode, nenhuma autoridade poderá, direta ou indiretamente, de modo manifesto ou sub-reptício, mediante ação ou omissão, derrogar o princípio da igualdade".[27]

O texto ocupa quase cinquenta páginas. É ainda um dos melhores sobre o princípio da igualdade perante a lei. Depois, é certo que três outros textos da melhor qualidade foram produzidos sobre o tema. Um de Seabra Fagundes, "O princípio constitucional da igualdade perante a lei e o Poder Legislativo" (RT 235/3s), outro de Celso Antônio Bandeira de Mello, *O Conteúdo do Princípio da Igualdade* (Malheiros, 2007) e o livro de Cármen Lúcia Antunes Rocha, *O Princípio Constitucional da Igualdade* (Jurídicos Lê, 1990).

O livro de que nos ocupamos ainda traz outros textos bons sobre inconstitucionalidade, privilégios parlamentares, iniciativa legislativa, recursos extraordinários, poder judiciário, Supremo Tribunal Federal, autonomia municipal, ideologia e direito constitucional, entre outros.[28] Uma avaliação geral chegará à conclusão de que Francisco Campos teve, em certo momento, bastante influência no constitucionalismo brasileiro, incluindo a elaboração da Carta ditatorial de 1937 e a elaboração do Ato Institucional 1 de 1964. Politicamente, era de feição autoritária tendencialmente nazifacista, mas isso curiosamente não contaminou seus trabalhos tipicamente constitucionais, conforme acabamos de examinar, nos quais ele até se mostrou bastante progressista, haja vista sua doutrina do princípio da igualdade. Quando fez obra política sua ideologia autoritária transpareceu sem disfarce, mas quando fez obra jurídica não misturou as coisas.

27 Idem, ibidem, pp. 12, 13, 14, 15 e 18.

28 Idem, ibidem, pp, 57s, 155s, 189s e 201s, 235s, 337s e 400s e 404.

Constituição (de 1946, como na de 1988) há vários direitos assegurados aos quais, entretanto, se acrescentam restrições que a lei poderá criar-lhes. Em relação à igualdade, porém [escreve], a Constituição não admite em caso algum qualquer derrogação legal ao princípio por ela estabelecido. Esse princípio ela o enuncia em termos absolutos ou plenários, com isto manifestando a intenção de que ele se torne efetivo em toda a latitude do seu conteúdo e em qualquer circunstância, seja qual for a situação ou a condição da pessoa, a natureza das coisas, a espécie da relação, o estado de fato que a lei pretenda reger. Não há, em condições idênticas, desigualdade perante a lei. A lei será igual para todos e a todos se aplicará com igualdade. É um direito incondicional ou absoluto. Não tolera limitações, não admite exceção, seja qual for o motivo invocado, lei alguma, nenhum poder, nenhuma autoridade poderá, direta ou indiretamente, de modo manifesto ou sub-reptício, mediante ação ou omissão, derrogar o princípio da igualdade."[27]

O texto ocupa quase cinquenta páginas. É ainda um dos melhores sobre o princípio da igualdade perante a lei. Depois, é certo que três outros textos de melhor qualidade foram produzidos sobre o tema. Um de Seabra Fagundes, "O princípio constitucional da igualdade perante a lei e o Poder Legislativo" (RF 235/354); outro de Celso Antônio Bandeira de Mello, *O Conteúdo do Princípio da Igualdade* (Malheiros, 2003); e o livro de Carmen Lúcia Antunes Rocha, *O Princípio Constitucional da Igualdade* (Jurídicos Lê, 1990).

O livro de que nos ocupamos ainda traz outros textos bons sobre inconstitucionalidade, privilégios parlamentares, iniciativa legislativa, recursos extraordinários, poder judiciário, Supremo Tribunal Federal, autonomia municipal, ideologia e direito constitucional, entre outros.[28] Uma avaliação geral chegará à conclusão de que Francisco Campos teve, em certo momento, bastante influência no constitucionalismo brasileiro, incluindo a elaboração da Carta ditatorial de 1937 e a elaboração do Ato Institucional I de 1964. Politicamente, era de índole autoritária, tendencialmente nazifascista, mas isso curiosamente não contaminou seus trabalhos tipicamente constitucionais, conforme acabamos de examinar, nos quais ele até se mostrou bastante progressista, tendo em vista sua doutrina do princípio da igualdade. Quando fez obra política sua ideologia autoritária transpareceu sem disfarce, mas quando fez obra jurídica não misturou as coisas.

27. Idem, ibidem, pp. 12, 13, 14, 15 e 18.
28. Idem, ibidem, pp. 97, 135, 159, 203, 239, 273, 375 e 401.

CAPÍTULO III
Mário Casassanta

Foi catedrático de direito constitucional da Faculdade de Direito da UFMG, mas, ao que me consta, só deixou um livro de direito constitucional. que foi sua tese de concurso sobre o veto, cujo título já denuncia a posição do autor que vê no instituto um poder, daí *O Poder do Veto*.[1] Trata-se de monografia bem feita.

Mario Casassanta era um cultor das belas letras, por isso escrevia muito bem. Mostra ele que o veto se originou das lutas de classe no seio da vida romana:

"Na verdade [*diz ele*], quando da retirada da plebe romana para o Monte Sagrado, na sua luta contra uma aristocracia sem entranhas, conveio-se na instituição dos tribunos da plebe, que podiam suspender a execução dos decretos do Senado ou ordem de outras autoridades.

"Essa suspensão, fixou-se mediante a palavra – *veto* – eu proíbo, e daí o seu ingresso na técnica jurídica".[2] O poder do veto pressupõe um sistema de governo baseado no princípio da divisão de poderes e tem natureza legislativa.[3] Afora, essa monografia não conhecemos nenhuma outra contribuição do ilustre constitucionalista ao direito constitucional.

---

1 Cf. Mário Casassanta, *O Poder do Veto*, Belo Horizonte, Os Amigos do Livro, s.d.

2 Idem, ibidem, p. 42. Sobre isso, cf. José Afonso da Silva, *Processo Constitucional de Formação das Leis*, 2ª ed., São Paulo, Malheiros, 2006, pp. 215s.

3 Mário Casassanta, ob. cit., pp. 49 e 76-78.

CAPÍTULO IV
Raul Machado Horta

Nasceu em Paracatu/MG em 12.4.1923, morreu em Belo Horizonte/MG em 2.3.2005. Era filho do Dr. Francisco de Paula Rebelo e Da. Matilde Machado Horta. Formou-se em Direito, em 1946, pela Faculdade de Direito da Universidade Federal de Minas Gerais. Era casado, desde 1950, com Maria Regina Campos, filha do ex-governador de Minas Gerais, o jurista e político mineiro, Milton Soares Campos.

Raul Machado Horta foi Assessor Especial do Presidente da Comissão de Sistematização da Assembleia Nacional Constituinte em 1987. Mas não é só. Membro do Conselho de Orientação da Revista de Direito Público da Fundação Getúlio Vargas, Membro também da Academia Mineira de Direito, Membro da Academia Brasileira de Letras Jurídicas, Membro do Conselho Editorial da Revista de Direito Constitucional e Ciência Política do Instituto Brasileiro de Direito Constitucional e Membro da Academia Mineira de Letras. Em todo o tempo que se pontificou como Mestre, o Professor foi Consultor Jurídico da Universidade e, sucessivamente, Consultor Jurídico, Chefe de Assistência Jurídica, Diretor Secretário e Diretor do Contencioso da Cia. Siderúrgica Belgo-Mineira, que o guindou, por seus méritos e bons serviços, aos cargos de Conselheiro Secretário, Vice-Presidente do Conselho de Administração e Presidente do Conselho de Administração. Hoje, a par das atividades profissionais, que exerce em seu escritório, é Membro do Conselho Consultivo da Cia. Siderúrgica Belgo Mineira e do Conselho Administrativo da CEMIG – Centrais Elétricas de Minas Gerais. É que o labor teórico de Raul Machado Horta, ao lado de tantas atividades desenvolvidas, alarga-se para mais de 150 artigos publicados ao longo de sua atividade acadêmica e é enriquecido por três obras de envergadura: *O Controle de Constitucionalidade das Leis no Regime Parlamentar*, de 1953; *A Autonomia do Estado-Membro no Direito Constitucional Brasileiro*, de 1964; e *Curso de Direito Constitucional Brasileiro, 1979.*

Na sua bela oração sobre a vida e obra de Raul M. Horta, Aloizio Gonzaga de Andrade Araújo observou "que ele vê a dogmática jurídica como produto da razão prática e não da nossa razão puramente teórica e, em consequência disso, para ele o dever ser da norma jurídica mantém necessária relação com a esfera do ser, porque aquela só tem validez se for efetiva e voluntariamente observada pela massa de seus destinatários, em função de um fim a realizar. 'A estrutura é uma ordenação reveladora do modo de ser dos elementos que a integram'. O conhecimento da estrutura da norma jurídica, de modo geral, e da norma jurídica constitucional, de modo especial, permite fixar as características, às formas e as modalidades com que a norma se apresenta no ordenamento jurídico. A fixação das características da norma jurídica é tema introdutório ao conhecimento da norma constitucional. A norma jurídica distingue-se por duas propriedades fundamentais: a validez e a vigência. A validez, ensina Legaz Lacambra, 'pertence à essência do Direito, e a vigência é a qualidade extraída da experiência. A validez é a exigibilidade da norma. A vigência exprime a obediência dispensada à norma jurídica'". *Estudos de Direito Constitucional*, Belo Horizonte, Del Rey, 1995.

A Autonomia do Estado-Membro no Direito Constitucional Brasileiro foi a tese do concurso para Professor Titular de Direito Constitucional ao qual concorremos ambos e ele venceu.

PUC de Minas Gerais

CAPÍTULO I

Carlos Mário da Silva Velloso

Carlos Mário da Silva Velloso nasceu na cidade de Entre Rios de Minas, Minas Gerais, em 19 de janeiro de 1936, filho do Juiz Achilles Teixeira Velloso e de D. Maria Olga da Silva Velloso. Concluiu o Curso Ginasial no Colégio Santo Antônio de São João del Rei, Minas Gerais (1953), e o Curso Clássico no Colégio Estadual de Minas Gerais, em Belo Horizonte (1957). Diplomado pela Faculdade de Direito da Universidade Federal de Minas Gerais, em 1963, passou a exercer a advocacia em Belo Horizonte. Juiz Federal e daí Ministro do Tribunal Federal de Recursos, desempenhando as respectivas funções até 7 de abril de 1989, data em que passou a exercer o cargo de Ministro do Superior Tribunal de Justiça (Constituição, art. 104). Nomeado Ministro do Supremo Tribunal Federal, de que tomou posse em 13.6.1990, nessa condição voltou a integrar o Tribunal Superior Eleitoral por mais de uma vez. Aposentou-se no cargo de Ministro do S.T.F em 19.1.2006.

Professor de Direito Constitucional nas Faculdades de Direito das Universidades Católicas (PUC-MG), de que foi diretor, e Federal (UFMG) de Minas Gerais, nesta última, após aprovação em concurso público. Foi também professor titular de Ciência das Finanças e Direito Tributário da Faculdade de Ciências Administrativas da UNA-MG. Foi professor Titular da Faculdade de Direito da Universidade de Brasília – UnB, nos cursos de graduação e pós-graduação, regendo as cadeiras de Teoria Geral do Direito Público e Direito Constitucional. Aposentou-se em abril de 1998, conferindo-lhe a Universidade de Brasília, UnB, o título de Professor Emérito, em 1999. A Pontifícia Universidade Católica de Minas Gerais-PUC-MG conferiu-lhe o título de Professor Emérito, em 12 de março de 2000. Integrou diversas Bancas Examinadoras de concurso para a carreira acadêmica em diversas Faculdades de Direito.

É autor do livro *Temas de Direito Público.*[1] Colaborou em diversas obras coletivas com textos de direito administrativo e constitucional. Aqui, contudo, só mencionaremos os de direito constitucional *Curso de Mandado de Segurança*, Editora Revista dos Tribunais, São Paulo, 1986; *O Poder Judiciário e a Nova Constituição*, Ed. Ajuris, Porto Alegre, 1985; A Constituição Brasileira de 1988 – Interpretações, coletânea de trabalhos sobre a Constituição de 1988, com o trabalho "Tribunais Federais e a Justiça Federal", Fundação Dom Cabral, Academia Internacional de Direito e Economia e Editora Forense, Belo Horizonte e Rio de Janeiro, 1988; Processo do Trabalho, Estudos em memória de Coqueijo Costa, com o trabalho "Princípios Constitucionais de Processo", Ed. LTr., São Paulo, 1989; Mandados de Segurança e de Injunção, com o trabalho "Do Mandado de Segurança e Institutos Afins na Constituição de 1988", Ed. Saraiva, São Paulo, 1990; Recursos no Superior Tribunal de Justiça, com o trabalho "O Superior Tribunal de Justiça: competências originária e recursal", Ed. Saraiva, São Paulo, 1991; *La Nouvelle République Brésilienne*, livro que integra a Collection Droit Public Positif, dirigida pelo Professor Louis Favoreu, Ed. Economica, Paris, França, 1991, com os trabalhos "Le Controle de Constitutionnalité" e "Les Nouvelles Garanties Constitutionnelles"; Antologia Luso Brasileira de Direito Constitucional, organizada pelo Professor Paulo Lopo Saraiva, com o trabalho "Mandado de Segurança – Conceito de Direito Líquido e Certo", Livraria e Editora Brasília Jurídica, 1992; Atualidades Jurídicas, 2 volumes, Editora Del Rey, II Volume, 1993, com o trabalho "As Novas Garantias Constitucionais"; O Judiciário e a Constituição, Editora Saraiva, São Paulo, 1994, com o trabalho "Problemas e Soluções na Prestação da Justiça"; Perspectivas do Direito Público, livro em homenagem a Miguel Seabra Fagundes, com o trabalho "Do Poder Judiciário: organização e competência", Editora Del Rey, Belo Horizonte-MG, 1995, pp. 219-244; Anais do III Congresso Jurídico Brasil–Alemanha, promovido pela Sociedade de Estudos Jurídicos Brasil–Alemanha, em alemão e português, com o trabalho "A Delegação Legislativa – A Legislação por Associações no Brasil"; Direito Econômico, que reproduz os trabalhos produzidos no "II Fórum de Direito Econômico", realizado em Foz do Iguaçu, de 16 a 19-3-95, Cedep, Tribunal de Alçada do Paraná, Instituto dos Advogados de São Paulo e IBCB, Instituto Brasileiro de Ciência Bancária, 1995,

---

1 Cf. Carlos Mario da Silva Velloso, *Temas de Direito Público*, Belo Horizonte, Del Rey, 1994, 2ª tiragem, 1997.

com o trabalho "Poder Judiciário, propostas de modernização, a súmula vinculante", pp. 195-205; Direito Eleitoral, Editora Del Rey, Belo Horizonte, MG, 1996, com o trabalho "A Reforma Eleitoral e os Rumos da Democracia no Brasil", pp. 11-29; Justiça: Promessa e Realidade – o acesso à Justiça em Países Ibero-americanos, Editora Nova Fronteira, Rio de Janeiro, 1996, com o trabalho "O Poder Judiciário do século XXI: Perspectivas, Experiências, Problemas e Soluções", pp. 13-32; Estudos em Homenagem ao Prof. Caio Tácito, Editora Renovar, Rio de Janeiro, 732 páginas, com o trabalho "O Supremo Tribunal Federal e o controle de constitucionalidade: resenha de decisões", pp. 135-162; Curso de Direito Coletivo do Trabalho, estudos em homenagem ao Ministro e Professor Orlando Teixeira da Costa, Editora LTr., 1997, São Paulo-SP, 711 páginas, com o trabalho de doutrina: "A greve no serviço público"; The Role of the Judiciary in the Protection of Human Rights, University of London, Kluwer Law International, London, The Hague, Boston, 456 pp., com o trabalho de doutrina: "Jurisdictional Protection of Fundamental Rights in the Brazilian Juridical Order", pp. 257-276; Estudos em Homenagem ao Professor Geraldo Ataliba, Editora Malheiros, São Paulo-SP, com o trabalho de doutrina: "Reforma Constitucional, Cláusulas Pétreas, especialmente a dos Direitos Fundamentais e a Reforma Tributária"; Etica, Sociedad y Política en el Contexto Latinoamericano, Seminário Internacional, Fundação Konrad Adenauer, Caracas, Venezuela, 1997, com o artigo de doutrina "Etica y Cosa Pública", pp. 149-154; Direito Constitucional, Editora Consulex, Brasília-DF, 1998, coordenação do Professor José Janguiê Bezerra Diniz, com o trabalho "A Reforma Eleitoral e os Recursos da Democracia no Brasil", pp. 517-523; Estudos Constitucionais – 10 anos de Constituição: uma análise, publicação do Instituto Brasileiro de Direito Constitucional – IBDC, Celso Bastos Editor, São Paulo, 1998, com o Trabalho "É Possível a Revisão da Constituição de 1988?", pp. 223-238; Direito Contemporâneo, Estudos em Homenagem a Oscar Corrêa, coordenação de Ives Gandra da Silva Martins, com o trabalho "A Argüição de Descumprimento de Preceito Fundamental", Editora Forense Universitária, Rio de Janeiro, 2001; Dimensões do Direito Contemporâneo, "Estudos em Homenagem a Geraldo de Camargo Vidigal", coordenação de Ives Gandra Martins e José Renato Nalini, com o trabalho "A justiça e o seu problema maior: a lentidão. A tripeça em que se assenta a segurança pública: Justiça, Ministério Público e Polícia – O Juizado de Instrução", Edição IOB Informações Objetivas Publicações Jurídicas Ltda., São Paulo, 2001; Anais do Seminário, o Supremo Tribunal Federal na História Republicana, com o trabalho "O Supremo Tribunal Federal como Tribunal Constitucional", pp. 219-314, edição AJUFE – Associação dos Juízes Federais, Rio, 2002; Terrorismo e Direito – Os impactos do terrorismo na comunidade internacional e no Brasil: perspectivas político-jurídicas, com o trabalho "A Extradição e seu controle pelo Supremo Tribunal Federal", Editora Forense, Rio de Janeiro, 2002; Jurisdição constitucional e direitos fundamentais, Del Rey Editora, Belo Horizonte, MG, 2003, com o trabalho "A Evolução da Interpretação dos Direitos Fundamentais no Supremo Tribunal Federal", pp. 347/383; Aspectos Polêmicos da Ação Civil Pública, coordenação de Arnoldo Wald, Ed. Saraiva, São Paulo, 2003, com o trabalho "Processo Judicial Tributário: medidas judiciais que o integram e a legitimidade do Ministério Público para a ação civil pública que tem por objeto o não pagamento de um tributo", pp. 101-113; Direito Processual – Inovações e Perspectivas, Ed. Saraiva, São Paulo, 2003, coordenação de Eliana Calmon e Uadi Lammêgo Bulos, com o trabalho "Da jurisdição constitucional: aspectos inovadores no controle concentrado de constitucionalidade", pp. 167-187; Crise e Desafios da Constituição, coordenação de José Adércio Leite Sampaio, Editora Del Rey, Belo Horizonte, MG, 2004, com o trabalho "O Controle do Devido Processo Legislativo pelo Supremo Tribunal Federal", p. 269-279.

Trabalhos jurídicos publicados: "Do Contrato Individual de Trabalho", Rev. Plural, Faculdade de Direito da UFMG, Belo Horizonte-MG, 1962; "A Legislação Trabalhista Brasileira – do Império à Revolução de 1930", Rev. TRT/3ª Região, Belo Horizonte-MG, 1969, nºs 7/8, p. 21; "O Imposto Único sobre Minerais e as Empresas de Construção Civil", Rev. Jurídica Lemi, Belo Horizonte-MG, 1969, nº 19; "Observações a respeito da Constituição de 1967", Rev. Jur. Lemi, Belo Horizonte-MG, 1971, nº 43; "Funcionários Públicos – Aposentadoria – Direito Adquirido", Rev. de Dir. Público, São Paulo, 1972, 21/184, Rev. de Informação Legislativa, Senado Federal, Brasília-DF, 1973, 37/109; "Desapropriação para fins de reforma agrária – apontamentos", Rev. de Dir. Público, São Paulo, 1975, 34/11, Rev. de Informação Legislativa, Senado Federal, Brasília-DF, 1976, 49/265; "Uma Visão Histórica da Constituição e do Constitucionalismo Brasileiro", Rev. Jur. Lemi, Belo Horizonte-MG, 1975, nº 96; "Palavras aos Jovens", discurso de paraninfo dos bacharéis em Direito, Fac. de Direito da PUC-MG, 1975; "Cheques Falsos – responsabilidade pelos prejuízos", Rev. Jur. Lemi, Belo Horizonte-MG, 1976, nº 106, p. 205; "Ruy Barbosa e o Controle Jurisdicional da Constitucionalidade das Leis", Rev. Jur. Lemi, Belo Horizonte-MG, agosto/1976, nº 100; "A Argüição de Relevância da Questão Federal em Matéria Tributária", Rev. Jur. Lemi, Belo Horizonte-MG, agosto/1979, p. 25, Rev. de Dir. Tributário, São Paulo, 1979, 9/10, p. 32; "A Decadência e a Prescrição do Crédito Tributário – As Contribuições Previdenciárias – A Lei nº 6.830, de 1980: disposições inovadoras", Rev. de Dir. Tributário, São Paulo, 1979, 9/10, p. 181; "Do Mandado de Segurança", Rev. de Processo, São Paulo, 1980, nº 18, p. 167, RDP, 55-56, p. 333, Rev. da OAB/DF, Brasília-DF, 1979, nº 8; "Do Poder Regulamentar", Rev. de Dir. Público, SP, 1983, nº 65, p. 39, Rev. do Serviço Público, Brasília-DF, v. 110, nº 2, junho/1982; "O Princípio da Anterioridade: Uma visão da Jurisprudência", Rev. de Dir. Tributário, SP, 1985, nº 31, p. 111; "O Poder Judiciário na Constituição: Uma Proposta de Reforma", Revista de Direito Administrativo, Rio, 1985, nº 160, p. 32, Rev. de Dir. Público, SP, 1985, nº 74, p. 117, Rev. da OAB/Bahia, Salvador-BA, nº 1, jan/87, p. 31; "Contribuição ao Debate Constitucional", discurso de paraninfo dos bacharéis em Direito da Universidade de Brasília–UnB, jan/86, Estado de Minas, Belo Horizonte, MG, 4-5 e 6-3-1986, Correio Braziliense, Brasília-DF, 24-2-86; Regime Jurídico das Empresas Estatais, livro em coautoria com outros juristas. ADEP, Associação dos Dirigentes de Empresas Públicas, São Paulo, março/87, nº 2; "Responsabilidade Civil do Estado", Rev. de Informação Legislativa, Senado Federal, Brasília-DF, out/dez/87, nº 96; "O Arbitramento em Matéria Tributária", Rev. Jurídica Mineira, 42/20, Rev. de Dir. Trib., 40/198; "Empresas Estatais: Responsabilidade e Controle", Rev. de Dir. Público, 1988, nº 85, p. 81, Rev. Dir. Comparado Luso-Brasileiro, Forense, 1988, 7/91; "A Irretroatividade da Lei Tributária", artigo de doutrina, publicado na Rev. de Dir. Tributário, São Paulo, nº 45, p. 81, e na Rev. Jurídica, Porto Alegre-RS, nov/88, nº 133, p. 5; "Princípios Constitucionais de Processo", Rev. da AMAGIS, jun/89, nº 18, p. 20; "O Superior Tribunal de Justiça na Constituição", Rev. de Dir. Público, nº 90, p. 79; "Boletim de Dir. Administrativo", São Paulo, 1989, nº 5, Rev. de Dir. Administrativo, nº 175, pp. 9-27, Rev. do Tribunal de Alçada de Minas Gerais, nºs 34/37, p. 13; "Delegação Legislativa – A Legislação por Associações", Rev. de Dir. Público, nº 90, p. 179, Rev. de Dir. Público, nº 92, pp. 150-159; "Controle de Constitucionalidade na Constituição Brasileira de 1988", Rev. de Dir. Público, São Paulo, nº 92, pp. 43-54, Rev. de Dir. Administrativo, Rio, nº 178, pp. 6-17; "As Novas Garantias Constitucionais", Rev. de Dir. Administrativo, Rio, nº 177, pp. 14-28; "Competência Originária do Superior Tribunal de Justiça", Rev. de Dir. Público, São Paulo, nº 93, pp. 171-176; "Os Recursos Especial e Extraordinário na Constituição", Rev. da Associação dos Advogados de São Paulo, julho/91, nº 34, pp. 49-61; "Problemas e Soluções na prestação da Justiça", Arquivos do Min. da Justiça, Brasília-DF, jan/jun/1991, nº 177, pp. 61-90, Rev. dos Tribunais, São Paulo, fev/91, nº 664, pp. 215-235, Rev. da AJUFE, São Paulo, março/91, nº 28, pp. 14-24; "A Nova Feição do Mandado de Injunção", Rev. de Dir. Público, São Paulo, nº 100, out-dez/91, pp. 169-174; "Estado Federal e Estados Federados na Constituição de 1988 – Do Equilíbrio Federativo", Jurisprudência Brasileira, Juruá Editora, Curitiba-PR, vol. 165, pp. 17-39; Revista Brasileira de Estudos Políticos (RBET), nº 74/75, jan/julho de 1992, UFMG, Belo Horizonte-MG, pp. 41-89; Revista de Direito Administrativo, Rio, janeiro-março/92, nº 187, pp. 1-36; "A Nova Feição do Mandado de Injunção", Revista Trimestral de Direito Público, 1993, nº 2, pp. 277-292; "O Supremo Tribunal Federal, Corte Constitucional", Rev. de Direito Administrativo, Rio, abril-junho/93, nº 192, pp. 1-28; "Controle Externo do Poder Judiciário e Controle de Qualidade do Judiciário e da Magistratura: uma proposta", Rev. de Direito Administrativo, Rio, janeiro/março de 1994, nº 195, pp. 9-23, Revista de Informação Legislativa, Brasília, janeiro/março de 1994, nº 121, pp. 13-24; "Do Poder Judiciário: organização e competência", Revista da Escola Superior da Magistratura de Pernambuco – ESMAPE, Vol. 2, nº 4, abril-junho 1997, pp. 69-100; "A Convenção nº 158, da OIT: Constitucionalidade", Revista LTr, vol. 61, setembro/1997, nº 9, pp. 1161-1169; "Por um Judiciário Melhor", discurso proferido como paraninfo dos Bacharéis em Direito da Universidade Federal da Paraíba, João Pessoa, em 19-12-96; "Cadernos de Direito Tributário e Finanças Públicas", da Rev. dos Tribunais, nº 19, abril-junho/1997, pp. 294-298; "O Princípio da Irretroatividade da Lei Tributária", Revista Trimestral de Direito Público, São Paulo, 1996, nº 15, pp. 13-23; "Do Poder Judiciário: como torná-lo mais ágil e dinâmico. Efeito vinculante e outros temas", Revista de Informação Legislativa, Senado Federal, nº 138, abril-junho 1998, pp. 75-87; "As Comissões Parlamentares de Inquérito e o sigilo das Comunicações Telefônicas", in Revista Brasileira de Ciências Criminais, Editora Revista dos Tribunais, São Paulo, nº 24, outubro-dezembro/1998, pp. 125-143; "A Justiça e seu problema maior: a lentidão. Justiça, Ministério Público e Polícia e os Juizados de Instrução", na Revista Jurídica Consulex, nº 100, 15/3/2001, págs. 40-44; "O Poder judiciário como Poder Político no Brasil do Século XXI", na Revista do Tribunal Superior do Trabalho, vol. 65, nº 1, outubro/dezembro de 1999, págs. 17-31; "O Judiciário como Poder Político de Governo: Uma Introdução à Experiência Brasileira", discurso pronunciado na Universidade de Craiova, Romênia, em 25.04.2001, na solenidade em que lhe foi conferido o título de Doutor "Honoris Causa", Revista Direito Mackenzie, Universidade Presbiteriana Mackenzie, São Paulo, 2001, nº 2, pp. 189-196; "Da Jurisdição Constitucional: aspectos inovadores no controle concentrado", em Revista Trimestral de Direito Público, nº 29, pp. 5-18; "Lei Complementar Tributária", em Fórum Administrativo - Direito Público, nº 9, novembro/2001, pp. 1.143-1.151; "O Direito Internacional e o Supremo Tribunal Federal", Revista de Direito Administrativo, Ed. Renovar, Rio de Janeiro, nº 229, julho/setembro de 2002, págs. 5/25; "O Código do Consumidor, Lei 8.078/90, e os Negócios Bancários", Revista da Escola da Magistratura do Estado do Rio de Janeiro – EMERJ, nº 22, 2003, págs. 15-36.

A convite de instituições culturais e universidades, tem proferido conferências no Brasil e no estrangeiro. Compareceu a vários congressos jurídicos no Brasil e no exterior. Participou, em Paris, a convite da Association Française des Constitutionnalistes, no período de 3 a 7 de outubro de 1989, de Simpósio de Direito Constitucional Comparado, em que se discutiu "A Nova República Brasileira – A Constituição de 1988", proferindo duas palestras: "O Controle de Constitucionalidade na Constituição de 1988" e "As Novas Garantias Constitucionais".

Participou, como conferencista, do I Encuentro Hispano-Brasileño de Derecho Publico, realizado em Madri, Espanha, de 13 a 15 de janeiro de 1992, patrocinado pelo Centro de Estudios Constitucionales – Madrid, Universidade Complutense de Madrid e Juruá Editora, tendo proferido conferência a respeito do tema "Estado Federal e Estados Federados na Constituição Brasileira de 1988: Do Equilíbrio Federativo".

Participou, em Lisboa – Portugal, de 18 a 23 de janeiro de 1993, do "Colóquio de Direito Constitucional", patrocinado pelo Instituto Internacional de Direito Público e Empresarial-IDEPE, com sede em São Paulo, Brasil, e Faculdade de Direito da Universidade de Lisboa. Participou da II Conferência de la Unión Interamericana de Organismos Electorales e da VIII Conferência del Protocolo de Tikal, na Cidade de Panamá, no Panamá, de 20 a 24-3-93. Participou, em Washington, DC, EEUU, da Conferência Internacional sobre a Justiça no continente americano, promovida pelo Banco Mundial, em junho/1994.

Participou, no Cairo, Egito, em dezembro de 1996 e dezembro de 1997, das conferências sobre The Role of the Judiciary in the Protection of Human Rights e Democracy and the Rule of Law, promovidas pela Suprema Corte Constitucional do Egito, Conselho Britânico e Universidade de Alexandria. Participou, em Manágua, Nicarágua, de 8 a 11-9-97, do V Encuentro de Presidentes de Salas y Tribunales Constitucionales de America Latina, representando o Supremo Tribunal Federal.

Participou da Cumbre Iberoamericana de Presidentes de Cortes y Tribunales Supremos de Justicia, em Caracas, Venezuela, de 4 a 6-3-98 e no mês de abril de 1999, representando o Supremo Tribunal Federal.

Participou, a convite do Poder Judiciário Norte-Americano, do Brazil - U.S. Law Iniciative, realizado na Universidade de Baltimore, Maryland, e em Washington, DC, Estados Unidos da América, de 28-6-98 a 4-7-98. Participou, como convidado de honra, do "I Encontro Jurídico" realizado na Harvard Law School, em Cambridge, Massachusetts, Estados Unidos, promoção da Harvard Law School Association of Brazil e Harvard Brazilian Organization, em 19 e 20.05.2000, tendo proferido a Palestra Magna sobre "O Poder Judiciário Brasileiro", em 20.05.2000, seguindo-se debates com o juiz Peter Messitte, U.S. District Court of Maryland, e os professores Joaquim de Arruda Falcão Neto, LL.M.'68 e Max Fontes, LL. M'.2000. Participou, representando o Supremo Tribunal Federal, da "8th International Judicial Conference" ("Courts of Ultimate Appeal VIII: Issues of Judicial Independence"), nos dias 25, 26 e 27.05.2000, em São Francisco, Estados Unidos da América, sob o patrocínio do The Center for Democracy, Washington, DC, EEUU, The Council of Europe e The European Court of Human Rights.

A convite da Universidade de Craiova, Romênia, em solenidade acadêmica realizada em 25.04.2001, dissertou sobre o tema "O Poder Judiciário como Poder Político de Governo – Uma introdução à experiência brasileira", ocasião em que lhe foi conferido o título, pela mencionada Universidade de Craiova, de Doutor *Honoris Causa*.

Participou, representando o Tribunal Superior Eleitoral, da "Tenth International Judicial Conference" – "Courts of Ultimate Appeal x Issues of Judicial Independence", organizada pelo The Center for Democracy, Washington, DC, Estados Unidos da América, The Fourth Family Foundation, San Francisco, Califórnia, Estados Unidos da América, e pelo The Council of Europe, realizada no Palais de l'Europe, em Strasbourg, França, no período 22 a 24 de maio de 2002. Participou, como conferencista, do "III Congresso Internacional da Anamatra – Associação Nacional dos Magistrados da Justiça do Trabalho – Ciclo de Estudos Hispânico-Brasileiros", realizado nas cidades de Madri, Toledo e Barcelona, Espanha, no período de 10 a 18.03.2003, tendo proferido palestras subordinadas aos temas "Do mandado de injunção: é preciso trazê-lo ao debate" e "Os Direitos Sociais na Constituição do Brasil". Participou, como conferencista, do Seminário Brasil-Estados Unidos da América, em Washington, DC, Estados Unidos da América, no período de 1º a 4 de março de 2004, realizado pela IFES – The International Foundation for Election Systems, representando o Tribunal Superior Eleitoral.

Integrou e integra diversas instituições culturais e jurídicas, nacionais e internacionais: é membro da Academia Mineira de Letras, da

Academia Brasileira de Letras Jurídicas, com sede no Rio de Janeiro; é membro da Association Française des Constitutionnalistes, com sede em Aix-en Provence, França; é membro da Academia Internacional de Direito Econômico e Economia, com sede em São Paulo, Brasil. Foi vice-presidente do Instituto Cultural Brasil-Estados Unidos, de Belo Horizonte-MG (1975/1979).

É membro do Instituto Histórico e Geográfico de Minas Gerais e do Instituto Histórico e Geográfico do Distrito Federal; do Instituto dos Advogados de Minas Gerais, tendo sido Diretor do seu Departamento de Direito Constitucional. É membro da Associação dos Magistrados Brasileiros; da Associação dos Juízes Federais do Brasil; do Instituto dos Magistrados do Brasil; da Associação Brasileira de Direito Financeiro, filiada à International Fiscal Assoc. IFA, sediada em Haia, Holanda; da Associatión Latinoamericana de Metodologia de la Ensenãnza del Derecho - ALMMED, com sede em Buenos Aires, Argentina; da Societé Internationale de Droit Pénal Militaire et Droit de la Guerre, com sede em Bruxelas, Bélgica; da Fundação Brasileira de Direito Econômico, com sede em Belo Horizonte-MG; da Associação Iberoamericana de Derecho del Trabajo, Seção Brasil, do Centro Brasileiro de Direito Tributário, com sede em Belo Horizonte-MG; do Centro de Estudos Processuais de Goiás, com sede em Goiânia-GO; do Instituto Internacional de Direito Público e Empresarial–IDEPE, com sede em São Paulo-SP, do Instituto de Estudos Políticos, com sede em Brasília-DF, integrando o seu Conselho Curador; do Instituto de Direito comparado Luso-Brasileiro, com sede no Rio de Janeiro, e do Instituto Brasileiro de Direito Constitucional, com sede em São Paulo.

É membro do corpo consultivo (colaboradores) da Revista Jurídica Lemi, Belo Horizonte-MG. É membro do Conselho Editorial da Revista de Direito Tributário, Editora Revista dos Tribunais, São Paulo-SP.

Integra o Corpo de colaboradores do Centro de Estudos Superiores - COAD, que edita "Seleções Jurídicas", com sede no Rio de Janeiro-RJ. É membro do Conselho Editorial da Revista de Direito Público, Editora Revista dos Tribunais, São Paulo-SP. É sócio honorário da Academia Brasileira de Direito Tributário, São Paulo-SP; sócio honorário do Instituto dos Advogados de São Paulo; membro do Instituto de Direito Processual de Minas Gerais, Belo Horizonte-MG; membro do Instituto Brasileiro de Direito Processual, São Paulo-SP; sócio honorário do Instituto de Estudos Tributários do Rio Grande do Sul (Porto Alegre, 16-11-98); sócio honorário do Instituto dos Advogados do Distrito Federal (Brasília-DF, 14 de fevereiro de 2000); membro do Instituto de Direito Processual de

Minas Gerais, Belo Horizonte, MG; membro do Instituto Brasileiro de Direito Processual, São Paulo, SP; sócio honorário do Instituto de Estudos Tributários do Rio Grande do Sul (Porto Alegre, 16.11.98); membro honorário do Instituto Latino-Americano, da Universidade de Craiova, Romênia, título outorgado em 25.04.2001.

Tem as seguintes condecorações: Grande Oficial da Ordem do Mérito Militar (Decreto de 23-7-79, do Sr. Presidente da República); Grande Oficial da Ordem do Mérito Aeronáutico (Decreto de 20-9-83, do Sr. Presidente da República); Grande Medalha da Inconfidência (Decreto de 21-4-80, do Sr. Governador do Estado de Minas Gerais); Medalha Alferes Tiradentes, que lhe foi conferida pela Polícia Militar do Estado de Minas Gerais (Decreto 18.005, de 27-7-76, do Sr. Governador do Estado de Minas Gerais); Medalha da Constituição, que lhe foi conferida pela Assembleia Constituinte do Estado de Rondônia, por ocasião de promulgação da Constituição do Estado, em 6-8-83; Grande Oficial da Ordem do Mérito Judiciário do Trabalho, conforme decisão do Tribunal Superior do Trabalho, em 11-8-84; Medalha João Mangabeira, que lhe foi conferida pelo Instituto dos Advogados Brasileiros (Resolução nº 12, de 29-11-84); Medalha da Ordem do Mérito Legislativo do Estado de Minas Gerais, no grau Grande Mérito, que lhe foi conferida pela assembleia Legislativa do Estado de Minas Gerais (12-9-90); Medalha da Ordem do Mérito Legislativo Municipal, no grau Grande Mérito, que lhe foi conferida pela Câmara Municipal de Belo Horizonte-MG, em 20-12-90; Medalha Santos Dumont, Grau Ouro, que lhe foi conferida pelo Governo do Estado de Minas Gerais, em 23-10-90, na forma da Lei nº 1.493, de 16-10-56 e de acordo com a proposta do Conselho da Medalha da Inconfidência; Medalha da Ordem do Mérito Judiciário Militar, Grã-Cruz, que lhe foi conferida pelo Superior Tribunal Militar; Medalha da Ordem do Mérito Cabanagem, no grau de Mérito Especial, que lhe foi conferida pela Assembleia Legislativa do Estado do Pará, em 24-6-91; Medalha Grã-Cruz da Ordem do Mérito Judiciário do Trabalho, que lhe foi conferida em 12-8-91, pelo Tribunal Superior do Trabalho (promoção); Medalha do Mérito Judiciário, que lhe foi concedida, em 14-11-91, pela Associação dos Magistrados Brasileiros, na conformidade do Decreto nº 35.839, de 14-7-1954; Grã-Cruz da Ordem do Mérito de Dom Bosco, que lhe foi outorgada, em 9-3-92, pelo Tribunal Regional do Trabalho da 10ª Região, pela Resolução Administrativa nº 40, de 30-10-91; Comenda Grã-Cruz da Ordem do Mérito de Rio Branco, conforme Decreto de 10-4-92, do Sr. Presidente da República; Medalha Bicentenário da Morte do Alferes Tiradentes, que lhe foi conferida pela Polícia Militar do Estado de Minas Gerais, em 9-6-92, conforme Decreto nº 33.576, de 13-5-92, e Ato de 22-5-92, do Coronel Comandante-Geral; Medalha de Mérito Coronel Fulgêncio, grau ouro, que lhe foi conferida pela União dos Reformados da Polícia Militar de Minas Gerais, conforme Decreto nº 24.973, de 26-9-85 e Ato de 27-5-92, do Presidente da UFPM-MG; Medalha do Mérito Judiciário do Estado da Bahia, que lhe foi conferida, em 13-8-93, pelo Tribunal de Justiça do Estado da Bahia, conforme Resolução nº 8/83; Medalha do Mérito Legislativo, que lhe foi conferida pela Assembleia Legislativa do Estado de Rondônia (agosto/1993). Diploma de "Construtor do Progresso", na categoria "Personalidade Jurídica", que lhe foi conferido pela Federação das Indústrias do Estado de Minas Gerais (Belo Horizonte-MG, maio de 1993); Colar do Mérito Judiciário, que lhe foi conferido pelo Tribunal de Justiça do Estado do Espírito Santo, em 1-2-94; Colar do Mérito Judiciário, que lhe foi conferido pelo Tribunal de Justiça do Estado de São Paulo, em 23-11-94; Colar do Mérito Judiciário, que lhe foi conferido pelo Tribunal de Justiça do Estado do Rio de Janeiro, em 8-12-94; Grande Oficial da Ordem do Mérito Naval, em 11-6-95, por decreto do Sr. Presidente da República, de 2-5-95; Medalha Imperador D. Pedro II, que lhe foi conferida pelo Corpo de Bombeiros Militar do Distrito Federal, em 29-6-95; Medalha Inconfidente Cláudio Manoel da Costa, que lhe foi conferida pelo Clube dos Advogados de Minas Gerais, em Belo Horizonte, no dia 20-4-95; Grande Oficial da Ordem do Mérito Forças Armadas, por decreto de 14-7-95, do Sr. Presidente da República Federativa do Brasil; Cidadão Espírito-Santense, título que lhe foi conferido pela Lei 5.088, de 16-8-95, do Estado do Espírito Santo; Colar do Mérito Judiciário, que lhe foi conferido pelo Tribunal de Justiça do Estado de Goiás, em 1996; Medalha Moysés Vianna, Mérito Eleitoral, que lhe foi conferida pelo Tribunal Regional Eleitoral do Estado do Rio Grande do Sul, em 1996; Comenda Vasco Fernandes Coutinho, que lhe foi conferida pelo Município de Vila Velha, Estado do Espírito Santo, pelo Decreto Legislativo 1.013, de 10-5-96; Comenda Professor Gerson Boson, que lhe foi conferida pela Associação dos Advogados de Minas Gerais, em 18-10-96; Medalha do Mérito Cultural da Magistratura, que lhe foi conferida pelo Instituto dos Magistrados do Brasil, em 15-12-1997; Colar do Mérito Judiciário, que lhe foi conferido pelo Tribunal de Justiça do Estado de Pernambuco, em 1997; Colar do Mérito Eleitoral Desembargador Jorge de Morais Jardim, que lhe foi conferido pelo Tribunal Regional Eleitoral de Goiás, em 9-2-98; Colar da Orden Bicentenaria del Colegio de Abogados del Distrito Federal, que lhe foi conferido pelo Colégio de Advogados de Caracas, Distrito Federal, Venezuela, em 6-3-98; Colar do Mérito Judiciário das

Justiças Militares Estaduais, que lhe foi conferido pela Associação dos Magistrados das Justiças Militares Estaduais, em 24-8-1998; Grã-Cruz da Ordem Capixaba do Mérito Judiciário do Trabalho, que lhe foi conferida pelo Tribunal Regional do Trabalho da 17ª Região (Estado do Espírito Santo), em 18-9-98; Medalha do Mérito "Cassiano Antônio Campolina", que lhe foi outorgada, em 13-11-98, pelo Executivo Municipal da cidade de Entre Rios de Minas, MG, sua terra natal, por serviços prestados à comunidade local; Colar do Mérito Judiciário, que lhe foi conferido pelo Tribunal de Justiça do Estado de Minas Gerais, em 17-6-99; Grã-Cruz do Mérito Judiciário, que lhe foi conferida pelo Tribunal de Justiça do Estado do Espírito Santo, em 26-8-99; Cruz do Mérito Judiciário, que lhe foi conferida, em 27-9-99, pela Associação dos Magistrados Brasileiros-AMB, de conformidade com o Decreto 35.839, de 14-7-54; Grã-Cruz – Quadro Especial – da Ordem do Mérito do Ministério Público Militar, em 27-10-99; Colar do Mérito Judiciário, que lhe foi conferido pelo Tribunal de Justiça do Estado de Mato Grosso do Sul, Campo Grande, 19-11-99; Medalha Machado de Assis, da Academia Brasileira de Letras, Rio de Janeiro, em 25-11-99; Medalha de Honra ao Mérito Austregésilo de Athayde, que lhe foi conferida, em 25-11-99, pela Academia Brasileira de Letras e pela B'NAI B'RITh, por ter-se destacado na defesa dos Direitos Humanos, no ano de 1999; Medalha do Mérito Eleitoral Desembargador Vaz de Mello, que lhe foi conferida pelo Tribunal Regional Eleitoral do Estado de Minas Gerais, em 18-3-2000; Medalha Tiradentes, que lhe foi conferida pela assembleia Legislativa do Estado do Rio de Janeiro, em 21-3-2000, conforme Resolução nº 221, de 22-2-2000; Grã-Cruz da Ordem do Mérito Judiciário do Distrito Federal e Territórios, que lhe foi conferida pelo Tribunal de Justiça do Distrito Federal e Territórios, em 21-3-2000; Grã-Cruz da Ordem do Mérito de Brasília, DF, por Decreto do Governador do Distrito Federal, em 27-4-2000; Medalha Alferes Joaquim José da Silva Xavier, o Tiradentes, conferida pela Polícia Militar do Distrito Federal, por decreto do Governador do Distrito Federal, em 11-5-2000; Grã-Cruz da Ordem do Mérito da Bahia, conferida por Decreto do Governador do Estado da Bahia, em 28-6-2000; Medalha do Mérito "Jus et Labor", conferida pelo Tribunal Regional do Trabalho da 8ª Região (Estado do Pará), no grau "Serviços Relevantes", em 24-10-2000; Colar do Mérito Judiciário Militar, conferido pelo Tribunal de Justiça Militar do Estado de Minas Gerais, em 9-11-2000; Medalha de Honra "Ex-aluno da UFMG - Destaque 2000", conferida pela Universidade Federal de Minas Gerais, mediante resolução da Congregação da Faculdade de Direito, Belo Horizonte, MG, em 6-12-2000; Medalha Desembargador Hélio Costa, do Tribunal de Justiça do

Estado de Minas Gerais, conferida pela comarca de Entre Rios de Minas, em 8-12-2000; Colar do Ministério Público do Estado do Rio de Janeiro, conferido por este órgão em 15-12-2000; Medalha Visconde de Mauá, Grau Ouro, conferida pela Associação Comercial do Rio de Janeiro, em 26-1-2001; Medalha do Mérito do Ministério Público de Minas Gerais, conferida em 16-3-2001; Grã-Cruz da Ordem Estadual do Mérito Jerônimo Monteiro, conferida pelo Governo do Estado do Espírito Santo, em 17-3-2001; Grã-Cruz da Ordem Nacional !Estrela da Romênia", a mais alta condecoração do Governo da Romênia, outorgada pelo Presidente da República da Romênia, em Bucareste, 24-4-2001; Diploma de Excelência, conferido pela Câmara Municipal da cidade de CLUJ-NAPOCA, Romênia, em 26-4-2001, por sua contribuição ao desenvolvimento das relações judiciais, em plano internacional, e da sustentação da cooperação entre o Brasil e a Romênia; Cidadão Honorário do Município de Araguari, MG, em virtude do Decreto nº 086/2001, da Câmara Municipal daquele Município, em 4-5-2001; Medalha do Mérito Judiciário Des. Antônio Rodrigues Velloso, conferida pelo Tribunal de Justiça do Estado do Maranhão, em 14-5-2001; Medalha do Mérito Judiciário conferida pelo Tribunal de Alçada do Estado de Minas Gerais, em 4-6-2001; Colar do Mérito Judiciário "Ministro Nelson Hungria", outorgado pelo Tribunal Regional Federal da 1ª Região, em 20-8-2001; Colar do Mérito do Ministério Público do Distrito Federal e Territórios, conferido em 25-10-2001; Grã-Cruz da Ordem Anhanguera do Mérito Judiciário do Trabalho, outorgada pelo Tribunal Regional do Trabalho da 18ª Região, em 29-11-2001; Comenda do Mérito "Benjamin Colucci", conferida pela Ordem dos Advogados de Minas Gerais, 4ª Subseção, Juiz de Fora, "em reconhecimento aos relevantes serviços prestados às Instituições Jurídicas, observado o disposto no art. 61 da Lei nº 8.906, de 04.07.94, do Estatuto da Advocacia e da OAB, arts. 115 e 151 do Regulamento Geral do mencionado Estatuto e Resoluções 004/2001, de 02.07.01 e 009/2002, de 02.05.02, da 4ª Subseção da OAB/MG", em 10-8-2002; Medalha do Mérito do Ministério Público Brasileiro, que lhe foi conferida pelo Procurador-Geral da República, em 15-8-2002; Medalha Justiça Século XXI, outorgada pela Justiça Federal, Seção Judiciária de Minas Gerais, em 21-10-2002; Medalha EMERJ, que lhe foi conferida pela Escola da Magistratura do Estado do Rio de Janeiro - EMERJ, em 6-12-2002; Grã-Cruz da Ordem do Mérito "Jus et Labor", outorgada pelo Tribunal Regional do Trabalho da 8ª Região, Pará, em 28-8-2003; Grande Medalha Presidente Juscelino Kubitschek de Oliveira, outorgada pelo governo do Estado de Minas Gerais, "por relevantes serviços prestados ao País", Diamantina, MG, em 12-9-2003; Grã-Cruz da Ordem do Mérito Judiciário do Tribunal Regional do Trabalho da 2ª Região, São Paulo, outorgada em 15-9-2003; título de Cidadão Honorário de Uberlândia, outorgado pela Câmara Municipal de Uberlândia, "pelos relevantes serviços prestados em prol da Justiça do Município", MG, em 19-9-2003; Medalha Dom Cabral, conferida pela Pontifícia Universidade Católica de Minas Gerais - PUC/MG, pelos relevantes serviços prestados à Instituição, Belo Horizonte, em 12-12-2003; título de Cidadão Honorário do Município de Serra, Estado do Espírito Santo, conferido pela Câmara Municipal do Município de Serra.

CAPÍTULO II

Cármen Lúcia

Cármen Lúcia Antunes Rocha nasceu a 19.4.1954 em Espinosa, MG. Fez seu curso secundário no Colégio Estadual Dom Lúcio Antunes de Sousa e no Colégio Sacré-Coeur de Jésus, em Belo Horizonte, MG. Cursou Direito na Faculdade de Direito da Pontifícia Universidade Católica de Minas Gerais (1973 a 1977); cursos de pós-graduação: Mestrado em Direito Constitucional pela Faculdade de Direito da Universidade Federal de Minas Gerais (1980/1981, dissertação (*Do Município no Sistema Constitucional Brasileiro*), defendida em 1982; Doutorado em Direito do Estado pela Faculdade de Direito da Universidade de São Paulo (1982/1983); curso de línguas: francês ETIMIG e Aliança Francesas (1972-1978), italiano na Faculdade de Filosofia e Letras da UFMG (1978-1979); alemão no Goethe Institut (1978-1979). Professora Titular de Direito Constitucional da Faculdade Mineira de Direito (PUC/MG). Membro da Comissão de Estudos Constitucionais da OAB e membro efetivo do Instituto dos Advogados Brasileiros, membro da Associação Brasileira dos Constitucionalistas Democratas-ABCD. Procuradora do Estado (MG), tendo sido Procuradora Geral do Estado.

Livros

1 – *O Princípio Constitucional da Igualdade*, livro publicado pela Editora Lê, Belo Horizonte, 1990.

2 – *Constituição e Constitucionalidade*, livro publicado pela Editora Lê, Belo Horizonte, 1991.

3 – *Princípios Constitucionais da Administração Pública*, livro publicado pela Editora Del Rey, Belo Horizonte, 1994.

4 – *Estudo sobre Concessão e Permissão do Serviço Público no Brasil*, livro publicado pela Editora Saraiva, São Paulo, 1996.

5 – *República e Federação no Brasil*, livro publicado pela Editora Del Rey, Belo Horizonte, 1997.

6 – "Princípios constitucionais dos servidores públicos", livro publicado pela Editora Saraiva, São Paulo, 2000.

7 – *Direito de/para Todos*, publicado pela Editora Fórum, Belo Horizonte, 2004.

Coordenação de Livros

1 – *Perspectivas do Direito Público - Estudos em Homenagem a Miguel Seabra Fagundes*, coordenação geral, publicado pela Editora Del Rey, 1995.

2 – *Direito Eleitoral*, coordenação geral juntamente com o Ministro Carlos Mário da Silva Velloso, publicado pela Editora Del Rey, 1996.

3 – *Constituição e segurança jurídica – estudos em homenagem ao Ministro José Paulo Sepúlveda Pertence*, publicado pela Editora Fórum, 2004.

4 – *O direito à vida digna*, publicado pela Editora Fórum, 2004.

Colaboração em obras coletivas

1 – "Mandado de Segurança e Mandado de Injunção", artigo em obra coletiva publicada sob a coordenação de Sálvio de Figueiredo Teixeira pela Editora Saraiva, 1990.

2 – "O Cidadão e a Justiça", artigo em obra coletiva publicada sob a coordenação de Sálvio de Figueiredo Teixeira pela Editora Saraiva, 1993.

3 – "Mudanças sociais e mudanças constitucionais", artigo publicado na obra *Constitucionalismo Social – estudos em homenagem ao Ministro Marco Aurélio Mendes de Faria Mello*, publicada pela LTr, São Paulo, 2003.

4 – "Reforma total da Constituição: remédio ou suicídio constitucional?", artigo publicado na obra *Crise e desafios da Constituição,* coordenado por José Adércio Leite Sampaio, Belo Horizonte, Ed. Del Rey, 2003.

5 – "Natureza e eficácia das disposições constitucionais transitórias", artigo publicado na obra *Direito Constitucional, estudos em homenagem a Paulo Bonavides*, coordenado por Eros Roberto Grau e Willis Santiago, publicado pela Editora Malheiros, 2001.

6 – "Limites constitucionais à competência de reforma constitucional", artigo publicado na obra *Estudos em homenagem ao Ministro Adhemar Maciel*, coordenado por Sálvio de Figueiredo Teixeira, publicado pela Editora Saraiva, 2001.

7 – "Direito à privacidade e sigilo bancário e fiscal", artigo publicado na obra *Direito Público Moderno*, coordenado por Luciano Ferraz e Fabrício Motta, publicado pela Editora Del Rey, 2003.

8 – "O princípio constitucional da função social da propriedade", artigo publicado na obra *Direito Administrativo Contemporâneo*, coordenado por Romeu Felipe Bacellar Filho, Paulo Roberto Ferreira Motta e Rodrigo Pironti Aguirre de Castro, publicado pela Editora Fórum, 2005.

9 – "O direito constitucional perante o direito internacional", artigo publicado na obra *Direito Constitucional em evolução*, coordenado por Paulo Gomes Pimentel Júnior, publicado pela Ed. Juruá, 2005.

Teses e Dissertações

1 – Dissertação de mestrado apresentada na Faculdade de Direito da UFMG, 1982.

2 – "As Regiões Metropolitanas no Direito Brasileiro", tese apresentada no XI Congresso Brasileiro de Procuradores do Estado (Curitiba, 1985).

Artigos em publicações especializadas.

São mais de setenta artigos versando matéria constitucional especialmente, por exemplo: "Do Mandado de Segurança"; "O *Referendum* e a Representação Democrática no Brasil"; "O mandado de Injunção na Ordem Constitucional Brasileira"; "Princípio do Direito Adquirido no Direito Constitucional"; "Constituição e Mudança Constitucional: limites ao exercício do poder de reforma constitucional"; "Revisão Constitucional e Plebiscito"; "Ação Direta Subsidiária de Inconstitucionalidade: a Legitimidade do Cidadão Brasileiro"; "O Conceito de Urgência no Direito Público Brasileiro"; "O Constitucionalismo Contemporâneo e a instrumentalização para a eficácia dos direitos fundamentais"; "O princípio da dignidade da pessoa humana e a exclusão social"; "Ação Afirmativa – o conteúdo democrático do princípio da igualdade jurídica" e muitos outros.

Proferiu *aulas, debates e conferências* em mais de trezentos e cinquenta seminários, colóquios, congressos e outros eventos de direito constitucional e administrativo. É detentora de inúmeros prêmios e condecorações. Participou de diversas comissões e conselhos, incluindo a de *Membro da Comissão de Estudos Constitucionais do Conselho Federal da Ordem dos Advogados do Brasil*, a que sempre foi reconduzida, desde 1993 até 2006.

TÍTULO V

Os Baianos

INTRODUÇÃO

A *Faculdade de Direito da Universidade Federal da Bahia* foi fundada em 15.4.1891 então *Faculdade Livre de Direito da Bahia*, foi uma das primeiras escolas de direito do Brasil e primeira do estado da Bahia. Ela se desenvolveu até passar a ser denominada em meados do século XX como *Faculdade de Direito da Bahia*, até a década de 50, quando ela foi reunida à Faculdade de Medicina da Bahia e à Escola Politécnica, formando a atual Universidade Federal da Bahia, a qual teve como primeiro reitor o professor Edgard Santos.

CAPÍTULO I
Josaphat Marinho

Josaphat Ramos Marinho nasceu em Ubaíra, Estado da Bahia, em 28.10.1915, morreu em Salvador (BA) em 30.3.2002. Fez o curso primário no Colégio do Sagrado Coração de Jesus; o secundário no Instituto Baiano de Ensino e Direito na Faculdade de Direito da Universidade da Bahia. Exerceu os seguintes Cargos Públicos: Consultor Jurídico do Departamento de Serviço Público, Secretário de Estado do Interior e Justiça, Secretário de Estado da Fazenda, Presidente do Conselho Nacional do Petróleo. Advogado, professor emérito da Faculdade de Direito da Universidade Federal da Bahia (UFBA) e da Faculdade de Direito da Universidade de Brasília (UnB), deputado estadual de 1947 a 1959. Senador de 1963 a 1971 e de 1991 a 1999. Diretor da Faculdade de Direito das Faculdades Integraas-UPIS, em Brasília. Constitucionalista da mais alta qualificação, cujos estudos foram apresentados basicamente em forma de artigos e colaboração em obras coletivas. Muitos deles passaram a integrar o volume Estudos constitucionais, Salvador, Universidade Federal da Bahia, 1989; muitos, contudo, permanecem esparsos em periódicos especializados, tais como: – Administração e política, Brasília, Senado Federal, 1967. – “Aspectos do direito constitucional na República” In: O direito na República, Brasília, Senado Federal, 1989. – Compatibilidade do orçamento cíclico e da planificação com a Constituição de 1946, Salvador, Artes Gráficas, 1950. – Constituição e poder de fiscalização e controle, Salvador, Tribunal de Contas, 1985. – “Crise e perspectivas do poder legislativo”, In. Diálogo democrático e os problemas nacionais, Brasília, Senado Federal, 1964. – A família como fonte do direito constitucional. Notícia do Direito Brasileiro, Brasília, 1972. – A justiça federal e sua importância política, Brasília, Conselho da Justiça Federal, Centro de Estudos Judiciários, 1995. – Inconstitucionalidade da lei de segurança nacional, Brasília, Senado Federal, 1967.– Inelegibilidades do direito brasileiro, Brasília, Senado Federal, 1965. – A margem da constituinte, Brasília, Brasília Jurídica, 1992. – Os partidos políticos e o direito de participação do cidadão – Pela revisão constitucional, Brasília, Senado Federal, 1968. – "Poder constituinte e poder de reforma constitucional", In: Revereor. São Paulo, Saraiva, 1981. – "Poder Executivo", In: Constituição e constituinte. São Paulo, Revista dos Tribunais, 1987. – "Poderes remanescentes na federação brasileira". – A presidência do Congresso na Constituição de 1967, Brasília, Senado Federal, 1967. – "Princípios constitucionais tributários", In: Estudos de Direito Público em homenagem a Aliomar Baleeiro, Brasília, Ed. Universidade de Brasília, 1976. – A reforma constitucional de 1966, Brasília, Senado Federal, 1967. – Reforma do Congresso Nacional Brasília, Senado Federal, Serviço Gráfico, 1965. – Sociedade e estado no Brasil de transição do século, Brasília, Senado Federal, Centro Gráfico, 1955. – Suspensão de direitos políticos e atos institucionais e complementares em face da Constituição de 1967, Brasília, Senado Federal, Serviço Gráfico, 1967. – Técnica e fim do ensino do Direito Constitucional, Salvador, Artes Gráficas, 1956. – "art. 64 da Constituição e o papel do Senado", Brasília, Senado Federal, 1964. – "art. 20 da Constituição e a competência da União e dos Estados", Revista de Informação Legislativa Brasília v. 1, n. 4, p. 3-12, dez. 1946. – "A autonomia dos municípios e a segurança nacional", Revista de Informação Legislativa, Brasília, v. 5, n. 17, jan./mar. 1968. – "Caminhos e limitações do poder legislativo", Revista de Direito Público, São Paulo, v. 4, n. 15, p 53-57, jan./mar. 1971.– "Cidadão e o direito de sufrágio", Revista de Informação Legislativa, Brasília, v. 3, n. 10, p, 3-8, jun. 1966. – "Comissão parlamentar de inquérito: indicação de integrantes", Revista Trimestral de Direito Público, São Paulo, n. 4, p. 156-160, 1993. – "Constituição econômica", Revista de Direito Administrativo, Rio de Janeiro, n. 156. – "A Constituição de 1934", Revista de Informação Legislativa, Brasília, v. 24, n. 94, p. 17-28, abr./jun. 1987. – "Constituição e poder constituinte", Revista de Direito Público, São Paulo, v. 18, n. 75, p. 1-26, jul./set. 1985. – "Direitos e garantias fundamentais", Revista de Informação Legislativa, Brasília, v. 32, n. 127, jul/set. 1995.- "Crise e perspectivas do poder legislativo", Revista de Informação Legislativa, Brasília, v. 20, n. 79, jul./set. 1983. – "Exercício do poder constituinte" Revista de Direito Público, São Paulo, v. 18, n. 76, out./dez. 1985 - Revista da Procuradoria Geral do Estado de São Paulo, n. 24, dez. 1985. - "A função de controle do Congresso Nacional", Revista de Informação Legislativa, Brasília, v. 14, n. 53, p 17-38, jan./mar, 1977. – "A função de julgar a Constituição", Revista de Informação Legislativa, Brasília, v. 31, n. 123, jul./set. 1994. – "Inconstitucionalidade do decreto-lei sobre censura prévia", Revista de Informação Legislativa, Brasília, v. 7, n. 26, abr./jun. 1970. Revista de Direito Público, São Paulo, v. 4, n. 13, jul/set. 1970. – "Inconstitucionalidade de decretos-leis sobre inelegibilidades", Revista de Informação Legislativa, Brasília, v. 6, n. 24, out./dez. 1969. Revista de Direito Público, São Paulo, v. 3, n. 11, jan./mar. 1970. – "Inconstitucionalidade da lei de segurança nacional", Revista de Informação Legislativa, Brasília, v. 4, n. 13/14, jan./jun. 1967. Revista de Direito Público, São Paulo, v. 1, jan./mar. 1968. – "Inconstitucionalidade da lei: representação ao Supremo Tribunal Federal", Revista de Direito Público, São Paulo, v. 3, n. 12, p. 150-152, abr./ jun. 1970. – "Inelegibilidades do direito brasileiro", Revista de Informação Legislativa, Brasília, v. 2, n. 6, jun. 1965. – "Institucionalização dos direitos sociais", Revista de Direito Civil, Imobiliário, Agrário e Empresarial, São Paulo, v. 15, n. 57, jul./set. 1991. – "Institucionalização e estatuto dos partidos políticos", Revista de Informação Legislativa, Brasília, v. 3, n. 9, mar. 1966. – "Irretroatividade e retroatividade da lei na Constituição de 1946", Revista de Informação Legislativa, Brasília, v. 2, n. 5, mar. 1965. – "Leis inconstitucionais e o poder executivo", Revista de Direito Público, São Paulo, v. 17, n. 71, p. 51-59, jul./set. 1984. – "Mandado de segurança", Revista Jurídica, Rio de Janeiro, n. 16, jul./ ago. 1955. – "Natureza e função política das comissões parlamentares de inquérito", Revista Forense, Rio de Janeiro, v. 151, n. 607/608, jan./fev. 1954. – "A ordem econômica nas constituições brasileiras", Notícia do Direito Brasileiro, Brasília, 1971.– "Parlamento, política e cultura", Revista de Informação Legislativa, Brasília, v. 31, n. 121, jan./mar. 1994. – "Pela revisão constitucional", Revista de Informação Legislativa, Brasília, v. 4, n. 15/16, jul./dez. 1967. – "Perspectivas do controle de constitucionalidade", Notícia do Direito Brasileiro, Brasília, 1977. – "Uma perspectiva da nova constituição brasileira", Revista Forense, Rio de Janeiro, v. 84, n. 304, out/dez. 1988. – "Poder executivo", Brasília: Senado Federal, 1985. p. 31-40. Revista de Informação Legislativa, Brasília, v. 22, n. 87, jul./set. 1985. – "Poder judiciário na nova constituição", Revista do Advogado, São Paulo, n. 28, p. 30-35, jun. 1989. – "Poder legislativo", Revista de Informação Legislativa, Brasília, v. 3, n. 11, p. 3-20, set. 1966. – "Posições e atribuições do Vice-Governador", Revista Brasileira de Estudos Políticos, Belo Horizonte, n. 13, jan. 1962. – "Pressupostos e fins da reforma do poder judiciário", Revista do Instituto dos Advogados Brasileiros, Rio de Janeiro, v. 9/10, n. 51, p. 23-36, 1975/11976. – "Pressupostos do mandado de segurança", Revista de Informação Legislativa, Brasília, v. 21, n. 84, out./dez. 1984. – "Reforma do Congresso Nacional", Revista de Informação Legislativa, Brasília, v. 2, n. 7, p. 3-14, set. 1965. – "Reforma da estrutura jurídica", Revista de

Informação Legislativa, Brasília, v. 1, n. 3, set. 1964. – "Sem partidos fortes não poderá haver democracia", Revista OAB São Paulo, v. 2, n. 12, nov./dez. 1985. – "Senado e reforma constitucional", Revista Trimestral de Direito Público, São Paulo, n. 6, p. 252-257 1994. – "Técnica constitucional e nova constituição", Revista de Informação Legislativa, Brasília, v. 21, n. 81, jan./mar. 1984. – "Unidade do direito constitucional hodierno", Revista Forense, Rio de Janeiro, v. 149, n. 603/604, set./out. 1953. E uma série de artigos publicados no Corrio Braziliense, Brasília, de 1987-1998.

CAPÍTULO II
Nelson de Sousa Sampaio

Era Professor Catedrático de Teoria Geral do Estado na Faculdade de Direito da Universidade Federal da Bahia, disciplina a que dedicou o livro Prólogo à Teoria do Estado.[1] É considerado aqui não por causa disso, mas pelo fato de ter escrito e publicado três boas monografias de direito constitucional:

Do Inquérito Parlamentar,[2] em que ele estuda os fundamentos da investigação parlamentar, seu histórico, as comissões parlamentares de inquérito e seus poderes; ainda que a monografia tenha sido escrita sob a Constituição de 1946 e tenha havido mudança substancial da matéria na Constituição de 1988, o livro ainda se lê com proveito.

O Poder de Reforma Constitucional.[3] Josaphat Marinho, no prefácio, declara que esse livro "além das características gerais enunciadas, representa singular contribuição ao exame do tema, sobre que não havia obra recente de relevo. Deu ao assunto tratamento sistematizado e crítico, juntando a exposição límpida e documentada ao confronto de textos e à apreciação dos pontos doutrinários controversos, tanto mais importantes porque envolventes do pensamento político. Situando tais questões no plano jurídico e filosófico, não se perdeu no emaranhado de noções distantes da realidade. Cultiva a objetividade, sem o pragmatismo prejudicial à elevação do pensamento. O capítulo relativo às 'limitações do poder de reforma' é expressivo desse vigor e abrange teses de inquestionável oportunidade, nos dias de hoje".

---

1 Cf. Nelson de Sousa Sampaio, *Prólogo à Teoria do Estado (Ideologia e Ciência Política)*, 2ª ed., Rio de Janeiro, Forense, 1960. Na 1ª ed., o título da obra *Ideologia e Ciência Política,* que passou a ser subtítulo.

2 Cf. *Do Inquérito Parlamentar*, Rio de Janeiro, FGV, 1964.

3 Cf. *Do Poder de Reforma Constitucional*, 3ª ed., atualizadas por Uadi Lamêgo Bulos, Belo Horizonte, Nova Alvorada Edições, 1995. A 1ª ed. é de 1954, a 2ª de 1961.

O Processo Legislativo.[4] No prefácio José Alfredo de Oliveira Baracho declara que "[en]contramos nesta obra os pontos essenciais do processo legislativo, que se desdobram pelo exame de seu conceito e natureza, tipos de processos legislativos, atos legislativos, a elaboração legislativa e a orçamentária, e o controle de constitucionalidade das normas jurídicas. Nesta obra reunem-se, em trabalho de excepcional erudição, o doutrinador, o constitucionalista, o jurista, o hermeneuta e o legislador".

4 Cf. O Processo Legislativo, 2ª ed., atualizada por Uadi Lamêgo Bulos, Belo Horizonte, Del Rey, 1996.

TÍTULO VI
Os Paranaenses

CAPÍTULO I
Clèmerson Merlin Clève

Nasceu no dia 21 de novembro de 1958 em Pitanga, no Paraná, filho de Jeorling Joely Cordeiro Clève e de Dirce Doroti Merlin Clève, é um jurista e advogado brasileiro. É professor titular *de* direito constitucional *da* Universidade Federal do Paraná *(UFPR) e do* Centro Universitário Autônomo do Brasil *(UniBrasil)*.

É conhecido por suas diversas obras jurídicas de direito público.

Formou-se em direito pela Universidade Federal do Paraná em 1980. É mestre em direito pela Universidade Federal de Santa Catarina (1983), pós-graduado em direito público, pela Université Catholique de Louvain (1984-1985) e obteve o doutorado, pela Pontifícia Universidade Católica de São Paulo (1992), sob orientação do Prof. Dr. Celso Ribeiro Bastos.

Foi procurador do Estado do Paraná de 1986 até 2009, procurador da República de 1990 a 1992, e juiz eleitoral substituto do Tribunal Regional Eleitoral do Paraná de 1999 a 2000.

Foi professor auxiliar da Universidade Federal do Paraná de 1986 a 1989, ingressando como professor efetivo em 1992. Também é docente do Centro Universitário Autônomo do Brasil (UniBrasil) desde 1999.

Foi professor visitante, entre os anos de 2011 e 2014, do Máster Universitario en Derechos Humanos, Interculturalidad y Desarrollo e do Doctorado en Ciencias Jurídicas y Políticas da Universidad Pablo de Olavide, em Sevilha (Espanha).

Em estudo realizado pelos advogados Bruno Meneses Lorenzetto e Pedro Henrique Gallotti Kenicke, divulgado nos sites Conjur e Migalhas, de acordo com os acórdãos proferidos pelo Supremo Tribunal Federal, em controle de constitucionalidade, entre os anos de 1988 a 2012 constatou--se que Clève é um dos constitucionalistas mais citados pela Corte (em sete Ações Diretas de Inconstitucionalidade – ADI).

Em 2017, foi indicado para ser membro da Comissão Nacional de Estudos Constitucionais (CNECO) do Conselho Federal da Ordem dos Advogados do Brasil.

Nos meses de fevereiro, março, abril e junho de 2015, e em janeiro de 2017, seu nome foi cotado pela imprensa para ocupar o cargo de ministro do Supremo Tribunal Federal, nas vagas dos ministros Joaquim Barbosa e Teori Zavascki.

Recebeu o título de “Grande Porta-Voz do Paraná”, em junho de 2018.

Obras do Prof. Clèmerson

- *Fiscalização abstrata da constitucionalidade no direito brasileiro;*
- *Atividade Legislativa do Poder Executivo;*
- *Direito Constitucional Brasileiro (org.)*
- *Temas de Direito Constitucional Brasileiro.*

TÍTULO VII
Os Gaúchos

INTRODUÇÃO

No dia 17.2.1900, surgiu a Faculdade Livre de Direito de Porto Alegre (a sexta do Brasil), que se instalou no dia 3.5.1900, com a presença do Borges de Medeiros, Presidente do Estado. A aula inaugural foi proferida no dia 4.5.1900 pelo Prof. Plínio Casado, responsável pela disciplina de Direito Público e Constitucional.

Já a primeira Faculdade de Direito do Rio Grande do Sul – a Faculdade de Direito de Pelotas, data de 1912 . É a sétima do Brasil, antecedida por duas oficiosas, as de São Paulo e de Olinda, depois Recife, e quatro livres, duas no Rio de Janeiro, uma na Bahia e outra em Minas Gerais. Exerceu ampla e significativa influência na reflexão jurídica e na vida pública do Estado e do país.

Por seus bancos escolares passaram ilustres homens públicos nacionais, entre os quais Getúlio Vargas, Joaquim Maurício Cardoso, João Neves da Fontoura, João Goulart, Francisco Brochado da Rocha e Alberto Pasqualini. Contou entre seus professores com algumas das mais altas expressões da cultura jurídica do país.

CAPÍTULO I
Paulo Brossard

Paulo Brossard de Souza Pinto nasceu em 23 de outubro de 1924, em Bagé, no Rio Grande do Sul, filho de Francisco de Souza Pinto e D. Alila Brossard de Souza Pinto. Realizou os estudos primários no Colégio Espírito Santo, das Irmãs Franciscanas, e o curso ginasial no Colégio Nossa Senhora Auxiliadora, dos Padres Salesianos, ambos em Bagé. Transferiu-se, posteriormente, para Porto Alegre onde cursou o Pré-Jurídico (1941-1942) e ingressou na Faculdade de Direito de Porto Alegre, hoje integrante da Universidade Federal do Rio Grande do Sul, colando grau em 1947.

Na área do magistério foi professor de Direito Civil (1952) e de Direito Constitucional (1966) da Faculdade de Direito da Pontifícia Universidade Católica do Rio Grande do Sul; Regente-Substituto da cadeira de Teoria Geral do Estado na mesma Faculdade (1961) e professor de Direito Constitucional na Faculdade de Direito da Universidade Federal do Rio Grande do Sul (1965), concorrendo para essa vaga com a dissertação *O Impeachment – Aspectos da Responsabilidade Política do Presidente da República*, obra que se tornou referência obrigatória sobre o assunto. Em 1972, o Reitor da Universidade Federal do Rio Grande do Sul determinou ao Diretor da Faculdade de Direito fizesse cessar o magistério que, "segundo consta" (sic), Paulo Brossard de Souza Pinto vinha exercendo, pela manhã e à noite, por designação do Conselho Técnico-Administrativo da Faculdade, na condição de candidato à cátedra regularmente inscrito em concurso. Desde então jamais voltou a lecionar naquela Faculdade, até porque aquele concurso nunca se realizou. Uma hipótese provável de todos esses constrangimentos foi a atitude independente de Paulo Brossard, então deputado estadual, no episódio da candidatura do Prof. Cirne Lima ao governo do Estado, e sua independência em relação ao regime militar, mormente a sua atuação francamente destemida como Senador Federal, onde proferiu discursos de grande repercussão nacional.

Sua produção literária engloba artigos, pareceres, discursos, teses, votos e obras, dentre os quais: "Em torno da Emenda Parlamentarista" (1949), *Revista Forense*, vol. 128; "Presidencialismo e Parlamentarismo na Ideologia de Ruy Barbosa" (1949), *Revista da Faculdade de Direito de Porto Alegre*, vol. I; "Federação e Parlamentarismo" (1950), *Revista Forense*, vol. 138; "Resgate ou Encampação" (1950), que recebeu o Prêmio Alcides Cruz, *Revista de Direito Administrativo*, vol. 19; "Aspectos da Autonomia Municipal" (1954); "Imposto de Indústria e Profissões" (1957), *Revista Forense*, vol. 177; "Ação de investigação de paternidade ilegítima. Prescrição." (1957), *Revista Forense*, vol. 169; "Servidão por destinação do proprietário" (1969); "O Tribunal de Justiça e sua estrutura" (1972).

SEGUNDA PARTE

OS RENOVADORES DA DOUTRINA CONSTITUCIONAL BRASILEIRA

INTRODUÇÃO

Aqui me cabe interferir, pessoal e subjetivamente, para tentar mostrar como começou essa renovação constitucional brasileira. Não tenho dúvida de que ela foi desencadeada pela publicação de minha tese: *Aplicabilidade das Normas Constitucionais*. Já tive a oportunidade de escrever sobre isso em um texto sob o título de "O Sentido da Tese Aplicabilidade das Normas Constitucionais".

A *Aplicabilidade das Normas Constitucionais* foi escrita para servir de tese ao concurso para provimento da Cátedra de Direito Constitucional na Faculdade de Direito da Universidade de São Paulo, que se realizou em agosto de 1969. Livro escrito, pois, em 1967-1968, pretendia dar nova dimensão ao Direito Constitucional, cujo ensino naquela Faculdade sempre foi muito atrasado e apenas se preocupava com a parte organizacional da Constituição, o que revelava a concepção, expressa ou não, de que a Constituição constituía um instrumento de defesa do Estado, e não de defesa dos direitos fundamentais. O curso de Direito Constitucional nada ensinava sobre esses direitos. No meu curso, naquela Faculdade, nunca ouvi falar em direitos fundamentais. O programa de Direito Constitucional do Professor Cândido Motta Filho tinha apenas um ponto sob o título: *Direitos do Homem*, que ele, salvo vaga referência, nunca nos ministrou.

Ora, tratava-se naquela oportunidade de concurso para o preenchimento do cargo que ele ocupara, vago em consequência de sua aposentadoria.

Pareceu-me, pois, que era necessário dar uma sinalização clara de que o Direito Constitucional naquela Faculdade tinha que sofrer profunda revisão. Especialmente, tinha que se entender a Constituição como um instrumento de proteção dos direitos fundamentais, e que a própria organização do Estado só tem sentido como um aparato destinado a essa proteção. E isso deveria começar pela valorização da Constituição e das normas constitucionais, especialmente daquelas que visam à tutela dos direitos sociais, tidos esses como pressupostos da própria efetividade dos direitos de igualdade e de liberdade. Esse foi o sentido daquela minha monografia de concurso. Mas, sobretudo, foi ela que, por primeiro, abriu espaço à compreensão do Direito Constitucional a mais de uma geração de constitucionalistas que hoje pontificam no constitucionalismo brasileiro com uma visão muito diferente daquela que nos precedeu. Foi sempre prestigiada pela doutrina e pela jurisprudência que a têm entendido como uma obra clássica, concebida em um período histórico marcado por uma outra realidade jurídica (a ditadura militar), influenciada por valores democráticos até então não consolidados, e por incertezas sobre a estrutura e o alcance dos direitos individuais, além da inexistência de maiores conhecimentos sobre a eficácia de direitos sociais. Na época, é de se relembrar, as Faculdades de Direito ministravam seus cursos, centrados na apresentação dos direitos privados, constituídos e regrados pelo Código Civil, que era entendido como ponto nuclear do ordenamento jurídico. A monografia, seguida de outras obras do autor, como o *Curso de Direito Constitucional Positivo*, tinha, pois, uma missão fundamental, qual seja a de atrair o Direito Constitucional para o centro do ordenamento jurídico. A Constituição Federal de 1988, concebida com base em novos valores sociais, foi editada como a carta 'cidadã', justamente por prestigiar os direitos fundamentais da pessoa humana; cumpre esse papel e, com certeza, é o resultado desse movimento começado a partir daquela monografia.[1]

Eu perdi aquele concurso, vencido por um candidato competente, mas alinhado ao tradicional atraso da disciplina na Faculdade. Perdi o concurso, mas não perdi o ânimo de luta. Assim nomeado professor de direito constitucional em escola particular de Jundiaí e Osasco pude aplicar nelas minha concepção, de onde saiu meu *Curso de Direito Constitucional Positivo*.

Nomeado membro da *Comissão de Estudos Constitucionais* (chamada *Comissão Afonso Arinos*), destinada a preparar um anteprojeto para ser apresentado à Assembleia Nacional Constituinte, elaborei e apresentei nela um *Anteprojeto de Constituição*, que mudava o eixo do constitucionalismo brasileiro, começando com os direitos fundamentais e só depois com a organização do Estado e dos Poderes.

Depois, instalada a Constituinte, o Senador Constituinte, Mario Covas, me convidou para assessorá-lo, onde tive a oportunidade de influir, quanto possível, para a renovação do direito constitucional, mediante a construção de uma constituição democrática, a Constituição de 1988.

---

1 Cf., nesse sentido, a decisão do Juiz da 4ª Vara da Fazenda Pública de São Paulo, 06/09/2006 – p. 274, Judiciário – Caderno 2, colhido em *Leituras Eletrônicas de Intimações Judiciais* da OAB/SP, que, lamentavelmente, não indicou o nome do magistrado.

CAPÍTULO I
Virgílio Afonso da Silva

Luís Virgílio Afonso da Silva sucedeu ao Professor Manoel Gonçalves Ferreira Filho na titularidade de Direito Constitucional da FADUSP, em 2007, com 32 anos de idade. Nasceu na Capital de São Paulo a 8 de outubro de 1973, filho de José Afonso da Silva e Helena Muñoz Afonso da Silva.

Inicialmente fiquei na dúvida em fazer algum comentário sobre a produção constitucional desse jovem constitucionalista. Cheguei mesmo a dizer: "Não farei comentários à atuação do jovem constitucionalista por duas razões, primeiro porque sua história está começando, segundo por ser meu filho. Por isto, limitar-me-ei a dar aqui uma síntese dos dados fornecidos pelo sistema de Currículos Lattes". Depois, pensando melhor, entendi que os leitores hão de querer saber algo sobre as relações entre pai e filho que atuam na mesma área do conhecimento jurídico.

Primeiro, vou sim me recorrer à plataforma Lattes para dar uma síntese do currículo do Professor Luís Virgílio Afonso da Silva: é Professor Titular de Direito Constitucional na Faculdade de Direito da Universidade de São Paulo. Graduou-se na Universidade de São Paulo (1995), onde também fez seu mestrado (1998), e concluiu seu doutorado na Christian-Albrechts-Universität em Kiel, Alemanha, em 2002. É livre-docente em Direito Constitucional pela Universidade de São Paulo (2004). Foi membro da Coordenação de Ciências Humanas e Sociais da Fundação de Amparo à Pesquisa do Estado de São Paulo (Fapesp). Suas principais linhas de pesquisa regulares são: *dogmática dos direitos fundamentais* e *interpretação constitucional*. Publicou diversos artigos em revistas especializadas no Brasil e no exterior e recebeu um prêmio internacional (2003).

Livros publicados

Sistemas eleitorais: tipos, efeitos jurídico-políticos e aplicação ao caso brasileiro, São Paulo, Malheiros, 1999.

Grundrechte und gesetzgeberische Spielräume, Baden-Baden, Nomos, 2003.

A constitucionalização do direito: os direitos fundamentais nas relações entre particulares, São Paulo, Malheiros, 2005.

(Org.). *Interpretação constitucional,* São Paulo, Malheiros, 2005.

Direitos Fundamentais, conteúdo essencial, restrições e eficácia, São Paulo, Malheiros, 2009 (Tese com que conquistou a titularidade de Direito Constitucional, junto ao Departamento de Direito do Estado da Faculdade de Direito da Universidade de São Paulo).

Direito Constitucional Brasileiro, São Paulo, EDUSP, 2021, e vários artigos em direito constitucional publicados em revistas nacionais e internacionais especializadas, assim como capítulos de livros publicados e trabalhos publicados em anais de congressos. Traduziu, do alemão para o português, o livro de Robert Alexy, *Teoria dos direitos fundamentais*, São Paulo, Malheiros, 2008.

***

Meu escrúpulo inicial decorreu do fato de que é muito difícil analisar objetivamente a produção intelectual de um filho. Eu sou um pai orgulhoso que reconhece que seus três filhos são talentosos. José Nereu como ator e produtor teatral, Helena Augusta na área de modas e Luís Virgílio, como constitucionalista.

O Virgílio sempre me surpreende, mesmo quando critica meus trabalhos. A primeira surpresa foi quando a gente estava andando de carro nas ruas de Águas da Prata. Ele, com três anos de idade, começou a ler as palavrar escritas nos muros. Aprendeu a ler sozinho aos três anos de idade. Apenas brincando com minha máquina de escrever. Outra surpresa foi decidir estudar direito, quando todos nós pensávamos que fosse fazer geografia. No dia de sua inscrição na Fuvest, ele se levantou cedo, sua mãe também para lhe preparar o café. Eu fiquei tranquilo, pois estava convicto de que ele queria estudar geografia, foi quando minha mulher veio me dizer que o Virgílio estava lá em baixo sem saber o que fazer. "Mas ele não vai fazer geografia?", perguntei. Eu estava tão convencido disse que um dia até falei com o grande geógrafo brasileiro Milton Santo que eu tinha um filho que queria estudar geografia, se poderia conversar com ele. E ele disse que até conversaria, para dissuadi-lo desse intento. O certo é que diante do que minha mulher estava dizendo, tive que me levantar para conversar com o Virgílio sobre essa crise. Ele me disse que queria estudar história em quadrinhos, mas não tinha essa habilitação da Universidade. Então, lhe disse: "Se você não sabe o que fazer, faça direito, porque isso lhe abre um amplo horizonte para você seguir o que quiser depois". Bom, ele se inscreveu para direito, passou bem e se matriculou na Faculdade de Direito da USP. Logo nos primeiros dias ele estava adorando o curso. Foi bom estudante, um estudante que brilhava nas suas tarefas. Eu soube que os colegas diziam: "Vai bem porque tem o Prof. José Afonso da Silva à sua disposição em casa".

Engano. O Virgílio nunca me fez uma pergunta sobre direito. Uma surpresa que me convenceu que ia para o Direito Constitucional foi quando eu mencionei a vontade de fazer uma revisão, talvez até uma reformulação, no meu Curso de Direito Constitucional Positivo, ele estava, creio eu, que no quarto ano. Aí, ele me perguntou se ele poderia fazer a revisão, depois eu veria se estava bom ou não. Verifiquei que não precisava modificar nada. Aí ele começou a fazer o Mestrado no quinto ano e uns dois anos depois ele chegou lá em casa com um livro sob o título *Sistemas Eleitorais* e me disse: "esta é minha dissertação de Mestrado, com a qual fiz minha inscrição hoje". E assim foi com a tese de livre-docente, *A Constitucionalização do Direito, os Direitos Fundamentais nas relações entre particulares*, e a tese ao concurso de Professor Titular, *Direitos Fundamentais conteúdo essencial, restrições e eficácia,* que ele me deu com uma dedicatória: "*Ao Zé Afonso, para apender um pouco sobre eficácia das normas constitucionais*". Tudo bem, vou ler para ver se aprendo. Pensei: "Se tenho que aprender, que bom que seja com meu filho". Mas essa provocação tinha razão de ser, pois o último capítulo e sua conclusão era uma desconstituição de minhas teses na monografia *Aplicabilidade das Normas Constitucionais*. Para mostrar que isso não significava desrespeito, ele se fundamentou em dois textos na Introdução:

"Uma tese, qualquer que seja, necessariamente implica uma contribuição original ao ramo do conhecimento em que se insere. E dificilmente há contribuição original sem que alguma tese anterior seja colocada em questão. Todo o desenvolvimento de qualquer ramo da ciência baseia-se nessa premissa. Ocorre que 'colocar em questão uma tese' ou, ainda, 'tentar superar uma tese' não significa qualquer desrespeito à tese que se procura questionar ou superar. Na maioria dos casos o contrário é que acontece, já que é a própria existência de uma teoria que cria as condições para que aqueles que vêm depois possam desenvolvê-la ainda mais, questioná-la ou tentar superá-la. Para usar uma expressão famosa, utilizada por Isaac Newton, poder-se-ia dizer que *enxergar mais longe só é possível quando se pode estar nos ombros de gigantes*."

E adiante:

"Este é um trabalho apresentado para um concurso de provimento do mais alto cargo da carreira acadêmica na Faculdade de Direito da USP, o cargo de Professor Titular. Parte substancial dele, como se verá, dialoga com outro trabalho, também apresentado a um concurso à titularidade, também na área de direito constitucional, há quase 40 anos, na mesma Faculdade.[1] Por todas as razões apresentadas – e por outras mais, inclusive afetivas –, não se imagina que as discordâncias entre ambos os trabalhos, *que são profundas* –, signifiquem algum tipo de desrespeito. Pelo contrário, minha tentativa de ver um pouco além – espero que, pelo menos em parte, bem-sucedida – só terá sido possível ao subir no ombro de gigantes, e não tentar derrubá-lo".[2]

Depois que ele se inscreveu no concurso é que ele me deu a tese para ler e me chamou a atenção para as discordâncias. Li antes do concurso e lhe dei resposta, na qual ponderei:

"3. Quero começar a discutir essa crítica com uma observação prévia de que sou muito receptivo a críticas às minhas obras. Acho que as divergências jurídicas são sempre enriquecedoras. A propósito, gostaria de lembrar uma pequena polêmica entre Jiménez de Asúa e Carlos Cossio.

Jiménez de Asúa, famoso penalista espanhol que vivia na Argentina, proferiu uma conferência em Lima sobre o tema "Normas para la interpretación de la ley y la praxis jurdicial" (*Revista del Foro*, Lima, ano XXX, n. 7 e 9) e, numa passagem, disse que a posição de Kelsen estava *totalmente superada na Europa*. Carlos Cossio o contestou veementemente. Asúa, então, lhe respondeu nos seguintes termos:

"Diante de tudo, não vejo no vocábulo 'superar' o sentido pejorativo que você acha. Ao contrário, entendo que a ciência e a filosofia marcham sobre degraus. Quando estas não sobem em escadas, são errados os pensamentos. Descartam-se e nada mais. Em compensação, quando têm

---

1 Aqui em nota 28: "Cf. José Afonso da Silva, *Aplicabilidade das normas constitucionais*, tese apresentada ao concurso de provimento de cargo de Professor Titular de Direito Constitucional na Faculdade de Direito da USP, 1968. Atualmente o livro está na 7ª edição, 2ª tiragem (São Paulo, Malheiros Editores, 2008)".

2 Cf. *Direitos Fundamentais, conteúdo essencial, restrições e eficácia*, São Paulo, Malheiros, 2009, pp. 28 e 30.

algo de certo servem para que apoiemos o pé e alcancemos uma meta circunstancial mais alta. Isso é superar na linguagem castelhana e assim é como eu a usei".[3]

"Quero dizer com isto que não tenho a menor preocupação com a superação de minhas teses, nem considero desrespeito as discordâncias em relação a elas, tanto quanto nunca considerei ter desrespeitado aqueles de quem divergi. Para quem compreende o direito, segundo uma concepção culturalista e, assim, na dinâmica histórica, a superação de suas teses é encarada como fato normal e próprio da evolução cultural e do conhecimento. Só não seria assim, se se tivesse o direito como estático.

"4. Mas será que minhas teses foram mesmo superadas pela Tese de Virgílio Afonso da Silva? Veremos. As ideias não se superam por sua simples negação, mas por outras ideias igualmente fortes que sejam uma evolução do pensamento, porque as ideias superadas ficam sempre como testemunhas da história, uma referência a que se recorre constantemente, e um documento a mostrar que o pensamento humano não é uma improvisação, mas uma continuação, permanente abeberar-se nas fontes criadas pelos que nos antecederam, porque o conhecimento marcha pelos degraus de que fala Juménez de Assúa."[4]

---

3 Cf. em Carlos Cossio, *Teoría de la Verdad Jurídica*, 1954, pp. 298 ss, o texto citado está na p.306. No original: "Ante todo, yo no veo en el vocablo 'superar' el sentido peyorativo que usted halla. Al contrario, entiendo que la ciencia y la filosofia marchan sobre escalones. Cuando éstas no suben en escalera, son errados los pensamientos. Se desechan y nada más. En cambio, cuando tienen algo de cierto sirven para que apoyemos el pie y alcancemos uma meta circunstancial más alta. Eso es superar en el lenguaje castellano y así es como yo la usé". Aliás, essas mesmas idéias constam da Tese: "Uma tese, qualquer que seja, necessariamente implica uma contribuição original ao ramo da ciência em que se insere. E dificilmente há contribuição original sem que alguma tese anterior seja colocada em questão. *Todo o desenvolvimento de qualquer ramo da ciência baseia-se nessa premissa.* Ocorre que 'colocar em questão uma tese' ou, ainda 'tentar superar uma tese' não significa nenhum desrespeito à tese que se procura questionar ou superar. Na maioria dos casos, o *contrário* é o que acontece, já que é a própria existência de uma teoria que cria as condições para que aqueles que vêm depois possam desenvolvê-la ainda mais, questioná-la ou tentar superá-la. Para usar uma expressão famosa, utilizada por Isaac Newton, poder-se-ia dizer que enxergar mais longe só é possível quando se pode estar nos ombros de gigantes" (Cf. *O Conteúdo Essencial dos Direitos Fundamentais e a Eficácia das Normas Constitucionais*, p. 29).

4 Um dos examinadores do concurso a que a Tese foi apresentada – o Prof. Dr. Clèmerson Merlin Clève – colocou ao crítico esse problema, mencionando que faltava a parte construtiva de sua crítica, o que exigiria mais dois capítulos em sua Tese. A isso, respondeu que seus pressupostos já constituíam a parte propositiva que poderia ser complementada.

Mas a mais emocionante surpresa que ele me deu foi com a dedicatória que me fez no seu belo manual didático sob o título *Direito Constitucional Brasileiro*. A dedicatória diz: "A meu pai, José Afonso da Silva, mais importante intérprete da Constituição de 1988, por ocasião de seus 95º aniversários". Adiante ainda pretendo fazer referências específicas às suas produções jurídico-constitucionais. Mas me permito adiantar minha opinião sobre ele, emitida em texto que mandei ao ilustre constitucionalista mexicano, Dr. Diego Valadès, ao encaminhá-lo um vídeo em que meu filho mais velho registrou o momento em que eu preparava para passar meu escritório com os livros para o Virgílio. Eis o texto:

"Meu filho, José Nereu, produtor teatral, registra o momento em que eu preparava a passagem do meu escritório com a biblioteca de direito público para meu filho Virgílio. Direito privado, tributário, penal, processual, finanças, economia, vamos doar para a Faculdade. Para a família é um momento significativo, simbólico mesmo, da passagem de uma geração a outra, em que o jovem Professor Virgílio Afonso da Silva sucede o Professor José Afonso da Silva. Tenho a felicidade de ser sucedido por um jovem talentoso que acaba de publicar um manual didático de *Direito Constitucional Brasileiro* primoroso, linguagem bonita, conteúdo moderno, inovador. O Virgílio não me sucede, me supera, para honra e alegria minha, Forte abraço". O Valadès respondeu nos seguintes termos:

"Conozco bien a Virgilio y he leido muchos trabajos suyos; sin duda es um jurista excepcional, digno sucessor suyos, querito José. Y Nereu es um artista consumado. Aplaudo la decissión donar livros a la Faculdad; yo he hecho lo mismo com el Instituo Investigacions Jurídicas. Um gran abrazo".

***

Sistemas eleitorais: tipos, efeitos jurídico-políticos e aplicação ao caso brasileiro, São Paulo, Malheiros, 1999. Obra com a qual o autor conquistou o título de Mestre na Faculdade de Direito da USP. Disseram-me que Virgílio sempre se destacava nas discussões acadêmicas, levando textos muito bons. Então, os colegas gozavam. "Também ele tem o Prof. José Afonso da Silva à sua disposição em casa". Equívoco, porque ele nunca se socorreu de mim para nada de sua vida escolar, a dizer que queria se transformar num grande jurista, independentemente do pai. Por isso, só me mostrou esta sua dissertação de mestrado, depois de apresentá-la na inscrição para o concurso.

Li e fiquei impressionado com a alta qualidade da dissertação, ao ponto de membros da banca dizerem que ela daria para defesa de tese de doutorado. Sua orientadora, Profª Fernanda Dias Menezes de Almeida, na apresentação, observa, com razão:

"O livro é rico em informações importantes sobre o Direito estrangeiro, obtidas em acurada pesquisa realizada no exterior; traz uma visão completa e precisa do funcionamento técnico desses sistemas; considera a dinâmica do fenômeno político, trabalhando a interação dos sistemas eleitorais com os sistemas de partidos e a representação política e detém-se, em particular, no caso brasileiro, propondo soluções criativas e interessantes para o aprimoramento de nosso sistema eleitoral".

Depois disso não é necessário acrescentar mais nada, é preciso ressaltar a qualidade técnica do livro, desde a introdução com proposições e razões por que estudar os sistemas eleitorais e basta lembrar a afirmativa de que "[o] estudo dos sistemas eleitorais exerce, então, um papel fundamental como subsídio para o aprimoramento dos regimes democráticos e para a melhor compreensão dos sistemas políticos" (p. 21). E ilustrações com quadros tecnicamente organizados.

Mais adiante, ainda na introdução, depois de afirmar que o sistema de representação tão criticado como o Brasil deixa muito a desejar e de que o tema demanda uma abordagem interdisciplinar, sem o qual o estudo ficaria empobrecido, acrescenta qual o intuito do trabalho: "O intuito deste trabalho é, então, partindo desse enfoque, tentar contribuir para o aperfeiçoamento dessa discussão no Brasil, procurando apresentar não só uma visão panorâmica da sistemática eleitoral, como também uma discussão pontual dos principais problemas que o tema suscita, além de uma discussão sobre o atual sistema eleitoral brasileiro, com sugestões para o seu aperfeiçoamento" (p. 23)

Num capítulo sobre análise crítico-comparativa dos sistemas eleitorais abre um tópico sobre a participação feminina, com a observação de que esse é um aspecto muito pouco suscitado da representação proporcional: a maior chance de participação feminina na representação política. Isso numa dissertação de mestrado de 1998, cujo autor era um menino de vinte e cinco anos de idade, era um avanço enorme.

O autor não titubeia em definir qual o sistema eleitoral de sua preferência, que é o sistema proporcional "que dominará este trabalho" (38-39). E mais adiante o leitor fica sabendo, com clareza, suas razões, a partir do seguinte pressuposto:

"Se a disputa entre sistemas majoritários e sistema proporcional é, basicamente, uma disputa entre governabilidade e representatividade, a questão mais importante a ser feita só pode ser a seguinte: em que medida cada um desses sistemas proporciona, respectivamente, a esperada governabilidade ou a desejada representatividade" (p. 147). E logo acrescenta que não "[há] como falar em qualquer possibilidade de conciliação entre governabilidade e representatividade no caso dos sistemas majoritários, visto que a distorção por eles provocada, neste segundo campo, é inerente ao sistema e que, para agravar a situação, nem mesmo no campo da governabilidade há alguma segurança".

"Concluindo, mesmo que não se chegue a um acordo sobre qual das duas variáveis – governabilidade ou representatividade – é a mais importante, pode-se afirmar que os sistemas proporcionais têm mais condições de atender às duas de forma satisfatória, ainda que a segunda seja privilegiada" (p. 148).

No entanto, aponta em seguida os defeitos e desvios do sistema de representação proporcional no Brasil (pp. 159-168), e suas possíveis soluções... Recusa, desde logo, o sistema alemão, chamado de sistema misto, desqualificando-o como tal, pois "não há que falar em sistema misto, havendo apenas sistemas proporcionais e sistemas majoritários, já que os sistemas eleitorais podem atender apenas e exclusivamente a um desses dois princípios de representação. O sistema alemão, então, apesar de reunir aspectos técnicos majoritários e proporcionais, satisfaz os princípios proporcionais, pois seus resultados são extremamente proporcionais" (p. 169),

Enfim, as soluções propostas, em síntese, estão arroladas no nº15 das conclusões, quais sejam: "(a) adoção de listas bloqueadas, com a ordem dos candidatos previamente definida por votação na convenção partidária; (b) estabelecimento de uma circunscrição nacional única, para que não haja mais sobre representação de alguns Estados às custas de outros; (c) vedação das coligações partidárias."

É bom observar que Virgílio, ao escrever essa dissertação, ainda não tinha tido contato com o sistema do Prof. Robert Alexy. Só depois de conquistar aqui o título de Mestre, decidiu ir para a Alemanha, primeiro para aprimorar o seu alemão, que já tinha estudado no Goethe-Institut de São Paulo. Aí é que cogitou de obter uma bolsa de estudos e escolher um orientador para o seu doutoramento na Alemanha, escolha que recaiu no Prof. Robert Alexy, da Universidade de Kiel. Interessante é que pela sua dissertação de mestrado, Virgílio já tinha assumido que sua linha de pesquisa seria o direito constitucional, seria, pois, de esperar que optasse por um constitucionalista como orientador de tese de doutorado. Mas escolheu, certamente um grande jurista, mas não constitucionalista e sim filósofo do direito, certamente também um dos mais importantes atualmente.

É certo que a obra mais importante de Alexy é sua *Teoria dos Direitos Fundamentais*, que é tema central do direito constitucional, mas o foco em Alexy é da filosofia do direito, por isso teve necessidade de criar a teoria dos princípios como embasamento da fundamentação dos direitos fundamentais. É certamente a mais importante teoria dos direitos fundamentais, mais bem fundamentada e estruturada

O certo é que foi sob a orientação de Robert Alexy, no seu curso de doutorado na Universidade de Kiel, que o Virgílio enriqueceu seu cabedal de conhecimento constitucional. Na verdade, ele teve uma preparação escolar sólida desde a pré-escola do Instituto Caetano de Campos, e o ensino fundamental na Escola Celso Leite do Município de São Paulo, ensino médio no Caetano de Campos e, superior, na Faculdade de Direito da USP. Escolas públicas todas, de boa qualidade. Consolidou essa preparação escolar com a pós-graduação do Mestrado, também na Faculdade de Direito da USP e, finalmente, o doutorado sob a orientação do Prof. Robert Alexy na Faculdade de Direito da Universidade de Kiel. Vale dizer, uma preparação muito sólida.

A Constitucionalização do Direito, os direitos fundamentais nas relações entre particulares, São Paulo, Malheiros, 2005. O autor esclarece que esta obra é uma versão de sua tese de livre-docência, defendida em novembro de 2004 na Faculdade de Direito da Universidade de São Paulo. Adianta que, com ela, ele segue uma linha de pesquisa à qual vem se dedicando já há algum tempo, no âmbito da dogmática dos direitos fundamentais, acrescenta que ela parte dos mesmos pressupostos teóricos que têm sido a base de sua produção acadêmica desde a sua tese de doutorado, defendida na Universidade de Kiel, Alemanha, sob a orientação do Prof. Robert Alexy. Dentre esses pressupostos, o mais importante deles é, sem dúvida, a teoria dos princípios, especialmente na forma como desenvolvida pelo mesmo Prof. Robert Alexy, princípios como mandamento de otimização. Por isso, logo vem o capítulo (Cap. 2º) sobre a distinção entre regras e princípios. Houve longo período em que toda tese de concurso para professor universitário no Brasil, sobre qualquer ramo do direito, tinha que trazer um capítulo sobre a essa distinção. Distinção, diga-se, que nunca se realizou.

pesquisa seria o direito constitucional, seria, pois, de esperar que optasse por um constitucionalista como orientador de tese de doutorado. Mas escolheu, certamente um grande jurista, mas não constitucionalista e sim filósofo do direito, certamente também um dos mais importantes na atualidade.

É certo que a obra mais importante de Alexy é sua *Teoria dos Direitos Fundamentais*, que é tema central do direito constitucional, mas o foco em Alexy é da filosofia do direito, por isso teve necessidade de criar a teoria dos princípios como embasamento da fundamentação dos direitos fundamentais. É certamente a mais importante teoria dos direitos fundamentais, mais bem fundamentada e estruturada.

O certo é que foi sob a orientação de Robert Alexy, no seu curso de doutorado na Universidade de Kiel, que o Virgílio mais desenvolveu seu cabedal de conhecimento constitucional. Na verdade, ele teve uma preparação escolar sólida desde a pré-escola, no Instituto Caetano de Campos, e o ensino fundamental na Escola Celso Leite do Município de São Paulo, ensino médio no Caetano de Campos e superior na Faculdade de Direito da USP. Escolas públicas todas de boa qualidade. Consolidou essa preparação escolar com a pós-graduação do Mestrado, também na Faculdade de Direito da USP e, finalmente, o doutorado sob a orientação do Prof. Robert Alexy na Faculdade de Direito da Universidade de Kiel. Vale dizer, uma preparação muito sólida.

A Constitucionalização do Direito: os direitos fundamentais nas relações entre particulares. São Paulo, Malheiros, 2005. O autor esclarece que esta obra é uma versão de sua tese de livre-docência, defendida em novembro de 2004 na Faculdade de Direito da Universidade de São Paulo. Adiante diz que, com ela, ele segue uma linha de pesquisa à qual vem se dedicando há algum tempo, no âmbito da dogmática dos direitos fundamentais, porque ela faz parte dos mesmos pressupostos teóricos que têm sido a base de sua produção acadêmica desde a sua tese de doutorado, defendida na Universidade de Kiel, Alemanha, sob a orientação do Prof. Robert Alexy. Dentre esses pressupostos, o mais importante deles é, sem dúvida, a teoria dos princípios, especialmente na forma como foi desenvolvida pelo mesmo Prof. Robert Alexy. Princípios como mandamentos de otimização. Por isso, logo vem o capítulo (Cap. 2) sobre a distinção entre regras e princípios. Houve longo período em que toda tese de concurso para professor universitário no Brasil, sobre qualquer ramo do direito, tinha que trazer um capítulo sobre a essa distinção. Discussões, diga-se, que nunca se realizou.

CAPÍTULO II

Luís Roberto Barroso

Nasceu em Vassouras, Estado do Rio de Janeiro, em 11.3.1958, filho de Roberto Bernardes Barroso e de D. Judith Soriano Barroso. Fez o pré-primário na escola Cícero Pena, o primário na Escola Roma, o ginásio e parte do colegial no "Pedro Álvares Cabral". Ingressou na Faculdade de Direito da UERJ em 1976, cursou dois anos e meio de Economia e Administração na PUC/RJ. Formou-se em Direito pela UERJ em 1980. É mestre pela Universidade Yale, doutor e livre-docente pela UERJ, da qual é professor titular de direito constitucional, tendo realizado estudos de pós-doutorado na Harvard Law School. Leciona também na Universidade de Brasília (UnB) e no programa de mestrado e doutorado em direito do Centro Universitário de Brasília (UniCeub).

Voltado ao direito público, especialmente teoria constitucional, direito constitucional contemporâneo, interpretação constitucional, controle de constitucionalidade, direito constitucional econômico, administrativo e regulação, Barroso é professor da Faculdade de Direito da UERJ desde 1982, sendo Professor Titular de Direito Constitucional desde 1995, além de Professor Visitante da Universidade de Brasília desde 2009. Foi Professor visitante da Universidade de Poitiers (França) em fevereiro de 2010, e da Universidade de Breslávia (Polônia) em outubro de 2009.

É autor de alguns livros, tais como: *O Direito Constitucional e a efetividade de suas normas*; *Curso de Direito Constitucional contemporâneo*, *Controle de Constitucionalidade no Direito brasileiro*; Alguns de seus principais artigos estão publicados em páginas da internet, dentre os quais: *Neoconstitucionalismo e constitucionalização do Direito*; *Constituição democracia e supremacia judicial*; *A dignidade da pessoa humana no Direito Constitucional contemporâneo*; *Vinte anos da Constituição Federal: O Estado a que chegamos*; *A americanização do Direito Constitucional e seus paradoxos*.

Nada melhor para conhecê-lo do que suas confissões, tais como:

“Eu terminei a faculdade convencido de que eu não queria ir para a política, a minha geração não foi para a política. Eu queria ir para a vida acadêmica, eu queria dar aula de Direito Constitucional. Eu, portanto, procurei o professor de Direito Constitucional, que disse: ‘Ah, você tem muita vocação..., você tem embocadura..., portanto, você venha, vamos marcar, você dá umas aulinhas...’. E era um pouco assim que funcionava. E eu de fato comecei a dar algumas aulas de Direito Constitucional a convite deste professor. Mas isso era em final de 81, ainda era o Regime Militar, e aí veio o veto, dizendo: ‘ele foi do movimento estudantil, foi do Centro Acadêmico, e não é a pessoa que nós queremos ter aqui’. E esse professor me procurou e disse: ‘eu gosto muito de você, mas eu não tenho nenhuma condição de enfrentar isto e, portanto, eu lamento, mas nós vamos adiar o nosso projeto’. Eu fiquei devastado porque eu tinha transformado aquilo no meu projeto de vida: ‘eu quero ser um professor’. E aí fiquei meio desorientado”.

“E eu acho que nós, aqui da UERJ, com todas as dificuldades por causa do serviço público, da universidade pública, contribuímos de maneira muito significativa para uma revolução na linguagem do Direito em termos de simplificação, e contribuímos também na minha área para uma revolução no modo como se pensa, como se pratica o Direito Constitucional no Brasil.

“O meu professor de Direito Constitucional foi o Fernando Whitaker da Cunha, que era um homem muito culto. Era desembargador do Tribunal de Justiça do Estado e era de uma escola do Direito Constitucional, de uma escola tradicional que não ensinava um direito constitucional normativo, mas uma disciplina muito ligada às instituições políticas. Porque o Direito Constitucional do Brasil, naquela época, sofria muita influência ainda do Direito Francês. O Direito Constitucional francês sempre foi um direito ligado às instituições políticas, à ciência política, e não propriamente a uma prática judicial perante os tribunais, que é uma característica da experiência americana. Toda experiência constitucional europeia era ligada à parte que se diz orgânica da constituição. Portanto, estudavam os Poderes – o Legislativo, o Executivo, o Judiciário –, mas o Direito Constitucional não era percebido como um instrumento de atuação dos profissionais do direito, dos juízes, dos advogados... como eram o Direito Civil ou o Direito Comercial.

“Esta revolução no Direito Constitucional foi feita, em ampla medida, a partir daqui da UERJ. A minha própria tese de livre-docência chamava-se o ‘Direito Constitucional e a efetividade de suas normas’, que era o desenvolvimento de um artigo anterior, que eu tinha escrito, chamado 'Por que não uma constituição para valer?'. E neste momento, em meados da década de 80, é que começa esse movimento de transformação da constituição num instrumento de trabalho. E esse era um movimento importante porque, mesmo aquela constituição que era a Constituição de 1969, constituição do regime militar, tinha partes extremamente avançadas, extremamente progressistas.

"Portanto, transformar a Constituição num instrumento de trabalho dos juízes, dos operadores políticos, era permitir que o Direito se tornasse mais progressista. E efetivamente esse movimento desaguou na Constituição de 1988, que tem muitas deficiências, mas certamente é a Constituição que fez a travessia bem sucedida do Brasil de um regime autoritário, intolerante e por vezes violento, para um Estado Democrático de Direito. E é uma Constituição que em muitas das suas partes é uma constituição progressista. De modo que eu faço parte de uma geração que sonhou um país em liberdade e venceu! E eu celebro isso porque nós perdemos em tantas outras coisas que eu estou celebrando pelo menos a vitória de termos promovido uma redemocratização".

Dentre suas obras:

- *Sem* Data Venia*: Um olhar sobre o Brasil e o mundo,* Rio de Janeiro, Editora História Real, 2020.
- *Constitucionalismo democrático: a ideologia vitoriosa do século XX*, Ribeirão Preto, Migalhas, 2019.
- *Um outro país: transformações no direito, na ética e na agenda do Brasil*, Rio de Janeiro, Editora Fórum, 2017.
- *A judicialização da vida e o papel do Supremo Tribunal Federal*, Rio de Janeiro, Editora Fórum, 2017.
- *A vida, o direito e algumas ideias para o Brasil*, São Paulo, Migalhas, 2016.
- *La dignidad de la persona humana en el derecho constitucional contemporáneo*: La construcción de un concepto jurídico a la luz de la jurisprudencia mundial, 1. ed., Bogotá, Universidad Externado de Colombia, 2014 (tradução para o espanhol do artigo *Here, there and everywhere: human dignity in contemporary law and in the transnational discourse*).
- *Direitos sociais em debate*, Rio de Janeiro, Campus/Elsevier, 2012.
- *A dignidade da pessoa humana no Direito Constitucional Contemporâneo*: A construção de um conceito jurídico à luz da jurisprudência

mundial, 1. ed., Belo Horizonte, Editora Forum, 2012 (tradução para o português do artigo *Here, there and everywhere: human dignity in contemporary law and in the transnational discourse*).

- *O novo Direito Constitucional brasileiro*: contribuições para a construção teórica e prática da jurisdição constitucional no Brasil, 1. ed., Belo Horizonte, Editora Forum, 2012.

- *Doutrinas essenciais Direito Constitucional*, São Paulo, Editora Revista dos Tribunais, 2011. v. 7 (Organizador, junto a Clèmerson Merlin Clève).

- *Curso de direito constitucional contemporâneo*: os conceitos fundamentais e a construção do novo modelo, 1. ed., São Paulo, Saraiva, 2009.

- *Temas de Direito Constitucional*, tomo IV., 1. ed., Rio de Janeiro, Renovar, 2009.

- *O direito constitucional e a efetividade de suas normas*: limites e possibilidades da Constituição brasileira, 9. ed., Rio de Janeiro-São Paulo, Renovar, 2008.

- *O controle de constitucionalidade no direito brasileiro* – Exposição sistemática da doutrina e análise crítica da jurisprudência, 3ª. ed., São Paulo, Saraiva, 2008.

- *Direito constitucional contemporâneo*, São Paulo, Saraiva, 2011.

- *El neoconstitucionalismo y la constitucionalización del derecho*, Universidad Nacional Autónoma de México, 2008.

- *A reconstrução democrática do direito público no Brasil*, 1. ed., Rio de Janeiro, Renovar, 2007.

- *Constituição da República Federativa do Brasil anotada*, 5ª. ed., São Paulo, Saraiva, 2006.

- *O direito internacional contemporâneo*: estudos em homenagem ao Prof. Jacob Dolinger, 1. ed., Rio de Janeiro, Renovar, 2006 (Organizador, junto a Carmen Tiburcio).

- *Temas de Direito Constitucional*, tomo III, Rio de Janeiro-São Paulo, Renovar, 2005.

- *Interpretação e aplicação da Constituição*: fundamentos de uma dogmática constitucional transformadora, 5. ed., São Paulo, Saraiva, 2003.

- *Temas de direito constitucional*, tomo II, Rio de Janeiro-São Paulo, Renovar, 2003.

- *Temas de direito constitucional*, tomo I. 2. ed. Rio de Janeiro-São Paulo, Renovar, 2002.
- *Direito constitucional brasileiro*: o problema da federação. Rio de Janeiro, Forense, 1982.

***

Quando surgiu o *Direito Constitucional brasileiro: o problema da federação,* publicado por um jovem de vinte e quatro anos; nós, os estudiosos da disciplina, percebemos que estava nascendo ali um grande constitucionalista com a visão de um direito constitucional moderno e progressista. Aquele menino é hoje o famoso constitucionalista, presidente do Supremo Tribunal Federal, Ministro Luís Roberto Barroso.

O Direito Constitucional e a efetividade de suas normas logo confirmou nossa previsão, e daí toda a sua produção constitucional enriqueceu o constitucionalismo brasileiro com uma linha de pesquisa voltada para a interpretação e aplicação da Constituição, e ele celebra o sucesso que ajudou construir. Eu, especialmente, saudei o aparecimento dessa obra, porque se encaixa no processo de concretização das normas constitucionais, de que faz parte minha monografia sobre eficácia e aplicabilidade das normas constitucionais.

O controle de constitucionalidade no direito brasileiro. Esse livro do Prof. Luís Roberto Barroso estuda o controle de constitucionalidade de modo bastante objetivo. O leitor fica sabendo do que se trata logo nas primeiras linhas do primeiro capítulo, ao ler que o controle de constitucionalidade é provavelmente o mais importante mecanismo de correção dos desarranjos que quebram a harmonia do sistema jurídico-constitucional.

CAPÍTULO III
Paulo Bonavides

Nasceu em Patos, Estado da Paraíba, em 10 de maio de 1925. Considerado um dos maiores e mais respeitado constitucionalista do Brasil, é conhecido também internacionalmente. É catedrático emérito da Faculdade de Direito da Universidade Federal do Ceará e Doutor *Honoris Causa* pela Universidade de Lisboa. É referência acadêmica na teoria dos direitos fundamentais e princípios constitucionais, com destaque ao princípio da proporcionalidade, recebeu a Medalha Rui Barbosa, a mais alta distinção honorífica concedida pela Ordem dos Advogados do Brasil. É filiado a inúmeras instituições jurídicas e acadêmicas, tais como a Ordem dos Advogados do Brasil (OAB), Academia Brasileira de Letras Jurídicas, Internacional Association of Constitutional Law e Associação dos Constitucionalistas Democratas-ABCD e Instituto Iberoamericano de Derecho Constitucional. Casado com Yeda Satyro Benevides, com quem teve sete filhos (Paulo, Márcio, Clóvis, Vera, Gláucia, Doralice e Marília).

Iniciou seus estudos jurídicos, em 1943, na Faculdade Nacional de Direito da Universidade Federal do Rio de Janeiro UFRJ, onde bacharelou-se em 1948. Durante a graduação, realizou também curso de extensão em Sociologia Jurídica na Harvard University, entre 1944 e 1945.

Começou sua carreira docente em 1950, como professor de Ensino Médio na disciplina de Sociologia, no Instituto de Educação Justiniano de Serpa, prestando seus serviços como concursado de 1951 a 1958. Nos anos letivos de 1951 e 1952, fez-se professor do Seminário Românico da Universidade de Heidelberg, na Alemanha; e, no Brasil, começou a lecionar no Ensino Superior em 1956, como professor assistente de Introdução à Ciência do Direito na Universidade Federal do Ceará, isto após a conquista da Livre-Docência, com a tese: *Dos Fins do Estado*. Pela mesma instituição, no ano de 1958, conquistou os títulos de Doutor e Professor Catedrático, com a tese: *Do Estado Liberal ao Estado Social*, e passou a ministrar a disciplina de Teoria Geral do Estado. Quando da criação do Mestrado em Direito da universidade, em 1978, passou a ministrar a disciplina de Filosofia do Direito. Também foi professor visitante na Universität zu Köln, na University of Tennessee e na Universidade de Coimbra.

Sobre a obra de Paulo Bonavides, existem várias fontes a serem consultadas, destacando-se a sua biografia, *"Paulo Bonavides"*, escrita por Antonio Carlos Klein (Fortaleza, Edições Demócrito Rocha, 2003); e a tese do professor Dimas Macedo: "El Pensamiento Político de Paulo Bonavides" (México, Universidade de Puebla, 2010), publicada no Brasil pela Editora Malheiros, de São Paulo, com o título: *"Estado de Direito e Constituição – O Pensamento de Paulo Bonavides"*.

Sua influência no pensamento jurídico nacional e internacional o levou a inúmeras condecorações, sendo Doutor *honoris causa* pela Universidade de Lisboa, Universidade Federal do Rio de Janeiro, Universidad Nacional de Córdoba, Universidad Inca Garcilaso de la Vega e Universidade de Fortaleza. Também é comendador das maiores honras jurídicas do cenário nacional, a Medalha Rui Barbosa da Ordem dos Advogados do Brasil e a Medalha Teixeira de Freitas do Instituto dos Advogados Brasileiros, além de várias outras, como o Grande-Colar do Mérito do Tribunal de Contas da União, a Medalha da Abolição do Governo do Estado do Ceará e a Medalha Clóvis Beviláqua.

Suas obras, na ordem do aparecimento, são: *Dos Fins do Estado*, 1955; *Do Estado Liberal ao Estado Social*, 1958; *Ciência Política*, 1967; *Teoria do Estado*, 1967; *A Crise Política Brasileira*, 1969; *Reflexões: Política e Direito*, 1973; *Textos Políticos de História do Brasil*, 1973; *Direito Constitucional*, 1980; *Norma Jurídica e Análise Lógica: Correspondência Kelsen-Klug*, 1984; *Política e Constituição*, 1985; *Constituinte e Constituição*, 1986; *Demócrito Rocha: Uma Vocação Para a Liberdade*, 1988; *História Constitucional do Brasil* (com Paes de Andrade), 1988; *A Constituição Aberta*, 1993; *Curso de Direito Constitucional*, 1993; *Do País Constitucional ao País Neocolonial*,1999; *Teoria Constitucional da Democracia Participativa*, 2001; *Os Poderes Desarmados*, 2002; *La Depoliticizzazione Della Legittimità*, Lece, Editore Pensar, 2007; *Constitutuição e Normatividade dos Princípios*, 2012.

***

Dimas Macedo, discípulo e depois colega, escreveu um magnífico estudo sobre Paulo Bonavides que realça todos os aspectos da personalidade desse mestre plural.[1] Depois de Considerações Preliminares, já em si plena de reflexões que mostram a grandeza do ser humano a que se referem, passa à temática das obras que o qualificam de: O Cientista do Estado; O Teórico da Constituição; O Guardião da Liberdade.

O ideal seria obter do autor, Dimas Macedo, licença para transcrever aqui seu estudo, mas me falta espaço, e meus propósitos são bem menores e ninguém escreve sobre Paulo Bonavides melhor do que ele. Só quero destacar alguma linha do pensamento de Paulo Bonavides na doutrina do constitucionalismo brasileiro. Peço, no entanto, licença ao Dimas para usar umas poucas passagens de seu estudo para fundamentar o que vou dizer sobre Paulo Bonavides, tais como:

"Nele se reflete uma multiplicidade de personas e de sujeitos intelectivos que zanzam, à vontade, da compreensão da nossa formação constituinte às raias da teoria política mais sofisticada, fundamentada, esta última, no pensamento filosófico germânico e na construção jurisprudencial das melhores cortes de justiça, onde a Constituição e o seu conteúdo são interpretados, em vista à concretização da sua inteligência.

"O constitucionalista, em Paulo Bonavides, não é menor do que o cientista político; e o teórico do Estado se faz em pé de igualdade com o jurista e com o militante político. O estilista se aninha por entre os cortes de linho da sua metáfora fulgurante e o poeta do ensaio, na sua linguagem de esteta, se conjuga com a crítica de cunho social que nele se exerce de forma soberana.

"Na década de 1960, mais precisamente em 1967, com duas excelentes cajadadas, em dois diferentes campos de pesquisa, consolida os seus estudos tópicos pertinentes à *Teoria do Estado* e se consagra como o fundador da *Ciência Política* no Brasil. A sua *Teoria do Estado*, lastreada em argumentos sólidos da filosofia do mecanicismo, e a sua *Ciência Política*, concebida a partir do rigor metodológico e da precisão semântica, com que os clássicos iluminam o conhecimento, são exemplos de livros que resistem, no Brasil, ao sopro das renovações teóricas pouco consistentes."

***

---

1 Só tive acesso na versão espanhola da Comunicação que o Prof. Dimas Macedo apresentou no Congresso Internacional -*El Constitucionalismo a dos Siglos de Nacimiento en América Latina,* levado a efeito na cidade de Puebla em 1,2 e 3 de fevereiro de 2010, pelo Instituto Iberoamericano de Derecho Constitucional, o Instituto de Investigaciones Jurídicas da UNAM.

O rol das obras de Paulo Bonavides mostra que foi, sobretudo, um cientista político e um teórico do Estado. As passagens transcritas do estudo de Dimas Macedo o confirmam que só bem mais tarde ele se voltou para o direito constitucional, em que empregou a metodologia do cientista político e do teórico do Estado, sob influência da metodologia germânica. Vimos que, antes de ser professor no Brasil, foi professor em Heildeberg. Sua cátedra era de Teoria Geral do Estado que ele conquistou com a excelente tese *Do Estado Liberal ao Estado Social*, publicada em 1958. Sobre a disciplina já tinha publicado antes o livro *Dos Fins do Estado*, 1955, com que conquistou a livre-docência na cadeira de Teoria Geral do Estado da Faculdade de Direito da Universidade Federal do Ceará. Só em 1980 publicou seu primeiro livro de direito constitucional, sob o título *Direito Constitucional*. Com esse título, o livro foi publicado em 1ª, 2ª e 3ª edições, respectivamente: 1980, 1983 e 1985. Na 4ª edição, em 1993, o livro foi publicado com título: *Curso de Direito Constitucional*, daí por diante o livro foi sendo substancialmente modificado e crescendo. Na 1ª edição tinha cerca de 200 páginas, na 25ª edição, de 2009, tem mais de 835.

Nessa mesma medida o autor vai assumindo nova concepção do direito constitucional, desde a compreensão de *que o primeiro Estado de Direito pertenceu à separação de poderes; o novo Estado de Direito pertence aos direitos fundamentais*[2], numa formulação próxima da que eu sempre sustentei: antes se concebia a Constituição como instrumento de defesa do Estado, a nova concepção a tem como um instrumento de defesa dos direitos fundamentais, inclusive aparato estatal que ele estatui.

Na 5ª edição ele acrescenta um novo capítulo, "de extrema importância teórica, e sem dúvida fundamental para a inteligência dos rumos que o Estado de Direito contemporâneo há tomado em seu afã de consolidar compromissos básicos com a democracia e a liberdade". Em seguida: "Acrescentamos à investigação doutrinária dessa espécie de Estado o estudo da importância que os princípios gerais de Direito assumem, desde o advento da teoria material da Constituição...". No Prefácio à sexta edição, Paulo Bonavides, admite expressamente aquilo que sua doutrina configura, ou seja, sua concepção da Teoria Geral do Estado e do Direito Constitucional fundamentados e orientados pela ciência política, não fosse ele reconhecido como o precursor dessa ciência3 no Brasil. No Prefácio da 7ª, edição Paulo Bonavides diz que, com ela, este *Curso*

2 Cf. Prefácio, p. 20.

3 Cf. Paulo Bonavides, *Ciência Política*, 2ª ed. FGV, 1972, p. V, em a "Apresentação" de Oswaldo Trigueiro.

"adquire feição definitiva, de conteúdo doutrinário, mediante o acréscimo de um capítulo acerca da interpretação dos direitos fundamentais, tema cuja importância avulta, de último, na teoria contemporânea das Constituições". Na 8ª edição ele reafirma que as linhas estruturais desta obra se completaram com a inserção de um capítulo dos direitos fundamentais. Conclui esta Prefácio com o seguinte texto:

"Não é possível desmembrar o estudo do direito positivo de uma análise profunda às bases doutrinárias que lhes determinam o sentido, o conteúdo, e o alcance. Nomeadamente em se tratando do Direito Constitucional, estuário de valores e princípio, os quais, por serem, pelo ângulo normativo, os mais altos na hierarquia do ordenamento jurídico do País, são, do mesmo passo, a chave de todas as soluções de legalidade e legitimidade".

No prefácio da 7ª edição ele exprime com maior precisão a ideia de que ontem "os cultores do constitucionalismo se preocupavam com o Estado e sua organização; hoje, com a Sociedade e os seus direitos"

***

Visto isso, passemos à análise das obras de direito constitucional produzidas por Paulo Bonavides para verificarmos até onde ele aplicou nelas suas concepções acima mencionadas, para que o leitor aprecie melhor sua leitura

Curso de Direito Constitucional. Livro que até a 3ª edição era apenas *Direito Constitucional*, desde a 4ª edição passou a chamar-se *Curso de Direito Constitucional*, seguindo, no dizer do autor,[4] substancialmente a mesma linha de propósitos de sua versão primitiva, que foi publicado em 1980, portanto, na vigência da Constituição de 1969 e só a 3ª edição veio em 1988, mas ainda antes da Constituição de 1988 e, sendo esta promulgada, o livro continuou com sua metodologia, tal qual era, porque não é um livro sobre a Constituição. Não foi escrito como livro de análise do direito constitucional segundo a Constituição então vigente e continuou a não ser assim sob a vigência da Constituição de 1988, porque não é um livro de direito constitucional positivo, ou seja, não é um livro sobre uma Constituição particular, é um livro de Direito Constitucional Geral "é aquela disciplina que delineia uma série de princípios, de conceitos e

4 Cf. Paulo Bonavides, *Curso de Direito Constitucional*, 25ª ed., São Paulo, Malheiros, 2010, Prefácio, p. 17.

de instituições que se acham em vários direitos positivos ou em grupos deles para classificá-los e sistematizá-los numa visão unitária".[5] Por isso, encontra-se nele os temas objeto do Direito Constitucional Geral: o próprio conceito de Direito Constitucional, seu objeto genérico, seu conteúdo, suas relações com outras disciplinas, suas fontes, a evolução do constitucionalismo, as categorias gerais do Direito Constitucional, a teoria formal e material da Constituição (conceito, classificação, tipos, formação, mudanças, extinção, defesa, natureza de suas normas, estrutura normativa etc.), hermenêutica, interpretação e teoria das normas constitucionais, a teoria do poder constituinte, princípios constitucionais, controle de constitucionalidade das leis, reforma constitucional, teoria dos direitos fundamentais, interpretação dos direitos fundamentais.

Como já disse, Paulo Bonavides, de edição para edição, foi acrescentando capítulos, por meio dos quais foi transformando o seu *Curso* numa obra de modernização do direito constitucional preocupado com a realização dos direitos fundamentais. Ele o disse no prefácio à quinta edição: "estamos persuadidos de que o nosso compêndio de Direito Constitucional prossegue sua trilha atualizadora, decisivamente traçada já na edição anterior, e agora alargada com a introdução de um Capítulo sobre os princípios constitucionais". E ele reafirma no prefácio da edição 25ª: "É pelo prisma dos princípios, derradeiro passo na evolução da normatividade, que o Direito alcança o ponto mais alto de concretude institucional. Tal ocorre por obra transformativa que veio para ficar, desde a elevação dos princípios constitucionais ao grau de supremacia normativa no interior dos ordenamentos jurídicos".

Mas os princípios em Bonavides estão mais próximos de Crisafulli do que de Alexy e Dworkin. Ele concebe os princípios como valores. Em suma, sua concepção dos princípios e sua relação com os valores e regras estão expressas e se resumem no seguinte: "não há distinção entre princípios e normas, os princípios são dotados de normatividade, as normas compreendem regras e princípio, a distinção relevante não é, como nos primórdios da doutrina, entre regras e princípios, sendo as normas"[6] o gênero e as regras e os princípios a espécie.

"Daqui já se caminha para os passos finais da incursão teórica: a demonstração do reconhecimento da superioridade e hegemonia dos princípios na pirâmide normativa; supremacia que não é unicamente

5 Cf. Manoel Garcia Pelayo, *Derecho Constitucional Comparado*, 4ª ed., Madrid Revista de Occidente, 1967, p. 21.

6 Cf. ob. cit., p, 563.

formal, mas sobretudo material, e apenas possível na medida em que os princípios são compreendidos e equiparados e até mesmo confundidos com os valores, sendo, na ordem constitucional dos ordenamentos jurídicos, a expressão mais alta da normatividade que fundamenta a organização do poder.

"As regras vigem os princípios valem; o valor que neles se insere se exprime em graus distintos. Os princípios, enquanto valores fundamentais governam a Constituição, o regime a ordem jurídica. Não são apenas lei, mas o Direito em toda a sua extensão, substancialidade, plenitude e abrangências".[7]

Em outro momento ele diz que "todo princípio fundamental é norma de normas, e a Constituição é a soma de todos os princípios fundamentais".[8]

Outro tema que aproximou Paulo Bonavides dos renovadores do direito constitucional foi a adoção de uma teoria dos direitos fundamentais, ao mesmo tempo em que assumia a concepção correspondente de o "primeiro Estado de Direito pertence à separação de poderes; o novo Estado de Direito pertence aos direitos fundamentais."[9]

Sua teoria dos direitos fundamentais é fundamentada na ideia de gerações, segundo a qual "Os direitos fundamentais passaram na ordem institucional a manifestar-se em três gerações sucessivas que traduzem sem dúvida um processo cumulativo e qualitativo, o qual segundo tudo faz prever, tem por bússola uma nova universalidade; universalidade material e concreta, em substituição da universalidade abstrata e, de certo modo, metafísica daqueles direitos contida no jusnaturalismo do século XVIII". Mais adiante ele acrescenta os direitos da quarta geração: o direito à democracia. E depois abre o capítulo XVII para a quinta geração dos direitos fundamentais.

Eu não sou tão entusiasmado pela concepção das gerações dos direitos fundamentais. E já escrevi fazendo restrições a essa categorização dos direitos fundamentais. Observei:

"Sempre tivemos restrições a essa categorização dos direitos humanos, exatamente porque ela não se compadece com a doutrina de sua integração harmônica, por nós sustentada. Geração é sucessão no tempo, com substituição das anteriores pelas posteriores. Isso não se afina com a historicidade dos direitos fundamentais, que importa a incorporação

7 Cf. *Curso de Direito Constitucional*, cit., pp. 288 e 289.

8 Idem, p. 402.

9 Idem, p. 20, Prefácio.

dos novos aos antigos, com influências recíprocas, como visto, numa contaminação de sentidos, de tal sorte que não se pode compreender uns sem levar em conta os outros".[10]

Outro tema pelo qual Paulo Bonavides se entusiasmou muito foi o da tópica de Theodor Viehweg.[11] Sobre a opinião de Paulo Bonavides escrevi:

"O fato de Paulo Bonavides ser um entusiasta da tópica de Theodor Viehweg deveria ser razão suficiente para a adesão a essa teoria, para ele um método de interpretação constitucional e que inaugurou 'para a hermenêutica contemporânea uma direção indubitavelmente renovadora'."

"A tópica – acrescenta – parece haver chegado assim na hora exata quando as mais prementes e angustiantes exigências põem claramente a nu o espaço em branco deixado pela hermenêutica constitucional clássica, característica do positivismo lógico-dedutivo".[12]

Eu disse:

"O mestre Bonavides, com certeza, me perdoará por não ter o mesmo entusiasmo pela obra de Theodor Vieweg, que li e reli na tradução de Tércio Sampaio Ferraz Jr., na qual não encontrei absolutamente nada que se preste à interpretação constitucional."

O *Curso de Direito Constitucional* do Prof. Paulo Bonavides tem crescido de edição para edição, mas ainda falta tratar de alguns temas fundamentais de direito constitucional, que por certo deve ser estudado num livro didático da qualidade desse *Curso*. É pena que ele não nos tenha brindado nele com uma teoria da federação e uma teoria do poder; teoria, não análise das regras da Constituição sobre esses temas, de vez que seu Curso não é direito constitucional positivo... O Capítulo 10 tem a seguinte rubrica: "As inovações introduzidas no sistema federativo pela Constituição de 1988", mas aí ele não estudou nada da federação, apenas mencionou o município e falou de um tema muito do seu agrado que é *a constitucionalização* das Regiões e a marcha para uma *constitucionalização política* das Regiões. Esse tema foi mais amplamente estudado no

10 Cf. José Afonso da Silva, *Teoria do Conhecimento Constitucional*, São Paulo, Malheiros, p. 597.

11 Cf. *Tópica e Jurisprudência*, Brasília, Departamento de Imprensa Nacional, 1979, tradução de Tércio Sampaio Ferraz Jr. e Paulo Bonavides, *Curso de Direito Constitucional*, cit., pp. 488s.

12 Cf. ob. cit., p. 495.

livro *Reflexões, Política e Direito*, Cap. VIII – *O Planejamento e as Organizações Regionais como preparação a um Federalismo das Regiões.*[13]

Falta também pelo menos um capítulo de teoria do Poder, onde se discutisse as questões da *Divisão de Poderes* e as instituições dele derivadas, como o Poder Executivo, o Poder Legislativo e o Poder Judiciário com suas competências e suas autonomias. Um estudo sobre o presidencialismo e sua diferença do parlamentarismo. Falta também estudo sobre direito político, compreendendo partidos políticos e sistema eleitoral. Na verdade, esses dois temas ele estudou num capítulo sobre reforma da Constituição, lugar certamente inadequado.

Esses temas que aqui estão faltando foram, no entanto, estudados com proficiência em seu livro *Ciência Política,* que, no meu entender, é o livro mais importante de Paulo Bonavides, inclusive para os estudiosos de direito constitucional, porque, nele, sob o ponto de vista da ciência política, se estuda toda a temática do direito constitucional.

Do Estado Liberal ao Estado Social (8ª ed., 2007, Malheiros) é dos melhores livros de Paulo Bonavides, onde ele estuda a problemática da separação de poderes e das revoluções. Bom também seu livro sobre *Teoria do Estado* (Saraiva, 1967). Aqui ele estuda os sistemas de governo mais devagar: O *Parlamentarismo* e sua evolução, no cap. VI e o *Parlamentarismo, Presidencialismo e Partido Político* no cap. VIII.

Nesses casos, contudo, já saímos do direito constitucional que ele estuda sistematicamente apenas no seu *Curso de Direito Constitucional* (25ª ed., Malheiros).

Teoria Constitucional da Democracia Participativa (3ª ed., São Paulo, Malheiros, 2008), que, apesar de ser composto de uma coletânea, é um livro bem estruturado, com o qual Paulo Bonavides dá, no seu dizer, sequência e conclusão a um conjunto de ideias e reflexões que ele começou expor e aprofundar em seu *Curso de Direito Constitucional*, e que depois tiveram continuidade, de forma não menos explícita e combativa, na Coletânea de distintos ensaios, conferências e prefácios versando distintos assuntos intitulada *Do País Constitucional ao País Neocolonial.*[14]

Em conclusão, *Curso de Direito Constitucional*, do Prof. Paulo Bonavides, sem embargos de algumas deficiências, é o melhor livro de direito constitucional *geral* que se escreveu no Brasil, merecedor de toda

---

13 Cf. *Reflexões; Política e Direito*, Fortaleza, Imprensa Universitária da Universidade Federal do Ceará, 1973, pp. 82s. Cf. também; *A Constituição Aberta*, Belo Horizonte, Del Rey, 1993, pp, 51s.

14 Cf. "Introdução", p, 7.

consideração que lhe é tributada por todos nós e pelos constitucionalistas ibero-americanos.

O Prof. Dr. Paulo Bonavides nos deixou na manhã de 30.10.2020, com um profundo sentimento e muitos pronunciamentos, exaltando sua personalidade: Morreu um pouco do Brasil. Perdeu a democracia o seu grande batalhador, um lutador contra a barbárie, um homem que sempre enfrentou os ditadores; deve ter morrido triste, vendo o que se passa neste País que ele tanto amou e honrou com sua vida de grande professor da Universidade do Ceará e um dos maiores constitucionalistas do mundo contemporâneo.

CAPÍTULO IV

Marcello Cerqueira

Marcello Augusto Diniz Cerqueira nasceu no dia 6.8.1938, no Grajaú, Rio de Janeiro. Filho de Vilmar Ferreira Cerqueira e Marília de Moura Diniz Cerqueira, passou toda infância e adolescência no Rio de Janeiro e estudou no Instituto Lafayette, prestando vestibular para o curso de ciências jurídicas e sociais na Faculdade Nacional de Direito da Universidade do Brasil (atual UFRJ), onde foi classificado. Filiou-se a Juventude Comunista em 1957. Foi um dos fundadores do Centro Popular de Cultura (CPC) e da revista *Movimento da União Nacional dos Estudantes* (UNE). Quando José Serra foi eleito presidente da UNE em 1964, Cerqueira assumiu a vice-presidência da entidade. Nesse ano, no entanto, depois do golpe militar, foi obrigado a exilar-se e seguiu primeiramente para Bolívia, depois Chile e, finalmente, Europa.

Em 1965, retornou ao Brasil, onde foi preso por cem dias. Depois de solto, retomou os estudos da faculdade, encerrando o curso ainda no mesmo ano. No início de sua vida profissional, dedicou-se a advogar em causa própria, nos processos em que estava envolvido, e foi defensor, sem cobrar honorários, de um número superior a mil pessoas processadas pela Lei de Segurança Nacional e também de inúmeros "desaparecidos políticos". Em 1968, ano de decretação do Ato Institucional nº 5 (AI-5), concluiu o doutorado pela Faculdade Nacional de Direito.

Marcello Cerqueira candidatou-se a deputado federal pelo Rio de Janeiro em 1978 pelo Movimento Democrático Brasileiro (MDB), sendo eleito assumiu o mandato em fevereiro do 1979. Depois da queda do bipartidarismo, foi um dos fundadores do Partido do Movimento Democrático Brasileiro (PMDB). Em abril de 1981, foi vítima de dois atentados, um contra seu carro e outro contra sua casa. Na época, Cerqueira atribuiu os crimes à ultradireita, que tentava, através do terrorismo, barrar o processo de abertura política.

Em 1982, candidatou-se à reeleição pelo PMDB sem sucesso. No início do ano seguinte, quando terminou seu mandato como deputado, retornou à advocacia e tornou-se professor titular de Direito Constitucional da Faculdade Cândido Mendes. Em 1985, iniciou o trabalho de consultor jurídico do Ministério da Justiça do governo José Sarney, mudando-se para Brasília. Afastou-se do PMDB e ingressou no Partido Socialista Brasileiro (PSB), com o cargo de secretário-geral.

No mês de agosto de 1985, candidatou-se à prefeitura do Rio de Janeiro pela Frente Rio (PSB, PCB, PCdoB e PMDB), mas foi vencido por Roberto Saturnino Braga (PDT). Entretanto, foi convidado, em 1987, por Saturnino, para assumir uma das secretarias especiais para Assuntos Extraordinários como assessor político, onde permaneceu por um ano. Auxiliou a promotoria no caso *Batau Mouche*, representando algumas famílias das vítimas, dentre elas a jornalista Elane Maciel, do *Jornal do Brasil*. Lançou o livro *Batau Mouche: o naufrágio do processo*, no qual relata as ambiguidades e omissões nos inquéritos oficiais do acidente.

Entre 1992 e 1993, Marcello Cerqueira foi procurador-geral do Instituto Nacional de Colonização e Reforma Agrária (INCRA). Depois disso, assumiu a Procuradoria Geral do Conselho Administrativo de Direito Econômico (CADE), onde permaneceu até 1994. Em outubro desse ano, pelo Partido Popular Socialista (PPS), tentou uma cadeira na Câmara dos Deputados, onde conseguiu uma suplência. Em 1996, candidatou-se a vereador do Rio, mas não conseguiu vitória.

Em 1997, ficou notabilizado por sua luta contra a privatização da Companhia Vale do Rio Doce e buscou, através de inúmeras ações judiciais, impedir a venda da empresa. No ano 2000, foi empossado presidente do Instituto dos Advogados Brasileiros.

Marcello Cerqueira publicou obras políticas como *O Deus ferido* e romances como *Almoço de ganso* (1979) e *Beco das garrafas: uma lembrança*. Em 1995, lançou sua mais recente obra: *O Controle do Judiciário – doutrina e controvérsias*. Publicou também *Comissões Parlamentares de Inquérito* e *Constituição na História,* sobre o qual a Ministra Cármen Lúcia disse as seguintes belas palavras:

"Marcello Cerqueira não fala a história da Constituição: vive a história da Constituição, ajuda a construi-la. Essa é a sua diferença de quantos sabem a retórica constitucional, mas não têm a dimensão histórico-constitucional. Constituição não é apenas texto, é muito contexto. Quem é nele parte ativa e comprometida, como o professor Marcello, cumpre papel que não será jamais substituído por quem, atrás de uma mesa de biblioteca, pensa enxergar o mundo, quando não passa de um cego, que não sabe o mundo além do toque de sua própria mão. Marcello, ao contrário, é o mundo, que ele corre como se todos os caminhos estivessem a seguir-lhes os passos. Não é apenas um jurista necessário. É um cidadão imprescindível. Essa, como outras de suas obras, não compõe apenas um filão de informações. É, antes, uma visão humana sobre o mundo. Um mundo que cada vez menos se vê e se faz capaz de entender. Porque não há tantos Marcello quantos necessários para explicá-lo. Ainda bem que há Marcello Cerqueira. O prêmio é do leitor. Mas a vantagem é da cidadania."[1]

A Constituição na História, Origem e Reforma.[2] Na apresentação à primeira edição disse Geraldo Ataliba:

"Este livro – oportuna contribuição para nossa meditação sobre os grandes temas institucionais que desafiam a nacionalidade – é o atestado de seu espírito de estudo, erudição, cultura e sobretudo de seu empenho em trazer contribuição concreta para a meditação a que todos os brasileiros responsáveis devem entregar-se em hora tão decisiva".

Logo adiante:

"Não se restringe esta obra de Marcello Cerqueira a examinar os temas fulcrais da nossa crise institucional. Não! Vai a fundo, no detido estudo do pensamento político-filosófico que formou a base e alicerce de nossas instituições, que tem raízes fundas no patrimônio comum da cultura política do mundo ocidental. Demonstra que não conhecemos nossa identidade política – para darmos adequado tratamento às nossas deficiências, falhas e erros – se não formos capazes de refletir sobre a experiência e o pensamento básico que inspirou, desde os primórdios, nossas elaborações, propostas e posturas institucionais."

Em prefácio também à primeira edição, Paulo Bonavides nos dá o sentido e o conteúdo básico do livro:

"Faltava à bibliografia brasileira de Direito Constitucional uma obra de fundamentação vazada na compreensão dos valores que a ideologia transmite ao pensamento jurídico em matéria de institucionalização das

---

1 Cf. *www.revan.com.br/catalogo/0351d.htm.*

2 Cf. Marcello Cerqueira, *A Constituição na História: origem e reforma*, 1ª ed., Rio de Janeiro, Revenan, 1993; 2ª edição, *A Constituição na História: origem e reforma. Da Revolução Inglesa de 1640 à crise do Leste Europeu*, Rio de Janeiro, Revenan, 2006.

estruturas do poder. Sem o exame histórico desses valores atados à evolução do constitucionalismo, faz-se precária toda análise às bases que regem o comportamento político e produzem a eficácia dos instrumentos de governo, sobretudo quando aplicados à solução dos problemas constitucionais de cada época."

E adiante arremata:

"A obra se distribui por três unidades: a primeira, consagrada à era das Revoluções e ao consequente estudo da Constituição Americana e da Revolução Francesa. Nessa primeira parte, Marcello Cerqueira mergulha até às raízes do pensamento constitucional moderno, examinando com profundidade a ascensão dos valores que acabaram guiando o Ocidente para as transformações políticas e sociais onde ficou sepultado o mundo feudal da idade média.

"A segunda parte da obra pertence a um constitucionalismo situado bem perto de nossas origens: o da Península Ibérica. Marcello Cerqueira desce logo ao exame da Constituição espanhola e ao direito constitucional português, investigando-lhe a formação até chegar aos nossos dias com a atenção sempre volvida para o problema da revisão, sabido que a experiência portuguesa é importantíssima para nós brasileiros, porquanto em Portugal a lei maior de 1975 passou já por duas revisões extremamente relevantes acerca das quais muito temos que meditar [etc.].

"Na terceira parte de seu admirável estudo o Professor Marcello Cerqueira insere Notas às Constituições brasileiras, prosseguindo em alguns pontos as reflexões que já fizera acerca da revisão no Direito Português. Constitui sem dúvida essa parte do livro a contribuição mais sólida e medular de Marcello Cerqueira sobre conhecimento da realidade constitucional do Brasil, qual se apresenta ela em ocasião deveras delicada para as alterações que se intentam levar a cabo, provavelmente comprometedoras do equilíbrio e da legitimidade do novo estatuto fundamental".

Ainda é interessante as considerações de Elio Gaspari na 1ª edição:

"De Marcello Cerqueira pode-se dizer: é a pessoa certa para se encontrar na hora errada, no lugar errado. Sua serena e paciente figura tornou-se conhecida nas delegacias de subúrbios defendendo direitos de pessoas que parecem não ter direito algum; nas centrais de tortura de presos políticos da ditadura militar, quando os direitos da própria sociedade estavam suspensos; no Congresso Nacional, quando confrontos artificiais pareciam colocar em perigo a sobrevivência da instituição parlamentar", mas conclui sobre o livro:

"É um trabalho que desmistifica e constrói. A exposição histórica, compara a formação do pensamento constitucional brasileiro às experiências internacionais, sobretudo a inglesa, a norte-americana, a portuguesa, a espanhola e a francesa. Na argumentação jurídica, dá ao leitor uma visão metódica do que realmente está em questão no debate pelas modificações da Carta de 1988. Livro certo, na hora certa".

CAPÍTULO V

Ingo Wolfgang Sarlet

Doutor em Direito pela Ludwig Maximilians Universität München (1997). É Coordenador do Programa de Pós-Graduação em Direito – Mestrado e Doutorado. Professor Titular da Faculdade de Direito e dos Programas de Mestrado e Doutorado em Direito e em Ciências Criminais da Pontifícia Universidade Católica do Rio Grande do Sul (PUCRS). Coordenador do GEDF (Grupo de Estudos e Pesquisas em Direitos Fundamentais – CNPq). Realizou estudos de Pós-Doutorado na Universidade de Munique (bolsista DAAD), como Bolsista e Pesquisador do Instituto Max-Planck de Direito Social Estrangeiro e Internacional (Alemanha), bem como no Georgetown Law Center (Washington DC).

É Professor da Escola Superior da Magistratura do Rio Grande do Sul (AJURIS). Atua especialmente nas áreas de Direito Constitucional e Teoria dos Direitos Fundamentais, tendo como principal linha de pesquisa a eficácia e efetividade dos direitos fundamentais no direito público e privado. Tem proferido conferências, apresentado trabalhos em eventos e publicado em periódicos e obras coletivas no Brasil e no exterior (Alemanha, África do Sul, Argentina, Bélgica, Chile, Espanha, EUA, México, Suíça e Portugal). É, ainda, Professor do Mestrado e Doutorado em Direitos Humanos e Desenvolvimento da Universidade Pablo de Olavide, Sevilha. Professor visitante (como bolsista do Programa Erasmus Mundus, da União Europeia) da Faculdade de Direito da Universidade Católica Portuguesa – Lisboa. Foi pesquisador visitante na Harvard Law School (2008).

Doutor pela Ludwig-Maximilians-Universität, LMU, Alemanha, com a tese: A Problemática dos Direitos Fundamentais Sociais na Constituição Brasileira e na Lei Fundamental da Alemanha (1997). Professor Titular de Direito Constitucional da PUC/RS.

Livros

1. *Direitos Fundamentais e Estado Constitucional*, 1. ed., São Paulo, Coimbra, Editora Revista dos Tribunais e Coimbra Editora, 2009. v. 1, 432 p.

2. *A Eficácia dos Direitos Fundamentais*, 10. ed., Porto Alegre, Editora Livraria do Advogado, 2009, v. 1.

3. *Dignidade da Pessoa Humana e Direitos Fundamentais na Constituição Federal de 1988,* 7. ed., Porto Alegre, Livraria do Advogado Editora, 2009, v. 1.

CAPÍTULO VI

Ana Paula de Barcellos

Tive a honra de participar, como membro, das bancas de dois concursos acadêmicos da Professora Ana Paula de Barcellos. De modo que conheço bem sua sólida formação jurídica e sua visão moderna do Direito Constitucional, até porque ela galgou todos os graus da carreira docente. Possui graduação em Direito pela Universidade do Estado do Rio de Janeiro (1999), mestrado em Direito pela Universidade do Estado do Rio de Janeiro (2001), doutorado em Direito pela Universidade do Estado do Rio de Janeiro (2004) e pós-doutorado pela Universidade de Harvard (2012/2013). Atualmente, é Professora Titular de Direito Constitucional da Faculdade de Direito da Universidade do Estado do Rio de Janeiro. Tem experiência na área de Direito, atuando principalmente nos seguintes temas: direito constitucional, princípios constitucionais, dignidade da pessoa humana, eficácia jurídica, direitos fundamentais, direitos sociais, democracia e políticas públicas.

Livros

- "An introduction to Brazil's new whistleblower protection law". CEP Magazine, June 2020.
- "Constituição e pluralismo jurídico: a posição particular do Brasil no contexto latino-americano". *Revista Brasileira de Políticas Públicas*, 2019. v. 9, p. 169-181.
- "Políticas públicas e o dever de monitoramento: levando os direitos a sério". *Revista Brasileira de Políticas Públicas*, 2018. v. 8, p. 251-265.
- "Direito à saúde e prioridades: introdução a um debate inevitável". *Revista Direito GV*, 2017. v. 13, p. 457-483.

• "Impeachment: controle do poder político e presidencialismo no Brasil". *Quaestio Iuris*, 2016. v. 9, p. 2.545-2.565.

• *Eficácia jurídica dos princípios. O princípio da dignidade humana, ponderação racionalidade e atividade jurisdicional:* uma questão logo se põe: é princípio ou valor da pessoa humana. Trata-se de uma dissertação de Mestrado, em cuja banca examinadora participei e que aprovou a candidata com distinção e louvor, por minha proposta, e que o Prof. Luís Roberto Barroso qualificou de "um marco do novo direito constitucional brasileiro, para cuja construção dedicou minha geração: Carmen Lúcia, Clemerson Clève, Ingo Sarlet, Juarez Freitas e outros.

• *Curso de direito constitucional*. Rio de Janeiro, Forense, 2018. Trata-se de um manual didático. Por isso, se apresenta com uma linguagem simples, destituída de ornamentação literária, simplicidade significa linguagem correta e de fácil entendimento do estudante. Às vezes a linguagem muito simples prejudica. Com a devida licença, assim me parece que se deu, com os estudos dos direitos fundamentais, do Curso, Capítulo 6 e seguintes. O tratamento de direitos fundamentais numa breve introdução ou num brevíssimo panorama em 30 e poucas páginas de um manual de 620 páginas. Uma reedição pode melhorar isso!

• *Direitos fundamentais e direito à justificativa:* o *Devido Procedimento da Elaboração Normativa*, Belo Horizonte, Forum, 2016. A autora é sempre inovadora. Ela própria o diz, ao expor o tema do livro:

"Este livro se ocupa de um tema ainda pouco explorado no direito contemporâneo: o impacto dos direitos fundamentais sobre o processo de elaboração normativa no âmbito do Estado. A autora sustenta a existência de um direito fundamental a receber justificativa sobre a criação de normas e o dever correlato de respeito a um devido procedimento na elaboração normativa (DPEN). Para além das exigências tradicionais de competência e quórum, o DPEN-o *Devido Procedimento na Elaboração Normativa* exige a apresentação pública de justificativa capaz de responder a algumas perguntas básicas: Qual o problema que a norma em discussão pretende enfrentar? Quais os resultados esperados e como se poderá monitorá-los? Quais os custos e impactos antecipados? O livro discute a fundamentação desse direito à justificativa, seu conteúdo específico, seus destinatários e sua eficácia jurídica, expondo as consequências práticas de sua aplicação para a democracia brasileira, sobretudo no que diz respeito à dinâmica da atuação dos Poderes Executivo e Legislativo. A autora desenvolve ainda as repercussões desse debate sobre as relações entre o controle judicial e o processo legislativo e o monitoramento das políticas públicas em matéria de direitos fundamentais."

Permito-me usar do registro que o Ministro Luís Roberto Barros no prefácio que ofereceu à obra, destacando sua temática, quando destacou no tópico II, sob a rubricas "O livro e sua temática", disse de início que "[a] agenda do Direito Constitucional Brasileira, nos últimos anos, tem tido seus registros centrais em discussões acerca da jurisdição, da legitimidade democrática da jurisdição constitucional e dos mecanismos de tutela dos defeitos fundamentais." (p. 15).

- O *Devido Procedimento da Elaboração Normativa*, certamente inspirado no devido processo legal, é uma novidade jurídica a ser estudada pelos juristas para descortinar suas possibilidades, dado que ele se apresenta como um mecanismo de controle das justificativa dos atos normativos. Mais do que isso, porque a autora desde logo grifou como direito fundamental à justificativa na elaboração normativa.

CAPÍTULO VII

Daniel Sarmento

Daniel Antônio de Moraes Sarmento é um jurista e professor brasileiro. Foi Procurador da República e atualmente é advogado e professor titular de Direito Constitucional da Universidade do Estado do Rio de Janeiro (UERJ).

É bacharel em Direito pela Universidade do Estado do Rio de Janeiro (1991), tendo concluído o mestrado e o doutorado em Direito Constitucional pela mesma universidade, em 1999 e 2003, respectivamente, sob a orientação do professor Ricardo Lobo Torres. Em 2006, realizou pós-doutorado na Yale University, Estados Unidos. É fluente em inglês e francês.

***

Livros publicados por Daniel Sarmento, como autor ou organizador, considerando-se o ano:

- *O controle de constitucionalidade e a Lei 9.868/99*. Rio de Janeiro: Lumen Juris, 2002.
- *A ponderação de interesses na Constituição Federal*. Rio de Janeiro: Lumen Juris, 2003.
- *Direitos fundamentais e relações privadas*. Rio de Janeiro: Lumen Juris, 2004.
- *Interesses públicos versus interesses privados: desconstruindo o princípio da supremacia do interesse público*. Rio de Janeiro: Lumen Juris, 2005.
- *Direitos Fundamentais: Estudos em Homenagem ao Professor Ricardo Lobo Torres*. Rio de Janeiro: Renovar, 2006 (organizador, junto a Flávio Galdino).

- *A constitucionalização do direito: fundamentos teóricos e aplicações específicas.* Rio de Janeiro: Lumen Juris, 2006 (organizador, junto a Cláudio Pereira de Souza Neto).
- *Livres e iguais: estudos de direito constitucional.* Rio de Janeiro: Lumen Juris, 2006.
- *Nos limites da vida: aborto, clonagem humana e eutanásia sob a perspectiva dos direitos humanos.* Rio de Janeiro: Lumen Juris, 2007 (organizador, junto a Flávia Piovesan).
- *Direitos sociais: fundamentos, judicialização e direitos sociais em espécie.* Rio de Janeiro: Lumen Juris, 2008 (organizador, junto a Cláudio Pereira de Souza Neto).
- *Igualdade, diferença e direitos humanos.* Rio de Janeiro: Lumen Juris, 2008 (organizador, junto a Flávia Piovesan e Daniela Ikawa).
- *Filosofia e teoria constitucional contemporânea.* Rio de Janeiro: Lumen Juris, 2009.
- *Vinte anos da Constituição Federal.* Rio de Janeiro: Lumen Juris, 2009 (organizador, junto a Cláudio Pereira de Souza Neto e Gustavo Binenbojm).
- *Por um constitucionalismo inclusivo: história constitucional brasileira, teoria da constituição e direitos fundamentais.* Rio de Janeiro: Lumen Juris, 2010.
- *Direitos fundamentais no Supremo Tribunal Federal: balanço e crítica.* Rio de Janeiro: Lumen Juris, 2011 (organizador, junto a Ingo Wolfgang Sarlet).
- *Direito constitucional: teoria, história e métodos de trabalho.* Belo Horizonte: Fórum, 2012 (em coautoria com Cláudio Pereira de Souza Neto). É, de fato e de direito, um livro de direito constitucional e de história constitucional, que o Sarmento escreveu com a colaboração do seu colega Cláudio Pereira de Souza Neto.
- *Jurisdição constitucional e política.* Rio de Janeiro: Forense, 2015.
- *Dignidade da pessoa humana: conteúdo, trajetórias e metodologia.* Belo Horizonte: Fórum, 2016.
- *Direitos, democracia e República.* Belo Horizonte: Fórum, 2017.

***

Como se nota pelos títulos, o Prof. Daniel Sarmento segue uma linha investigativa rica de direitos fundamentais, é um dos três ou quatro doutrinadores que se dedicam às discussões dos direitos sociais, e têm contribuído para seu aperfeiçoamento e melhor conceituação em se tratando de direito social fundamental.

APÊNDICE:
Notícias sobre o autor,
Professor Titular aposentado
da FADUSP:
José Afonso da Silva

Como fiz com os demais autores, faço também em relação a mim, para conhecimento dos leitores. Nasci num povoado (era simples povoado, então) chamado Buritizal, situado então no distrito de Buriti da Estrada, distrito do Município de Pitangui, Oeste do Estado de Minas Gerais. No dia primeiro de janeiro de 1939, Buriti da Estrada se desmembrou de Pitangui, tornando-se Município autônomo com o nome de Pompéu, e Buritizal foi elevado a Distrito desse novo Município, com o nome de Silva Campos.

José Afonso da Silva, prof. aposentado da FADUSP, autor de várias obras de Direito Constitucional, tais como *Curso de Direito Constitucional Positivo, Aplicabilidade das Normas Constitucionais*. Nascido no dia 30 de abril de 1925, filho de Nereu Afonso da Silva e Augusta Maria de Lacerda. Em 1930 mudei com meus pais, uma irmã e três irmãos, para um lugarejo chamado Queima-Fogo, nome derivado do fato de que ali, no princípio do séc. XX, a terra pegou fogo sem explicação.

Meu pai tinha uma pequena casa de negócios de tecidos e armarinho de secos e molhados. Ele tinha um primo chamado João Paulo Afonso que foi conosco como balconista. Enuncio o nome dele aqui, porque foi ele que me alfabetizou, a mim e ao meu irmão mais velho Hélio Afonso da Silva. Depois de uns quatro meses de aulas, ele foi embora. Então veio minha tia (Dita, Benedita), irmã de minha mãe, e continuou com as aulas. Uns quatro meses depois a Dita também se foi, e minha mãe continuou com as aulas, agora com mais uma aluna, Marieta Afonso da Silva, filha de João Afonso da Silva, irmão mais velho de meu pai, contador de histórias.

Moramos no Queima-Fogo cerca de quatro anos, quando nos mudamos para uma fazendinha que meu pai arrendou e aí tocávamos roça e criávamos gado, cujo leite desnatávamos e fazíamos manteiga. Daí voltamos para Buritizal, onde meu pai retomou sua atividade de pequeno comerciante, e eu ingressei no grupo escolar no primeiro ano, passando no mesmo dia para o segundo ano, visto já ser alfabetizado.

Questão de ordem

Não me cabe fazer comentários sobre minha produção jurídico-constitucional. Sei que minhas obras de Direito Constitucional são bem recebidas pela comunidade jurídica nacional e até internacional, especialmente ibero-americana. Por isso, estou convencido de que tenho contribuído para o aperfeiçoamento do Direito Constitucional brasileiro. E, assim sendo, pareceu-me cabível dar notícia de minha produção constitucional aqui, com alguma apreciação de colegas sobre elas e com a apresentação que fiz delas quando de sua publicação.

Minhas obras

Quero começar as considerações sobre minhas obras,[1] transcrevendo, como se fosse um prefácio, as generosas palavras do meu saudoso colega de turma, Prof. Dalmo de Abreu Dallari, constantes do discurso com que me honrou, saudando-me em nome da Congregação da Faculdade de Direito, quando esta me recebeu como professor titular, no dia 16 de setembro de 1975:

"Escritor, José Afonso da Silva, pode já ser colocado, sem exagero, entre os mais notáveis autores brasileiros. Seus livros, suas monografias, seus artigos, seus pareceres, sempre ricos de conteúdo, escritos em linguagem clara e contendo conclusões objetivas, colocam-no muito acima dos meros repetidores e trazem, invariavelmente, valiosas contribuições. É por esse motivo que seus trabalhos são frequentemente referidos, inclusive em acórdãos do Supremo Tribunal Federal. Outra característica de sua produção é a variedade de áreas abrangidas, abarcando os Direitos Constitucional, Administrativo, Econômico, Processual Civil e Tributário, além de áreas afins, comprovando a larga amplitude de sua cultura jurídica".[2]

---

1 Aqui só mencionarei obras de direito constitucional ou de filiação constitucional, não as obras de direito processual como o Recurso Extraordinário nem a Ação Popular e de direito tributário.

2 Cf. *Revista da Faculdade de Direito*, vol. LXX, 1975, p. 372.

Obras de direito processual e tributário, de filiação constitucional

Questão de ordem

As duas obras de que tratarei aqui, num sentido muito largo, talvez pudessem ser consideradas de processo constitucional. Seria, porém, difícil enquadrar nesse conceito um livro sobre o *recurso extraordinário*. Um livro sobre a *ação popular*, ação coletiva, pode ser incluído como de processo constitucional. Evitei dar essa conotação aqui, porque ainda se vacila no definir o conteúdo do que se chama direito processual constitucional. Por isso é que preferi falar em *obras de direito processual, de filiação constitucional*, o que me parece adequado, já que os institutos processuais de que se tratam têm sede na Constituição.

O Recurso Extraordinário

O primeiro livro jurídico que produzi foi sobre o *recurso extraordinário*,[3] lançado exatamente no dia do assassinato de John Kennedy (23.11.1963).

Eis o *Prefácio de Frederico Marques*:

"A leitura dos originais deste trabalho causou-me grande e agradabilíssima surpresa.

Não conhecia seu autor, nem mesmo através de trabalhos forenses em autos e processos.[4] Confesso, por isso, que ao lhe ser apresentado por um antigo aluno, a fim de ler o livro que pretendia editar sobre o 'Recurso Extraordinário', foi com explicável ceticismo que aceitei a incumbência. Pedidos idênticos tenho recebido de advogados de mais renome e projeção, e em muitas e muitas vezes vi-me obrigado a apresentar-lhes desculpas e pretextos para nada dizer sobre os trabalhos apresentados, ante a mediocridade de seu conteúdo. E quando me foi entregue aquele monte de páginas datilografadas sobre o assoberbante tema do 'Recurso Extraordinário', antevi o fim que me parecia mais provável, em relação à incumbência que me fora dada: recusar, por meios oblíquos, a prefaciar o livro.

3 Cf. *Do Recurso Extraordinário no Direito Processual Brasileiro*, 1963.

4 Então, eu era oficial de justiça, e só tinha exercido a advocacia como solicitador do Departamento Jurídico do *XI* de Agosto, especialmente como dativo em processos criminais.

Mas, felizmente, ao primeiro contato com a obra, percebi, desde logo, que iria ler páginas de fecundos ensinamentos, bem como sistematizadas e contendo trabalho jurídico de alto valor cultural.

E foi o que realmente sucedeu quando, ao entregar-me à leitura atenta dos diversos capítulos desta magnífica e notável monografia, senti que estava em presença de um autor, até então para mim desconhecido, que se revelava um autêntico jurista, um cultor sério e erudito da Ciência do Direito.

Sob todos os aspectos é modelar o trabalho monográfico que tive a honra de ler nos próprios originais confeccionados pelo autor. Desde a linguagem, que é clara e persuasiva, até o conteúdo do pensamento, de grande riqueza doutrinária, raciocínio seguro e ordenação lógica impecável, o que vimos e encontramos foi um estudo de raros predicados intelectuais, a revelar, em quem o elaborou, um jurista de qualidades ímpares que sabe e conhece os assuntos que aborda, e que trouxe, com seu livro, ao lado de ensinamentos que tão bem assimilou, contribuição original e bem estruturada e respeito do complexo assunto que escolheu para dissertar.

O Dr. José Afonso da Silva não se atirou de mãos vazias, e sem estar devidamente aparelhado para a tarefa de tanto vulto, e inçada de dificuldades, que planejou realizar. Percebe-se que a preparou cuidadosamente, com pesquisas e estudos demorados, e que resolveu empreendê-la por sentir que tinha algo de novo a produzir.

O livro esgota o assunto, não só porque o focaliza em todos os ângulos e problemas, como ainda por se ter valido o autor de investigações doutrinárias e jurisprudenciais bastante completas e muito bem coordenadas. Sedimentada por uma prévia exposição de filosofia jurídica, que imprimiu unidade de pensamento a toda a obra, e desenvolvida através do exame dos múltiplos problemas do tema, a monografia que o autor produziu, além de enfrentar as variadas controvérsias que o assunto vem provocando, deu feição própria e original a diversas questões oriundas do exame e estudo do 'Recurso Extraordinário'.

Trata-se, assim, de trabalho de incontestável valor. E apesar do assunto ser espinhoso e o autor bastante moço, o livro está fadado a receber integral consagração em nosso meio jurídico.

Claro está que, como sucede comumente em assuntos da Ciência do Direito, aqui e ali há opiniões e doutrinas que o autor sustenta, com que nem todos concordarão. E com referência particular a mim, tenho a dizer que, embora louve e ateste o valor dos argumentos com que procurou discordar do que expus a respeito da conceituação de 'pedido inepto' e a respeito da execução de acórdão sujeitos a recurso extraordinário, inabalável mantenho-me na orientação que segui.

De um modo geral, porém, o pensamento do autor para as múltiplas questões que enfrentou, bem como as soluções novas que procurou trazer a dissídios doutrinários e jurisprudenciais, são bastante convincentes e seguros.

Por tudo isso, dou-me por feliz por haver conhecido, antes dos outros, um trabalho de tantos méritos, a revelar, em quem o escreveu, um estudioso do Direito de raros recursos culturais e com as qualidades de um verdadeiro jurista.

Ass. José Frederico Marques [Notável processualista que era na época desembargador do tribunal de justiça de São Paulo]"

O livro concluía com proposta de alteração visando a solucionar a que então se chamava crise do Supremo Tribunal Federal. Partia da ideia de que, no sistema constitucional vigente na época, a função do Supremo Tribunal Federal e do recurso extraordinário consistia na sustentação do princípio da supremacia da Constituição e da incolumidade do Direito objetivo. Mas o princípio da incolumidade e da unidade do Direito objetivo impõe a necessidade de que haja um órgão de cume e um recurso para sua garantia, tão só em cada estrutura judiciária, mas não exige que esse órgão seja o mais alto tribunal da Federação, o órgão supremo da ordem judiciária nacional. Satisfaz-se com a existência de qualquer tribunal federal, com jurisdição em todo o território da Federação, vinculado às estruturas judiciárias, destinadas a aplicar cada ramo ou alguns ramos do Direito objetivo federal. Apenas o princípio da supremacia da Constituição precisava ser sustentado pelo Tribunal Supremo da ordem judiciária do País.[5]

Conclui por estabelecer três planos, de conformidade com a importância dos valores-meios do Direito: a) o plano dos direitos e interesses subjetivos, que, sob esse aspecto, e no processo ficará restrito ao sistema judiciário que conheceu da lide; b) o plano da inteireza, autoridade e unidade do Direito objetivo federal, para cuja sustentação se dará um instituto, que levará o processo judicial para além do sistema judiciário, ou seja, até ao órgão de cúpula da estrutura judiciária correspondente, mas daí não passará; c) o plano da supremacia e das garantias constitucionais,

5 Cf. *Do Recurso Extraordinário no Direito Processual Brasileiro*, cit., pp. 444 e 445.

para cuja efetivação haverá um instituto recursal, que carregará o processo para além da estrutura judiciária nacional, vale dizer até ao Supremo Tribunal Federal.[6] Para o exercício da função referida no plano "b", propus a criação do *Tribunal Superior de Justiça* e o recurso corresponde que chamei de *recurso especial*.[7]

Ação Popular

O êxito do *Recurso Extraordinário* me animou a elaborar outro livro de processo civil, mas também de filiação constitucional: *Ação Popular Constitucional, Doutrina e Processo*.[8]

Já havia alguns trabalhos sobre a ação popular, mas pareceu-me que era importante dar-lhe um duplo tratamento. De um lado, firmar sua doutrina, o que importava considerá-la também do ponto de vista constitucional; de outro lado, desenvolver o seu processo e procedimento dentro da teoria mais atualizada do direito processual. O título do livro denuncia essas duas perspectivas: Ação Popular Constitucional, Doutrina e Processo. O livro foi bem aceito e acho que prestou bons serviços. Uma segunda edição, com as novidades que vieram com a Constituição de 1988, foi lançada em março de 2007.

Sistema Tributário Nacional

Esse texto sobre o sistema tributário nacional foi preparado para uma conferência proferida num curso de direito tributário, em grau de extensão universitária, para formados, dado aos sábados, no salão nobre da Faculdade de Direito de São Paulo, sob o patrocínio do Instituto Brasileiro de Direito Tributário, dirigido então pelo Prof. Ruy Barbosa Nogueira. Depois o texto foi editado pelo Instituto e a Editora Resenha Tributária. Texto enxuto teve especial preocupação em sistematizar os princípios constitucionais da tributação.

Normas de Política Fiscal na Constituição do Brasil

Este livro foi escrito como monografia para inscrição no concurso de professor titular de *Legislação Tributária* que, então, se abriu na Faculdade de Economia e Ciências da Administração da USP, em decorrência do falecimento de seu titular, Prof. Rubens Gomes de Souza. Mais tarde, a

6 Idem, ibidem, p. 455.

7 Idem, ibidem, pp. 456 e ss.

8 São Paulo, Ed. RT, 1968; 2ª ed., Malheiros Editores, 2007.

cadeira passou para a Faculdade de Direito, onde se realizou o concurso que me deu a titularidade. A retenção do concurso por mais de dez anos, em consequência de mandado de segurança e recurso extraordinário, importou em sua desatualização. Sua revisão está sendo preparada.

Sua apresentação é feita aqui, porque sua perspectiva é constitucional, e não de direito tributário, até porque política fiscal não é tema de direito tributário, embora possa ser tido como de direito financeiro.

Aqui também as observações da introdução do livro dão seu conteúdo básico e seus objetivos, a começar por esclarecer o alcance do título da monografia – *Tributos e Normas Constitucionais de Política Fiscal* – e situam bem os limites de indagação a que o Autor pretendeu circunscrever-se. Em síntese, quis-se saber até que ponto o direito constitucional tributário permite o desenvolvimento de uma técnica de política fiscal. Não se afastou muito do âmbito do sistema constitucional da tributação; algumas vezes, porém, foi preciso recorrer a outras normas de direito tributário, especialmente o Código Tributário Nacional, a fim de elucidar e complementar afirmações e argumentos.

Dentro desses limites, os objetivos da obra eram: a) verificar até que ponto as normas constitucionais de política fiscal feriam a autonomia dos Estados e dos Municípios; b) verificar até que ponto as normas constitucionais de política fiscal atendiam os interesses da política econômica; c) verificar se a orientação econômica, traduzida nas normas constitucionais de política fiscal, levou em conta o processo de desenvolvimento do Brasil; d) verificar se a posição teórica adotada era a mais conveniente para um País em fase de desenvolvimento, mas, então, ainda subdesenvolvido; e) finalmente, verificar se as normas constitucionais da política fiscal serviam a um Estado Social, intervencionista e planejador, ou se ainda estavam muito presas aos princípios liberais.

Obras de direito constitucional

Princípios do Processo de Formação das Leis no Direito Constitucional

Em 1962, vagou-se a cadeira de Direito Constitucional da Faculdade de Direito da Universidade Federal de Minas Gerais – UFMG, em razão da morte de seu titular Mario Casassanta. Informado disso, preparei-me para o concurso, escrevendo a monografia sob o título *Princípios do Processo de Formação das Leis no Direito Constitucional*, que partia das considerações gerais sobre a sociedade, o Direito e a lei, como objeto do processo legislativo que era, sob aquele título, o tema do livro. Agora eu já tinha alguma prática de elaboração de um livro, portanto foi mais fácil planejar e executar a monografia. A ideia foi a de construir, primeiramente, os fundamentos do *processo legislativo*, a partir dos conceitos fundamentais, e também dos órgãos competentes para o processo – órgãos legislativos –, assim como a de tratar dos órgãos internos das Casas legislativas que participam do processo de formação das leis. Então, defendi o unicameralismo. Depois, dediquei longo capítulo à iniciativa legislativa como poder de escolha dos interesses a serem tutelados pela ordem jurídica em forma de lei, como ato pelo qual se põe em movimento o processo legislativo. Conexo com o poder de iniciativa, vem a competência para propor emendas ao projeto que foi o instrumento do exercício do poder de iniciativa e, finalmente, os atos de conclusão do processo legislativo: sanção, veto, promulgação e publicação da lei. Vista essa parte da teoria do processo legislativo, o livro se abre para o *procedimento legislativo*, considerado como a parte dinâmica do processo legislativo, daí procedimento ordinário, procedimentos especiais e procedimento sumaríssimo, de onde se nota a influência dos meus estudos de processo civil. Seguem-se então as fases da elaboração legislativa com discussões e votações, revisão etc., assim como os incidentes do procedimento, incidente de emendas, retirada do projeto etc. Finalmente, as conclusões e proposições entre as quais a adoção do unicameralismo, a adoção de institutos da democracia semidireta (iniciativa popular, referendo, revogação de mandatos, veto popular), e legislação de urgência e delegação legislativa, que, na época, era proibida.

Publicado em 1964, o livro se esgotou dentro de um ano, e só em 2006, mais de quarenta anos depois, preparei uma segunda edição, com diversas modificações e acréscimos, incluindo a mudança do título para *Processo Constitucional de Formação das Leis*, porque este é um típico processo constitucional, não o que a doutrina vem designando de processo constitucional, que é, na verdade, processo judicial por ter como objeto a realização das denominadas ações constitucionais (mandado de segurança, *habeas corpus*, mandado de injunção etc.). Abandonei também a tese do unicameralismo puro que me parece hoje inexequível, ainda que entenda que deva haver mudança na estrutura bicameral existente, para adotar-se um bicameralismo desigualitário em lugar do bicameralismo igualitário que vigora hoje. Ampliei estudos que na edição anterior mal tinha suscitado, como o das comissões parlamentares de inquérito, e acrescentei capítulos novos: um sobre *formações legislativas especiais* e outro sobre *regimentos internos e inconstitucionalidade "in procedendo"*.

Publicada a 2ª edição em janeiro de 2006, já teve uma reimpressão (2ª tiragem), em abril de 2007.

Aplicabilidade das Normas Constitucionais

Esta é uma monografia que escrevi para inscrição no concurso para provimento do cargo de professor titular em Direito Constitucional da Faculdade de Direito da Universidade de São Paulo. Inspirei-me numa passagem de apostila de Meirelles Teixeira, que um amigo, ex-aluno dele, me emprestou para uma consulta e vi que o tema estava referido já na perspectiva moderna, sobretudo em referência a Crisafulli. Senti que era um assunto que precisava ser aprofundado, ainda que ali ele estivesse posto em linhas gerais adequadamente. Era um tema novo que me exigiria pesquisa aprofundada. Tive que pedir bibliografia da Itália, especialmente, incluindo revistas onde havia temática conexa que precisava ser consultada. A par de uma bibliografia mais diretamente pertinente ao assunto, requeria pesquisa ampla de direito constitucional, como se pode conferir pela bibliografia citada.

A colheita e a seleção do material foram demoradas, de sorte que restou muito pouco tempo para escrever a monografia, dado que havia prazo para a inscrição no concurso. Diante disso, tive que escrever o livro em quarenta dias. Assim mesmo, posso me dar por satisfeito porque o livro se revelou importante nos estudos de direito constitucional no País. A edição consta como sendo de 1968, mas a divulgação do livro só se deu após o concurso que se realizou no final de agosto de 1969. Posso dizer, com vaidade e sem modéstia, que a monografia não venceu o concurso, mas projetou o seu Autor muito além da simples titularidade acadêmica. Abriu as portas para convites e congressos internacionais. Especialmente tem tido até hoje, em sua 7ª edição (2007), um lugar de destaque nas referências doutrinárias e nos repertórios jurisprudenciais. Isso basta para consagrar um livro e seu Autor.

O livro repele qualquer ideia de normas constitucionais como meras intenções, que vigorava no constitucionalismo brasileiro antes dele, com base nas chamadas normas programáticas, que nessa doutrina não passavam de conselhos ou coisas semelhantes. Por isso, começou por estabelecer o sentido e a estrutura das constituições, para deter-se na natureza jurídica das normas constitucionais, e a apreciação das normas constitucionais quanto à eficácia e a aplicabilidade, firmando uma classificação tríplice: normas de eficácia plena e aplicabilidade imediata, normas de eficácia contida e aplicabilidade direta, imediata, mas não possivelmente integral, e normas de eficácia limitada, que se tornou conhecida e aceita pela doutrina em geral e pela jurisprudência em particular. Mostrou especialmente a importância das chamadas normas programáticas, que são dotadas de eficácia de variada natureza, inclusive para indicar o fim do Estado. O texto discutiu também a eficácia das normas constitucionais em função da estrutura normativa da Constituição e da ordem jurídica e reservou um último título para o estudo das leis integrativas, especialmente das leis complementares da Constituição que eram novidades naquela época.

O livro completou cerca de sessenta anos de existência. Sofreu revisões e atualizações em suas seis edições posteriores, sem mudanças em sua estrutura, mas a 7ª edição traz a novidade de um *Apêndice*, que informa inicialmente o sentido da tese (valorização da Constituição e suas normas), para além de concurso, e responde os críticos. O livro foi publicado pelo *Instituto de Investigaciones Jurídicas da Universidad Nacional Autónoma do México* (2003), numa tradução de Nuria González Martín.

Cheguei a pensar numa reformulação profunda, mas um amigo me advertiu, dizendo que a obra se tornara clássica e que em obra clássica não se mexe. Escreve-se outra, se necessário, com novas formulações. Atendi a essa ponderação, por isso venho mantendo o texto com a mesma estrutura, sem sequer modificar a terminologia, para mim, mais incômoda que é a de normas programáticas, que mantive sempre com observação de que não era a melhor, mas também não me parece melhor falar, por exemplo, em normas dirigentes, ou normas teleológicas, ou direitos de realização progressiva ou coisa que o valha. Só mais recentemente é que está aparecendo alguma crítica mais contundente sobre alguns aspectos do livro, coisa pontual ainda, nada que comprometa o essencial da obra. Será normal a sua superação em algum momento no futuro, em decorrência mesmo dos novos estudos de direito constitucional no mundo, mas especialmente no Brasil, com jovens constitucionalistas que vêm dando importante contribuição à evolução do nosso direito constitucional.[9] Um constitucionalista que procurou renovar estes estudos a seu tempo, só pode sentir-se jubiloso com esse progresso.

---

9 A esse propósito, lembro-me de uma passagem de Luís Jeménez de Asúa, o grande penalista espanhol radicado na Argentina que, arguido por Carlos Cossio, por ter dito que Kelsen estava superado, respondeu: "Ante todo, yo no veo en el vocablo 'superar' el sentido peyorativo que usted halla. Al contrario, entiendo que la ciencia y la filosofía marchan sobre escalones. Cuando éstas no suben en escalera, son errados los pensamientos. Se desechan y nada más. En cambio, cuando tienen algo de cierto sirven para que apoyemos el pie y alcancemos una meta circunstancial más alta. Eso es *superar* en el lenguaje castellano y así es como y ola use" (cf. en Carlos Cossio, *Teoría de la Verdad Jurídica*, cit., p. 306).

Curso de Direito Constitucional Positivo

É um livro que nasceu nas salas de aula. Em 1969 assumi a cadeira de Direito Constitucional da Faculdade de Direito de Jundiaí que, embora privada, se propunha vir a ser uma escola especialmente voltada para o direito público. Então, não havia um manual que me satisfizesse a ser indicado aos alunos. Recomendei os poucos que existiam, incluindo o do Prof. Manoel Gonçalves Ferreira Filho, apesar de orientação diversa da minha. Fui, porém, elaborando minhas lições, que distribuía aos estudantes. Nessa época, eu já era livre-docente e professor-adjunto no Departamento de Direito do Estado da Faculdade de Direito da USP. Dediquei sempre largo espaço aos direitos fundamentais nas minhas aulas, embora o curso começasse pela a organização nacional, conforme o esquema das constituições brasileiras. Meu regime de trabalho da FADUSP era o chamado *parcial*, e me interessava passar para o chamado *regime de tempo completo*, mas, para tanto, exigia-se do candidato a elaboração de uma monografia cujo projeto teria que instruir o pedido. Meu projeto foi o de escrever um livro sobre os direitos fundamentais que comporia o curso de direito constitucional que eu vinha escrevendo nas salas de aula da Faculdade de Direito de Jundiaí e da Faculdade de Direito de Osasco. Por isso é que o curso foi projetado para dois volumes. Assim, entreguei à Editora Revista dos Tribunais só o texto correspondente ao vol. 1, "Da Organização Nacional", com o seguinte esclarecimento:

"Tendo por objetivo dar uma visão básica do nosso Direito Constitucional, esta obra foi projetada em dois volumes: este primeiro cuida dos elementos organizativos da Constituição. O segundo examinará os elementos limitativo e sócio-ideológicos, com o subtítulo 'Da Declaração Constitucional de Direitos'.

"Predomina, na obra, a utilização do método dedutivo, analítico e descritivo, mas como se destina basicamente a estudantes, o Autor teve a preocupação de ser didático, sem perder de vista que 'ser didático' não quer dizer descurar dos aspectos teóricos necessários ao conhecimento dos princípios fundamentais da disciplina, sem o que sua visão fica fragmentária e superficial. O que é antididático é o teoricismo despropositado, e isso foi cuidadosamente evitado.

"Em grandes traços, a matéria foi estudada sob três perspectivas: a organização do Estado, a organização dos Poderes, a organização da Administração e direitos fundamentais."

Sucedeu que, em 1975, por concurso, fui nomeado professor titular, situação que me dispensava de apresentar trabalho especial para a obtenção do regime de trabalho, para o qual estava elaborando a monografia sobre direitos fundamentais. Diante disso, não se justificava mais a publicação da obra em dois volumes, coisa que a encareceria. Por isso é que a 2ª edição do livro só saiu em 1984 com o seguinte esclarecimento: "Em 1976 publicamos o volume I – *Da Organização Nacional* – do *Curso de Direito Constitucional Positivo*, que teve surpreendente aceitação e foi amplamente prestigiado por professores e estudiosos do Direito Constitucional, tanto que se esgotara pouco tempo depois". Esclarecia que, na essência, o plano inicial fora mantido, com a diferença de que se preferiu fazê-lo num só volume. Em vez de dois volumes, a obra aparecia dividida em duas partes: a primeira correspondente ao primeiro volume anteriormente publicado, pelo que valia como uma segunda edição daquele texto; a segunda continha a matéria que constituiria o segundo volume; ambas mantinham os subtítulos indicados: Primeira Parte – *Da Organização Nacional*; Segunda Parte – *Da Declaração Constitucional de Direitos*. Com este formato, o livro teve mais duas edições.

A 5ª edição já foi preparada com base na Constituição de 1988, que inverteu a ordem das matérias. Em vez de começar pela organização nacional, como o faziam as constituições anteriores, iniciou-se pelos princípios fundamentais e pela declaração dos direitos fundamentais da pessoa humana, como vinham fazendo as constituições posteriores à Segunda Guerra Mundial. Essa metodologia constitucional tem o sentido fundamental de dar primazia aos direitos humanos e, com isso, considerar que a defesa e proteção desses direitos é que constitui o objeto essencial das normas constitucionais e da organização dos Poderes. Essa mudança nem sempre foi sensível a alguns constitucionalistas que mantiveram o mesmo modelo anterior. Assim são os que seguem o constitucionalismo liberal norte-americano, que consideram a ordem econômica da Constituição como "um indigesto complexo de princípios vagos e de preceitos inaplicáveis" e não dão destaque à ordem social estabelecida na Constituição, porque, segundo eles, "suas normas não integram a matéria constitucional".[10]

Na informação ao leitor daquela 5ª edição e primeira sob a Constituição de 1988, fiz as seguintes observações que, em essência, continuam na última edição que é a 44ª (São Paulo, Malheiros Editores, 2021):

---

10 Cf. Manoel Gonçalves Ferreira Filho, *Curso de Direito Constitucional*, 17ª ed., 1989, pp. 297 e 309. Igualmente na 31ª ed., 2005, pp. 345 e 367.

"Este Curso foi reescrito, palavra por palavra, em face da Constituição de 1988. Procuramos, no entanto, manter, nesta 5ª edição, suas características básicas de livro destinado a estudantes e a estudiosos do Direito Constitucional, fundado nos conceitos mais modernos e atuais da disciplina. Esforçamo-nos, por isso, no sentido de não alongar demasiadamente o volume, mesmo à vista de uma Constituição portadora de muitas inovações e bastante abrangente.

"A *Constituição da República Federativa do Brasil* de 1988 suscita transformações formais e de fundo que importam a adoção de *nova ideia de direito* que informa uma concepção do Estado e da Sociedade diferente da que vigorava no regime constitucional revogado. Quer um *Estado Democrático de Direito* e uma *Sociedade livre, justa e solidária.* Tudo isso exigia um tratamento novo da matéria constitucional, que tentamos traduzir nesta edição. Por certo que múltiplos problemas, postos pelo novo texto, mereceriam, quem sabe, uma reflexão mais aprofundada e mais demorada. Isso demandaria mais tempo, sem que, assim mesmo, tivéssemos a certeza de que defeitos fossem evitados. Por essa razão, não quisemos retardar mais a publicação do livro, com esperança mesma de que os professores, estudantes, estudiosos e leitores em geral nos apontem as falhas para que sobre elas reflitamos nas próximas edições deste volume que tem merecido boa acolhida dos meios jurídicos. Pareceu-nos ainda conveniente dar uma visão global do conteúdo da Constituição, pelo que o livro continua abrangente, de modo a que cada professor, que o honrar com sua adoção em seus cursos, possa encontrar informações básicas para os respectivos programas de ensino, ao mesmo tempo em que os estudantes tenham nele fonte de seus estudos e de esclarecimentos de suas dúvidas mais comuns, e juízes, promotores e advogados possam dele servir-se no exercício de suas atividades.

"O constituinte fez uma opção muito clara por uma Constituição abrangente. Rejeitou a chamada constituição sintética, que é *constituição negativa,* porque construtora apenas de liberdade-negativa ou liberdade-impedimento, oposta à autoridade, modelo de constituição que, às vezes, se chama de *constituição-garantia* (ou constituição-quadro). A *função garantia* não só foi preservada como até ampliada na Constituição, não como mera garantia do existente ou como simples garantia das liberdades negativas ou liberdades-limite. Assumiu ela a característica de *constituição-dirigente,* enquanto define fins e programa de ação futura, menos no sentido socialista do que no de uma orientação social democrática, imperfeita, reconheça-se. Por isso, não raro, foi minuciosa e, no seu compromisso com a garantia das conquistas liberais e com um plano de evolução política de conteúdo social, nem sempre mantém uma linha de coerência doutrinária firme. Abre-se, porém, para transformações futuras, tanto seja cumprida. E aí está o drama de toda constituição dinâmica: *ser cumprida*."

Poder Constituinte e Poder Popular

Recorro aqui também à introdução do livro para indicar sua origem e conteúdo básico, a começar pela observação de que os escritos que integram este volume foram preparados para serem falados e debatidos. Revelam a preocupação com os princípios de uma democracia concebida como revolução permanente que tem no povo a sua primeira e fundamental referência, daí porque todos os textos estão plenos de postulações por vigência de direitos sociais e, por consequência, de uma ideologia da igualdade. E porque esses estudos são de defesa da Constituição, não da Constituição como um simples nome, mas da Constituição como repositório de valores políticos populares, é que não me conformava com o papel que o governo da social democracia vinha desempenhando em favor do conservadorismo neoliberal, mascarado com uma doutrina mal enjambrada do tal liberalismo social, que, num único dia (15.8.1995), deu à globalização cinco emendas constitucionais por onde ela pôde deslizar desembaraçadamente sobre a economia nacional. Num dos textos que se lê na obra consta uma observação amarga: "os vencidos estão passando a vencedores. O 'Centrão' recupera seu ideário constitucional e fá-lo prevalecer nas reformas em andamento. Fernando Henrique Cardoso vinga-se da derrota sofrida para relator da Constituinte, e se transforma no relator da deformação da obra do poder constituinte originário". Nem assim estão satisfeitos. Os juristas, incluindo constitucionalistas, que serviram à ditadura militar, que nunca se conformaram com a democratização do País, por uma Constituição voltada para os direitos fundamentais em sua dimensão mais ampla, insistem em acusá-la de inadequação, pois, na sua concepção, Constituição só o é quando seja puramente garantística (Constituição-garantia), superposta a uma sociedade estática, para simplesmente engessá-la no imobilismo elitista, por isso desprezam e agridem documentos constitucionais, como a Constituição de 1988, que tenham um conteúdo de transformação em favor das classes populares.

Os textos que integram o volume são textos de luta por uma Constituição dessa natureza, antes que ela fosse feita, e, depois, em sua defesa. Não são textos apologéticos, são críticos. Não endeusam a Constituição, porque reconhecem nela defeitos e imperfeições. Mas há nela uma essência de transformação que precisa ser defendida. É por isso que resolvi publicar tais escritos.

Os três primeiros são anteriores à Constituição. São escritos de luta pela convocação do poder constituinte originário para a elaboração de uma Constituição democrática e voltada à realização dos interesses do povo. Dois deles são publicados com os debates que sucederam à exposição. Não os modifiquei, mesmo que a reflexão pudesse ditar conveniência de atualizar ideias. Não o fiz porque me pareceu conveniente que os leitores conheçam meu pensamento de então e confiram com o texto da Constituição para verificarem o que foi aceito ou não. Os outros textos foram preparados para conferências e debates (não registrados e que se perderam) em certames nacionais ou estrangeiros, sempre com a preocupação de analisar criticamente a Constituição, mas, sobretudo, com a visão de que ela é um instrumento importante para o povo sofredor do Brasil, que tem nela uma pauta de luta por seus direitos, de que não pode abrir mão. Os três últimos contêm discussões sobre o processo de mudança constitucional empreendido então, e as críticas pertinentes. No meio estão escritos sobre a cidadania, a dignidade da pessoa humana e os direitos fundamentais do homem.

O título do volume – *Poder Constituinte e Poder Popular* – é de um dos escritos, que foram preparados para uma conferência num Seminário realizado na Faculdade de Direito da Universidade de Roma "La Sapienza". Pareceu-me que esse título revelava a essência de todos os escritos colecionados no livro.

Ordenação Constitucional da Cultura

Creio que algumas palavras que constam da introdução do livro bastam para defini-lo. Ali se lê que se trata de um livro de direito constitucional sobre a cultura, prometido no prefácio da 2ª edição do *Direito Urbanístico Brasileiro*. Bom seria, diz a introdução, se pudéssemos penetrar fundo na alma do povo, pois é ali que mora o sentimento, é dali que emanam os símbolos mais autênticos da cultura popular brasileira. É ali que brota o imaginário, que recria as formas mágicas, os sons e tons, que invadem a sensibilidade e amolecem os corações mais duros desses Brasis de tantas misérias. Milagre é que esse povo ainda cante e se alegre. É dessa gente simples que vêm as mais belas expressões da linguística brasileira e os versos mais expressivos, com tanta simplicidade que chega a tinir no âmago de cada um de nós que temos a ventura de os ler, plenos de sentido e de sentimento: "Moro nas fronteiras/dos teus olhos/com meu coração/ Ai como é bom se a vida alcança/um rabisco na lembrança que a infância prometeu"[11] – porque essa gente, como dizem os negros da Congada, vem "do começo do mundo"; "Que chega de longe e que ao cantar de casa em casa repõe o fluxo do sentido e do sentimento, o lado de dentro do afetuoso valor da vida e de seus encontros e desencontros".[12]

No entanto, vivencia-se a cultura do *cheeseburger*, do *big mac*, do *jeans*, o imperialismo cultural infiltrado através do rádio e da televisão. A globalização da televisão é explosiva e cava fundo nos valores que se elevam do viver nesses nossos lugarejos dos fundos de vale, quase esquecidos no entre-serras, ou dos planaltos gerais pintando pingado de branco e avermelhado aqui e ali entre o verde-musgo dos cerradões. Bem lembrado por Ernesto Sábato: "O mundo inteiro, quando, em verdade, nos arranca a possibilidade de conviver humanamente e, o que é tão grave como isto, predispõe-nos à abulia. Ironicamente disse em muitas entrevistas que 'a televisão é o ópio do povo', modificando a famosa frase de Marx. Mas, creio-o, vai-se ficando em letargia diante do vídeo, e, ainda que não se encontre nada do que se busca, queda-se aí, incapaz de levantar-se e fazer algo de bom (...). É um tédio, um entorpecimento a que nos acostumamos como 'a falta de algo melhor'. O estar monotonamente sentado na frente da televisão anestesia a sensibilidade, faz lerda a mente, prejudica a alma".[13]

Mais adiante, o consagrado Autor nos diz que não há outra maneira de chegar-se à universidade senão por meio da própria circunstância: o hoje e aqui. "Há que se revalorar o pequeno lugar e o pouco tempo em que vivemos, que nada tem que ver com essas paisagens maravilhosas que podemos mirar na televisão, mas que estão sagradamente impregnadas das pessoas que vivem nelas".[14]

Esse torrão onde a gente nasce, e de que nunca se esquece, vai perdendo seu jeito simples – *eta, trem bão, sô!* –, de seu simbolismo puro que dá a este País sua essência cultural. Aqui também a globalização, através da televisão, faz o seu estrago. A globalização não tende a unir culturas – mais uma vez lembra Ernesto Sábato; ao contrário, tende a impor sobre elas o único padrão que lhes permita ficar dentro do sistema

---

11 Cf. Josino Medina, "Cirandia", canção interpretada por Pereira da Viola no CD *Tawará*.

12 Cf. Carlos Rodrigues Brandão, "Viola cósmica e voz do sertão", sobre o CD *Viola Cósmica*, de Pereira da Viola.

13 Cf. *La Resistencia*, pp. 13-14.

14 Idem, ibidem, p. 17.

mundial.[15] Assim mesmo, este povo ainda resiste a descaracterizar-se. Ainda segue cantando o *reisado*, a *folia-de-reis*, o *bumba-meu-boi*, o *boi mimoso* e o *boi aparecido de Parintins*, fazendo sua literatura de cordel, construindo seus *São Francisco* de madeira, em reverência ao "Velho Chico" – e aqui também poderíamos dizer, com Ernesto Sábato: "Milagre são eles, milagre é que os homens não renunciem a seus valores quando o salário não lhes alcança para dar de comer à sua família, milagre é que o amor permaneça e que ainda corram rios quando já cortamos as árvores da terra".[16]

Resgatar essa essência é o que pretende a Constituição quando prevê a proteção de nossos valores culturais populares, indígenas e afro-brasileiros, as formas de expressão, os modos de criar, fazer e viver.

O livro quis ser uma contribuição a essa missão constitucional. Não é uma teoria da cultura, nem uma história da cultura brasileira. É uma tentativa de interpretação das normas constitucionais sobre a cultura. É uma tentativa de compreensão da cultura como sistemas em interações de signos *interpretáveis*, segundo uma concepção semiótica da cultura. Cultura, enfim, como sistema de símbolos – o que vale dizer: sistema que brota da alma do povo, como produtora de valores.

Manual da Constituição de 1988

Como está dito logo no início da introdução, este é um manual elementar sobre a Constituição. Pretendeu, apenas, mostrar o que ela significa, em termos simples e acessíveis ao povo. Divulgar seu conteúdo básico à grande massa constitui o objetivo deste livrinho. É uma síntese do meu *Curso de Direito Constitucional Positivo* e de outros textos publicados anteriormente.

Comentário Contextual à Constituição

Reproduzo a informação ao leitor que consta do volume, dizendo que tentei organizar estes comentários do modo mais simples possível, sem prejuízo da correção e da precisão conceituais e científicas. Procurei elaborar uma obra que não fosse muito longa, como costumam ser os comentários constitucionais, mas também em que estes não fossem muito sintéticos, de modo a deixar de fora aspectos importantes de cada dispositivo comentado. Preocupou-me destacar o que fosse fundamental

15 Idem, ibidem, p. 64.

16 Idem, ibidem, p. 66.

em cada dispositivo comentado, dando especial atenção àqueles temas que requeriam maior desenvolvimento. É evidente que tudo isso está contaminado de muito subjetivismo, por mais objetivo que eu pretendesse ser. Não há método inteiramente objetivo; há aspectos seletivos que dependem de uma visão subjetiva, do modo de ser do Autor, de sua formação científica – enfim, de sua ideologia e concepção do mundo.

Era razoável esperar, observei então, que reaparecesse nestes comentários muito do que já havia escrito antes, não raro em uma nova formulação, porque também, ao elaborá-los, muitas vezes me dei conta de que escritos anteriores deveriam sofrer reelaboração, reajustamentos e, mesmo, correções. Mas também adverti que se tratava de obra completamente nova, especialmente pela abordagem de temas novos e pela nova roupagem de temas versados antes. Consignei que me utilizei de quase todas as minhas obras anteriores na feitura destes comentários.

Observei também que comentários à Constituição não se fazem sem se recorrer ao que de fundamental já se tinha produzido antes, porque sempre dei especial primazia ao constitucionalismo brasileiro, sem embargo de buscar no constitucionalismo estrangeiro o instrumental conceitual e as ideias universais indispensáveis à compreensão das normas constitucionais. Pois minha preocupação foi sempre a de fazer direito constitucional em consonância com a realidade brasileira, sempre contribui para a construção de um constitucionalismo brasileiro. Por isso recorri às lições de nossos comentadores em geral e, em especial, à dos comentadores da Constituição de 1988.

Um Pouco de Direito Constitucional Comparado

Ministrei um curso de direito constitucional comparado no primeiro semestre de 1975, na Faculdade de Direito de São Paulo. Do preparo das aulas desse curso veio boa parte deste livro, especialmente a parte da teoria do direito constitucional comparado, com reelaboração, acréscimos e cortes convenientes à estrutura da obra. As demais partes vieram de diversos estudos de direito constitucional comparado, como os sistemas de governo da América Latina, as Capitais Federais latino-americanas, jurisdição constitucional na América Latina; alguns publicados, outros não. Todos devidamente reelaborados e atualizados para a formação do livro, que se compõe de quatro títulos: um sobre os *elementos da teoria do direito constitucional comparado*; outro sobre a *comparação sincrônica do direito constitucional*; um terceiro sobre a *comparação diacrônica do direito constitucional*; o quarto contém três propostas de constituição que tiveram, de algum modo, influência na elaboração da Constituição de 1988.

Constitucionalismo Brasileiro (Evolução Institucional)

A história constitucional (o Constitucionalismo) de um País pode ser apreciada segundo o *método documental horizontal* que estuda a evolução do constitucionalismo por períodos constitucionais, ou seja, pela sucessão das Constituições do País; ou pelo *método diacrônico* que é muito fértil, porque consiste na comparação dos regimes constitucionais que se sucederam no tempo no País, do qual me utilizei no Título III do nosso *Um Pouco de Direito Constitucional Comparado*, referido supra; ou, finalmente, pelo *método documental vertical* (institucional) que estuda a história constitucional por via do exame da evolução das instituições constitucionais, como mostra o subtítulo do livro.

Aqui o leitor encontrará muito do que já tinha escrito antes, pois que, ao longo dos anos, em palestras, conferências e artigos, fui preparando intencionalmente textos que versavam a história do direito constitucional; alguns publicados, outros não. "Enfim [*conclui*], o livro não tem pretensão doutrinária profunda. Foi sendo elaborado no correr da História, mas, por certo, não é um texto puramente descritivo, nem a metodologia empregada permitia isso. As instituições constitucionais foram consideradas do ponto de vista histórico, mas sempre se concluem criticamente, com o sentido que elas apresentaram na sua época e no presente".

Direito Ambiental Constitucional

A introdução a este livro dá conta de como ele se formou. Lê-se que, em 1976, implantei na Faculdade de Direito da Universidade de São Paulo um curso de pós-graduação em *Direito Urbanístico*, que destacava algumas aulas para o estudo da tutela jurídica do meio ambiente natural e cultural. O conteúdo dessas aulas, ampliado e sistematizado, veio a integrar o Capítulo III – *Das Áreas de Proteção Ambiental* – do Título IV do meu *Direito Urbanístico Brasileiro*. Ocorre que, após a edição desse livro, a matéria ambiental recebeu enorme influxo legislativo, especialmente no nível constitucional, que se tornou conveniente dar-lhe um tratamento mais ampliado e sistemático. Assim é que fui incumbido da matéria *Direito Ambiental* no Curso de Pós-Graduação em Ciência Ambiental junto à Pró-Reitoria de Meio Ambiente da Universidade de São Paulo, ao mesmo tempo em que ampliei para um semestre o tratamento do tema no referido curso de direito urbanístico. Isso tudo justificou um tratamento da questão ambiental em volume separado. As aulas, seminários e pesquisas que fiz com os alunos dos citados cursos, desde 1990, forneceram o material que, selecionado e sistematizado, se revela no presente volume, com modificações em sucessivas edições. A contribuição dos alunos, mormente nos debates dos seminários com textos de pesquisas que apresentaram, sob minha sugestão e orientação, foi fundamental para a elaboração do texto, sem que isso implique qualquer responsabilidade deles por defeitos que o livro possa apresentar.

O título – *Direito Ambiental Constitucional* – foi esclarecido. A primazia do qualificativo ambiental pretende denotar que se trata de um livro de *direito ambiental*. Mas o qualificativo *constitucional* no título não é mero enfeite, pois com ele se quer dizer que o tratamento da matéria parte da matriz constitucional. Se o título fosse *Direito Constitucional Ambiental*, possivelmente inadequado, significaria que estaria fazendo direito constitucional, ou seja, estaria apenas estudando os fundamentos constitucionais da matéria ambiental. Em tal caso nossos limites seriam a compreensão e sistematização das normas constitucionais sobre a matéria, e só isso, sem entrar no campo mais vasto da legislação ordinária. Isso também foi feito em certo sentido, mas não só isso, porque se quis fazer direito *ambiental* e não apenas direito constitucional sobre a proteção do meio ambiente.

A matéria, esclareço naquela introdução, é repleta de dificuldades para o jurista pelo fato de envolver larga conceituação pré-jurídica das ciências biológicas, que não poderia deixar de considerar, sob pena de não fornecer ao leitor esclarecimentos adequados sobre o conteúdo de normas constitucionais e legais que a mencionam. Ao fazê-lo, com a devida precaução, tive que recorrer aos especialistas daquelas áreas, mas o fiz apenas nos estritos limites requeridos pela compreensão jurídica do assunto.

A temática do livro se refere ao meio ambiente como objeto do Direito, aos processos de degradação do meio ambiente, aos fundamentos constitucionais da proteção ambiental; ao direito fundamental à qualidade do meio ambiente em função da qualidade de vida, ao objeto de tutela ambiental: recursos e patrimônio ambientais, provisões constitucionais sobre a conservação ecológica, proteção do solo, da qualidade do ar, da qualidade da água, do meio ambiente marinho, do patrimônio florestal, da fauna; discutem-se os aspectos jurídicos da gestão ecológica, da política do meio ambiente, dos espaços ambientais, autorizações e licenças ambientais, o estudo de impacto ambiental, a responsabilidade pelos danos ambientais.

Teoria do conhecimento constitucional

Relembro aqui algo que já escrevi antes a respeito do meu livro *Aplicabilidade das Normas Constitucionais,*[17] escrito para servir de tese de concurso para provimento de cargo de Professor Titular de Direito Constitucional na Faculdade de Direito da Universidade de São Paulo, que se realizou em agosto de 1969. Livro escrito, pois, em 1968, pretendia dar nova dimensão ao Direito Constitucional, cujo ensino naquela Faculdade, então, era muito atrasado e apenas se preocupava com a parte organizacional da Constituição, o que revelava a concepção, consciente ou não, de que a Constituição constituía um instrumento de defesa do Estado, e não de defesa dos direitos fundamentais. O curso de Direito Constitucional nada ensinava sobre esses direitos. No meu curso, naquela Faculdade, nunca ouvi falar em direitos fundamentais, salvo o direito de propriedade.

Pareceu-me, pois, que era necessário dar uma sinalização clara de que o Direito Constitucional naquela Faculdade tinha que sofrer profunda revisão, especialmente tinha que se entender a Constituição como um instrumento de proteção dos direitos fundamentais, e que a própria organização do Estado só tem sentido como um aparato destinado a essa proteção. E isso deveria começar pela valorização da Constituição e das normas constitucionais, especialmente daquelas que visam à tutela dos direitos sociais, tidos esses como pressupostos da própria efetividade dos direitos de igualdade e de liberdade. Esse foi o sentido daquela minha monografia de concurso. Mas, sobretudo, foi ela que, por primeiro, abriu espaço à compreensão do Direito Constitucional a mais de uma geração de constitucionalistas que hoje pontificam no constitucionalismo brasileiro com uma visão muito diferente daquela que me precedeu. Foi sempre prestigiada pela doutrina e pela jurisprudência que a têm entendido como uma obra clássica, concebida em um período histórico marcado por uma outra realidade jurídica (a ditadura militar), influenciada por valores democráticos até então não consolidados, e por incertezas sobre a estrutura e o alcance dos direitos individuais, além da inexistência de maiores conhecimentos sobre a eficácia de direitos sociais. Na época, é de se relembrar, as Faculdades de Direito ministravam seus cursos, centrados na apresentação dos direitos privados, constituídos e regrados pelo Código Civil, que era entendido como ponto nuclear do ordenamento jurídico. A monografia, seguida de outras obras do autor, como o *Curso de Direito Constitucional Positivo*, tinha, pois, uma missão fundamental, qual seja a

17 Cf. José Afonso da Silva, *Aplicabilidade das Normas Constitucionais*, 8ª ed., São Paulo, Malheiros, 2012, "Apêndice I", pp. 265-267.

de atrair o Direito Constitucional para o centro do ordenamento jurídico. A Constituição Federal de 1988, concebida com base em novos valores sociais, foi editada como a carta 'cidadã', justamente por prestigiar os direitos fundamentais da pessoa humana; cumpre esse papel e, com certeza, é o resultado desse movimento começado a partir daquela monografia.[18]

É claro que, em muitos aspectos, a obra não mais me satisfazia inteiramente. Quis mesmo reelaborá-la sob a Constituição de 1988, mas fui advertido de que a obra se tornara clássica, na visão de amigos, e que na estrutura de obra clássica não se mexe. Se for o caso, escreva-se outra. Foi o que procurei fazer neste livro, buscando um conhecimento mais aprofundado da Constituição, de suas regras, normas e princípios, voltando àquela temática com outros pressupostos e novos conteúdos.

Trata-se, pois, de obra nova, fundada em novos paradigmas. Não obstante, o autor recorreu a muito do que já tinha escrito antes, reafirmando ou revisando pontos de vista, de sorte que o leitor atento perceberá que aqui e ali surgem textos conhecidos, referenciado ou não, não raro com nova formulação.

O autor buscou evitar repetições que são mais ou menos corriqueiras em obra deste porte. No entanto, apesar desse esforço, pode ocorrer aqui e ali alguma repetição, tanto quanto possível com novo enfoque. Há casos que só aparentemente ocorre repetição. Por exemplo, tratou-se, na teoria dos direitos individuais, do *direito de liberdade* e do *direito de igualdade*, ou seja, das *regras* que disciplinam as hipóteses específicas e concretas da liberdade e da igualdade. Mais adiante, quando se cuidou dos *princípios,* a liberdade e a igualdade foram objeto de consideração, não mais como regra, mas como *princípio da liberdade* e *princípio da igualdade*, com o que ficou clara a diferença a liberdade e a igualdade como direito (conjunto de regras) e a liberdade e a igualdade como princípios.

Obras de direito municipal e urbanístico

Informação

Estive envolvido com o direito municipal quando fui nomeado Chefe de Gabinete da Secretaria do Interior, na gestão de Hely Lopes Meirelles. A secretaria tinha por função prestar assistência aos Municípios do Es-

---

18 Cf., nesse sentido, a decisão do Juiz da 4ª Vara da Fazenda Pública de São Paulo, 06/09/2006 – p. 274, Judiciário – Caderno 2, colhido em *Leituras Eletrônicas de Intimações Judiciais* da OAB/SP, que, lamentavelmente, não indicou o nome do magistrado.

tado. Então criamos ali um *Boletim do Interior*, destinado a orientar os prefeitos e vereadores e também fundamos um órgão especial o CEPAM--Centro de Estudos e Pesquisa em Administração Municipal, que, mais tarde, foi convertido em Fundação (*infra*). Nele se publicavam pareceres e informações jurídicas, financeiras, orçamentárias e administrativas. Publiquei nele dezenas de pareceres jurídicos sobre temas municipais, enquanto exerci ali minhas atribuições, ou seja, de fevereiro de 1967 a junho de 1968.

O Manual do Vereador

Esse *Manual* foi escrito a pedido do SENAM, mas foi editado pelo SERFAU, que assumiu as funções daquele (1969), depois saíram mais duas edições pela Fundação Faria Lima-CEPAM. Depois, saíram mais suas edições (4ª, 1997, e 5ª, 2004) pela Malheiros Editora.

O Prefeito e o Município

Também me foi encomendado pelo SENAM, mas foi editado pelo SERFAU –que assumiu as funções daquele – (s/d, mas 1969) com 10.000 exemplares. Saíram pela Fundação Faria Lima-CEPAM mais duas edições (2ª, 1977; e 3ª, 1982) com trinta mil exemplares cada uma, com a seguinte dedicatória: "Dedico ao querido amigo Raul Armando Mendes, a cuja amizade, estímulo e apoio este Livro deve o seu nascimento e existência".

O Município na Constituição de 1988

Este é um texto simples, formado com intenção, em primeiro lugar, de indicar às autoridades municipais a nova posição constitucional dos Municípios em decorrência da Constituição de 1988, e, em segundo lugar, de orientar as Câmaras Municipais que, naquele momento, tinham a incumbência de elaborar as respectivas leis orgânicas, para o que o texto se fez acompanhar de uma minuta de lei orgânica. Embora o texto tivesse essa finalidade imediatista, não é, porém, de mero interesse circunstancial e passageiro.

Direito Urbanístico Brasileiro

Este é um livro trabalhado e, sem dúvida, pioneiro no ordenamento jurídico brasileiro. Também ele foi elaborado em sala de aula do curso de pós-graduação (mestrado e doutorado) da Faculdade de Direito de São Paulo. Sobre sua formação, dá notícia a introdução à 1ª edição:

Obras de direito processual civil

Observação

Aqui também poderiam estar sendo arrolados os livros sobre o recurso extraordinário e a ação popular, que, a rigor, são obras de direito processual civil, que inclui sob a rubrica de *obras de processo, de vinculação constitucional*. E assim fiz para destacar os meus primeiros passos efetivos no meu itinerário constitucional.

Execução Fiscal

Depois, revi as aulas, ampliei o que deveria ser ampliado e cortei os excessos. E foi daí que proveio o livro *Execução Fiscal*, editado pela Editora Revista dos Tribunais, em 1975, e que logo se esgotou, de onde a 2ª edição em 1976.

Recurso Adesivo no Processo Civil Brasileiro

Trata-se de uma monografia preparada para concorrer ao cargo de professor titular no Departamento de Direito Processual. Dela foi feita uma segunda edição (1977); não pretendo tratar mais do assunto.

Obras de direito tributário e financeiro

Fundamentos do Direito Tributário e Tributos Municipais

A Advertência que antecede a matéria do livro informa sobre seu nascimento e seu significado, ao dizer que foram reunidos nele três estudos anteriores, preparados para fins específicos sem qualquer interesse em sua publicação como livro, salvo o terceiro (*Tributos Municipais*) que fora escrito como capítulo de uma projetada obra sobre direito financeiro, que ficou até hoje aguardando tempo para ser concluída, e não o será mais. Talvez, por isso, adverti, o título do livro – *Fundamentos do Direito Tributário e Tributos Municipais* – fosse um pouco pretensioso.

O primeiro trabalho, constante do Capítulo I, é reprodução de aula gravada, proferida como dissertação de meu concurso para professor titular de Legislação Tributária da Faculdade de Direito da Universidade de São Paulo e que fora publicado no vol. 124 da *Revista de Direito Administrativo* e no vol. 8 da *Revista da Procuradoria Geral do Estado de São Paulo* e na *Revista da Faculdade de Direito da Universidade Federal de Minas Gerais*.

O segundo serviu de introdução à palestra sobre tributos municipais proferida no Curso de Especialização da Faculdade de Direito de São José do Rio Preto. São tópicos iniciais e resumidos de trabalhos mais desenvolvidos, anteriormente divulgados, especialmente o folheto *Sistema Tributário Nacional*, acima referido.

O terceiro, como foi dito, foi elaborado como capítulo de um livro sobre finanças municipais. Foi publicado na *Revista da Procuradoria Geral do Estado de São Paulo* (vol. 2).

Então, não era minha intenção publicá-los em livro. Só o fiz por insistência do editor José Bushatsky, que entendeu que havia interesse na sua divulgação. O interesse foi real, tanto que o volume se esgotou logo, mas não era o caso de fazer dele nova edição, porque também se esgotou meu interesse a esse respeito.

Orçamento-Programa no Brasil

Boa parte de minhas obras surgiu como monografias de concursos, a que me referirei no próximo capítulo. O *Orçamento-Programa no Brasil* é uma delas. Mas a escolha do tema provinha de outras motivações. É perceptível minha preocupação em dissertar sobre temas novos, atuais e úteis. Jamais me inclinei a versar temas sem aplicação prática. Nunca escolheria, por exemplo, temas como a intervenção federal nos Estados, ou os estados de emergência e de sítio, ou natureza jurídica dos Territórios Federais, para um concurso acadêmico mais exigente, porque são institutos de uso muito raro, que precisam ser contemplados na Constituição, para a eventualidade de ser necessário recorrer a qualquer deles em algum momento. Mas não oferecem interesse doutrinário e jurisprudencial que, a meu ver, justifique explorá-los como tema de um concurso para professor titular, embora possam ser muito bem utilizados como dissertação de mestrado.

Pois, em 1967, o Governo de São Paulo quis implantar na sua administração a técnica do orçamento-programa que já era cogitada em documentos legais do governo federal. Mas, a verdade era que os técnicos da Secretaria do Planejamento, naquele instante, não demonstravam conhecimento dessa técnica, ainda que exigissem sua aplicação na elaboração das propostas orçamentárias das diversas Secretarias de

Estado. Como Chefe de Gabinete da Secretaria do Interior, o secretário, que era Hely Lopes Meirelles, me incumbiu da preparação da proposta a ela relativa. Eu também não sabia do que se tratava. Fui estudar a questão. E ficava até tarde da noite trabalhando na proposta, inclusive sábado e domingo. Elaborei uma peça que me pareceu estar tecnicamente dentro da doutrina do orçamento-programa e isso foi reconhecido pelos técnicos da Secretaria do Planejamento.

Assim, quando abriu o concurso para provimento do cargo de professor titular de Direito Financeiro da Faculdade, já tinha um material bem bom para desenvolver uma monografia adequada ao certame. A justificativa da escolha do tema consta da introdução ao livro, que ressaltou sua atualidade e importância, observando que o orçamento-programa era o tema atual do direito financeiro e das finanças brasileiras, já que em todas as esferas governamentais (União, Estados e Municípios), se cuidava da implantação dessa técnica orçamentária como instrumento de ação de governo. A Constituição Federal, as Constituições Estaduais e as Leis Orgânicas dos Municípios consagraram o princípio da programação, como categoria do orçamento público, e o Ato Complementar n. 43 e o Decreto-lei n. 200, de 1967, complementaram a ordenação jurídica da técnica do orçamento-programa. Entretanto, muitas dúvidas existiam a respeito desses novos métodos orçamentários, de seus princípios, de sua técnica, enfim de sua metodologia.

Aí estava o objetivo da monografia consistente em suscitar os problemas relativos à técnica do orçamento-programa, procurar responder às indagações fundamentais a respeito desses problemas, examinar a teoria geral do orçamento-programa e seu processo, colocar e estudar as questões da sua evolução, sua estrutura, seu conteúdo, suas categorias, seus princípios, sua metodologia e técnica, sua elaboração executiva e legislativa, sua natureza, sua execução e controle desta. Mas o que se procurava com mais afinco, lembrei então, era demonstrar a essência de seu conceito e sua metodologia, para se saber até que ponto o Brasil o vinha adotando. Na verdade, rigorosamente, a técnica do orçamento-programa nunca foi efetivamente aplicada no Brasil, embora se tenha evoluído muito em razão mesma de sua adoção, porque se abandonou o orçamento tradicional, concebido como mero instrumento político e jurídico de previsões e de autorizações, e como meio de controle parlamentar sobre o Poder Executivo que não se mostrava mais suficiente aos novos fins que as finanças públicas deviam cumprir na economia.

Artigos, pareceres e conferências

Minha obra ainda se expressa mediante artigos, pareceres e conferências, muitos publicados nas revistas especializadas e outros ainda não publicados, que estão sendo organizados para publicação em livro, porque acredito que neles há muita coisa que não se acha nos livros e, por isso, parece-me de proveito para os estudiosos.

EDITORA JusPODIVM | MALHEIROS EDITORES

www.editorajuspodivm.com.br

COLOR system

JMA0106